PETRA STEPS (Hrsg.)
Mörderisches
Erzgebirge

DUNKELWALD Die historische Bezeichnung für das Erzgebirge lautet Miriquidi – Dunkelwald. Und das passt zu den elf Kurzkrimis der fünf Autoren. Sie decken kriminelle Machenschaften auf, sei es bei der Wismut in Aue, im Wintersportort Oberwiesenthal, bei den Schnitzern in Seiffen, auf der Burgruine Frauenstein, bei St. Anna in Annaberg oder im Schreckenberg bei Frohnau. Auf der Jagd nach Freizeittipps für Touristen begegnen der Journalistin Adina Pfefferkorn allerlei merkwürdige Gestalten und Ereignisse. Trotzdem findet sie viele schöne Plätze, die sie mit Ihnen teilen möchte.

Das Erzgebirge befindet sich zwischen Vogtland und Dresdner Raum, im Grenzgebiet von Sachsen und Böhmen/Tschechien. Die »Montanregion Erzgebirge/Krušnohoří« soll zum Welterbe werden. Ihre Vielseitigkeit zeigt sich in großen Waldflächen, dem höchsten Berg Ostdeutschlands, Sachzeugen des Bergbaus über und unter der Erde, Beispielen traditioneller Handwerkskunst sowie den Menschen, die den Landstrich prägen.

Herausgeberin und Autorin: Petra Steps, Jahrgang 1959, waschechte Vogtländerin, im Kuckucksnest Zwickau geboren. Derzeit ist die Diplomphilosophin und Hochschulpädagogin als Journalistin vorwiegend im lokalen Bereich tätig. Sie ist Herausgeberin einiger Anthologien über Sachsen und das Vogtland und hat in ihren eigenen und in anderen Anthologien mehrere Kurzkrimis veröffentlicht. Außerdem hat sie an verschiedenen Regionalia mitgearbeitet. Für den Förderverein Schloss Netzschkau e. V. tritt sie als Intendantin und Organisatorin der KrimiLiteraturTage Vogtland auf, die 2016 zum zehnten Mal stattfanden. Sie ist Mitglied im »Syndikat«.

Mitautoren: Roland Spranger, Manfred Köhler, Gunnar Schuberth, Christoph Krumbiegel.

Bisherige Veröffentlichungen im Gmeiner-Verlag:
Kurbäder im Herzen Europas (2019, mit Friederike Schmöe)
Mörderisches Erzgebirge (Hrsg.) (2017)
Vogtland hoch vier (mit Carsten Steps) (2016)
Wer mordet schon im Vogtland? (Hrsg.) (2015)
Zusammen mit Claudia Puhlfürst (Hrsg.):
Mords-Sachsen 2 (2008)
Mords-Sachsen 1 (2007)

PETRA STEPS (Hrsg.)

Mörderisches Erzgebirge

11 Krimis und 125 Freizeittipps

GMEINER SPANNUNG

Personen und Handlung sind frei erfunden.
Ähnlichkeiten mit lebenden oder toten Personen
sind rein zufällig und nicht beabsichtigt.

Immer informiert

Spannung pur – mit unserem Newsletter informieren wir Sie
regelmäßig über Wissenswertes aus unserer Bücherwelt.

Gefällt mir!

Facebook: @Gmeiner.Verlag
Instagram: @gmeinerverlag
Twitter: @GmeinerVerlag

Besuchen Sie uns im Internet:
www.gmeiner-verlag.de

© 2016 – Gmeiner-Verlag GmbH
(Originalausgabe: Wer mordet schon im Erzgebirge?)
Im Ehnried 5, 88605 Meßkirch
Telefon 0 75 75 / 20 95 - 0
info@gmeiner-verlag.de
Alle Rechte vorbehalten
2. Auflage 2019

Lektorat: Claudia Senghaas, Kirchardt
Herstellung: Julia Franze
Umschlaggestaltung: U.O.R.G. Lutz Eberle, Stuttgart
unter Verwendung eines Fotos von: © dedi / Fotolia.com,
© Edith Czech / shutterstock.com
Druck: CPI books GmbH, Leck
Printed in Germany
ISBN 978-3-8392-2095-5

PETRA STEPS:
WAS FÜR EIN AUFTRAG!

Adina betrat die Lobby des Hotels »Chemnitzer Hof« **1**.
»Wow«, sagte sie gerade noch so leise, dass der Portier
ihre Begeisterung nicht hören konnte. »Was für ein Auftrag! Ich bin doch nur zum Glück auf der Welt«, dachte
sie sich und ging nach rechts an die Rezeption. Zum Auf-
takt ihres Erkundungstrips ins Erzgebirge wollte sie es
ein wenig mondän. Ihre Reisekasse ließ den Aufenthalt
im besten Haus am Platz locker zu. Draußen im Gebirge
konnte sie dann ein bisschen sparen. »Wahnsinn. Das Haus
kannte schon meine Urgroßmutter Adina, deren Name
ich trage«, setzte sie ihre Gedanken bis zur Ankunft am
holzgetäfelten Empfangstresen fort. Der Portier begrüßte
sie mit einem freundlichen »Guten Tag, was kann ich für
Sie tun?« »Einen wunderschönen guten Tag. Mein Name
ist Adina Pfefferkorn, ich hatte ein Einbettzimmer reserviert.« Es dauerte nicht lange, bis Adina die Formalitäten
erledigt und ihr Zimmer bezogen hatte. Bevor sie sich für
die nächsten Tage häuslich einrichtete, raffte sie die Gar-
dine zurück und blickte auf den Theaterplatz **2** mit der
St. Petrikirche, dem Opernhaus und dem König-Albert-
Museum. Nach einem erneuten »Wow« wandte sie sich
wieder dem Hotelzimmer zu, legte ihren Koffer auf das
Bett, entnahm die Waschtasche und begab sich ins Bad.
   Den Chemnitzer Hof hatte sie wegen ihrer Urgroßmutter ausgewählt. Wie oft mochte die Adina von damals
hier entlanggegangen sein? War sie eine Theaterliebhabe-
rin und Stammbesucherin des Opernhauses? Oder mochte

sie eher die Ausstellungen im Museum am Theaterplatz mit den Städtischen Kunstsammlungen 3 ? Auf diese und andere Fragen hätte Adina nur zu gern Antworten gefunden. Doch sie schraubte ihre Erwartungen nicht sehr hoch. Zu wenig wusste sie über ihre Urgroßmutter. Während Adina das heiße Wasser über ihre müde Haut laufen ließ, kehrten ihre Gedanken zur Kunstsammlung zurück. Der gute Ruf des Hauses hatte sie sogar in Berlin ereilt. Und das wollte angesichts der übergroßen Fülle an Kunstausstellungen in der Bundeshauptstadt etwas heißen! Richtig beschäftigt mit dem Thema hatte sie sich jedoch erst, als sie den Auftrag für das neuartige Tourismusportal bekommen hatte. Der Trennung von Sascha und damit auch von ihrem Job waren mehrere Monate des Herumtingelns und Durchschlagens mit kleineren Aufträgen gefolgt, mehr schlecht als recht. Dann hatte ihre Freundin Mia sie auf ein Angebot der Firma eines Freundes aufmerksam gemacht. Zuerst hatte Adina die Beschreibung der Unternehmensphilosophie belustigt. »Storytelling« war das Zauberwort, das die Publikation dominierte. Als ob das etwas Neues wäre! Sie kannte es schon aus ihrer Studienzeit, in der sie sich mit Journalismus, Medienproduktion sowie Tourismus- und Eventmanagement beschäftigt hatte. Und in ihrem Job hatte sie auch nichts anderes gemacht. Sie wusste, dass man die Menschen am besten über ihre Vorstellungskraft und ihre Emotionen packen konnte. Jetzt, genau zehn Jahre später, hatte eine Marketingagentur diese Methode als Allheilmittel entdeckt. Das Berliner Unternehmen griff die Idee des Geschichtenerzählens auf. Es bedeutete, nicht mehr ein Hotel, ein Museum, eine Werkstatt, einen Wanderweg als Produkt zu bewerben, sondern Geschichten darüber zu erzählen, die neugierig machten.

Adina wusste nicht mehr, an welcher Stelle des Prospektes es bei ihr gefunkt hatte. Noch am Abend schrieb sie ihre Bewerbung und eine Beispielgeschichte, schickte die Unterlagen per Mail und am kommenden Morgen zusätzlich per Post an die Agentur. Ein Anruf am Nachmittag zeigte ihr, dass sie sich das Papier hätte sparen können. Für die Einladung zum Vorstellungsgespräch hatte die E-Mail vollkommen ausgereicht. Ob Mia im Hintergrund ein bisschen an der Schraube gedreht hatte, wusste Adina bis heute nicht. Auch Freundinnen haben bisweilen Geheimnisse voreinander. Nach dem Gespräch hatte sie mit ihr auf den Großauftrag angestoßen. Adina konkurrierte mit einem Reisejournalisten aus Köln, der sich auf die alten Bundesländer stürzte. Sie sollte mit dem Erzgebirge beginnen und sich dann den Weg in weitere Regionen des Ostens bahnen.

Adina rubbelte mit dem flauschigen Baumwollhandtuch ihre Schultern ab und arbeitete sich nach unten vor. Dabei ließ sie die Vorarbeiten für das Projekt noch einmal vor ihrem geistigen Auge Revue passieren. Die Unterschrift unter ihrem Vertrag war noch nicht getrocknet, da hatte sie schon einen Blog eröffnet, indem sie sich und ihre Pläne vorstellte. Danach hagelte es Nachrichten mit Vorschlägen und Geheimtipps. Sie hatte sich schon beim Durcharbeiten in das Erzgebirge verliebt. Und in Julian, aber das war eine andere Geschichte. Ein Stich ließ sie zusammenzucken. Die kurze, aber heftige Affäre hatte sie noch nicht wirklich verarbeitet. Da war sie bei ihrem Auftrag deutlich erfolgreicher, denn sie hatte sich mit vollem Enthusiasmus in die Arbeit gestürzt, Informationen gesammelt, gesichtet, Vorrecherchen betrieben. Schon wieder zuckte sie zusammen, denn Julian war bei einigen Kurztrips dabei gewesen. Diesmal begab sie sich allein auf Reisen. Ein Schleier legte sich über ihre Augen. »Dumme Kuh, du kannst nicht mit und nicht ohne. Der nächste wird nur noch ambulant aufgenommen, nicht mehr stationär«, legte sie fest. Das Gefühl von Einsamkeit und Verlassensein war das Letzte, was sie jetzt brauchte. »Auf ins Chemnitzer Nachtleben«, befahl sie sich.

Adina hatte nach dem Einchecken im Hotel einen Blick auf die Abendkarte des Restaurants geworfen. Ihr waren locker vier oder fünf Gerichte aufgefallen, die sie reizten. Sie beschloss jedoch, die Entscheidung auf den nächsten Abend zu vertagen und zuerst das »Schalom« **4** zu erkunden. Ihre Wahl fiel auf einen engen Rock zum blau-weiß gemusterten Oberteil. Sie schminkte sich sorgfältig. Nach ein paar am Hals verteilten Spritzern aus dem Euphoria-Flakon warf sie ihren Mantel über, zog die Zimmertür ins Schloss, fuhr mit dem Lift in die Lobby und verließ das Haus. Adina lief in Richtung Busbahnhof, um von dort aus zur Heinrich-Zille-Straße zu gelangen. An einer der Haltestellen wartete eine Gruppe von Frauen auf einen Bus, der gerade um die Ecke bog. Kinder mit großen Sporttaschen stiegen aus und berichteten euphorisch vom Sieg über die »Lappen«, mit denen vermutlich die gegnerische Mannschaft im Fußball gemeint war. Die Fanklamotten vom Chemnitzer Fußballclub legten den Schluss nahe. Adina bewegte sich weiter in Richtung Dunkelheit. Schnell musste sie feststellen, dass am unteren Ende des Busbahnhofes Zäune den Weg versperrten. Sie drehte um und bog in die Georgstraße ein. Der Weg führte sie über den Brühl, auf dem leer stehende Gebäude mit zur Sanierung eingerüsteten oder schon sanierten Häusern wechselten. Da Adina nicht genau wusste, welche Querstraße sie benutzen musste, schaltete sie die Navigation auf ihrem Smartphone ein. »Mist, zu weit«, knurrte sie, doch da stand sie bereits auf der Müllerstraße. Sie sah sich einer Gruppe junger Männer gegenüber, die sich nicht für sie zu interessieren schienen. Was sie gerade trieben, konnte sie wegen der Entfernung und der etwas spärlichen Beleuchtung in diesem Bereich nicht erkennen. Adina blickte auf ihre Navi-App und vernahm die Stimme der Frau, die sie Uschi nannte. »Drehen Sie wenn möglich um«, forderte diese mit Vehemenz. Es blieb ihr nichts anderes übrig als bis zur Elisenstraße zurückzugehen und die nächste Querstraße zu nehmen. Von dort aus sah sie das jüdische Restaurant bereits. Durch die Scheiben erblickte sie das bunte Wandbild mit einer siebenarmigen Menora, prallen Früchten sowie Abbildungen von markanten Gebäuden in Jerusalem und Chemnitz. Dass die Stadt auf der rechten Seite Chemnitz war, erkannte sie am Karl-Marx-Monument **5** .

Während Adina das Restaurant betrat, machte sie, was sie immer machte, wenn sie allein eine Gastwirtschaft besuchte: Sie blickte kurz, aber zielgerichtet in die Runde, um den für sie angenehmsten Platz zu finden. Die Tische vor dem Wandbild waren reserviert. In der hinteren Ecke saß ein Mann, der ziemlich finster vor sich hin blickte. »Einladend sieht das nicht gerade aus. Er will bestimmt den Tisch für sich alleine beanspruchen«, dachte Adina und machte erst gar keine Anstalten, ihn nach einem freien Platz zu fragen. Sie wandte sich nach rechts und gewahrte einen freundlich lächelnden Mann hinter dem Tresen. »Schalom«, hauchte sie ihm entgegen. »Darf ich hier Platz nehmen?« »Schalom! Natürlich. Suchen Sie sich einen Stuhl aus, es sind genügend da«, antwortete der Herr im schwarz-weißen Outfit. Dass er eine Kippa trug, sah sie erst jetzt. Es machte ihn doppelt sympathisch. Adina mochte Menschen, die zu ihrer Weltanschauung standen, auch wenn sie in bestimmten Kreisen damit aneckten oder sich gar Anfeindungen aussetzten. Hier schien die Welt jedoch in Ordnung zu sein. Zumindest glaubte das Adina zu diesem Zeitpunkt noch. Koscheres Bier hatte sie noch nie getrunken, deshalb bestellte sie zum Essen eine Flasche Simcha aus der Hartmannsdorfer Brauerei. Dazu las sie in der Karte einen kleinen Text über die Braukunst im Allgemeinen und über die besonderen Anforderungen an ein Bier, das jüdischen Speisegesetzen genügte. Adina wählte Falafel und Hummus als Vorspeise sowie Latkes mit Gemüse als Hauptgang. »Sicher ist dann noch Platz für gebackene Apfelspalten auf Zimtjoghurt«, ergänzte sie die Bestellung. Danach nahm sie den ersten Schluck Simcha und wischte sich den Schaum von den Lippen. Die Zeit bis zum Eintreffen der Vorspeise nutzte sie für ein wenig Smalltalk mit dem Kippa-Mann, der sich ihr dabei als Hausherr vorstellte. Sie erfuhr etwas zur Geschichte des Restaurants und zu den Gründen für den Standortwechsel vor wenigen Jahren. Ihr Heile-Welt-Bild von Chemnitz bekam die ersten Kratzer. Während sie genüsslich die Falafel in den Hummus tauchte und dazu vom Fladenbrot abbiss, hörte sie Kellner und Geschäftsführer über den Mann in der hinteren Ecke tuscheln. Sie fuhr ihre Lauscher aus, konnte aber nur etwas von »komischer Kauz« verstehen. Dann hatte sich der Kellner bereits wieder seiner Arbeit zugewandt und ihr das köstlich duftende Gemüse mit den Latkes serviert.

Das Lokal hatte sich langsam geleert. Auch der Mann mit dem verbitterten Gesichtsausdruck hatte seinen Platz längst verlassen. Sie hatte ihn nicht gehen sehen. Aber er war ohnehin kein Typ, zu dem sie freiwillig Kontakt gesucht hätte. Adina beschloss, sich noch einen Absacker zu gönnen und bestellte einen Schoppen vom funkelnden Shiraz. Den Rotwein kannte sie von einem Besuch in einem israelischen Weingut. Während sie den edlen Tropfen in kleinen Schlucken trank, unterhielt sie sich weiter mit dem Mann hinter dem Tresen. Ihre Zunge hatte sich ein wenig gelockert und sie erzählte bereitwillig von ihrer Suche nach Spuren jüdischen Lebens in Chemnitz. Beim Gang zur Toilette bemerkte sie die Wand, an der sich viele israelische oder jüdische Künstler verewigt hatten. Als Datum erschien immer wieder der Monat Februar. Der Kellner, der hinter sie getreten war, klärte sie auf. »Im Februar finden in Chemnitz die Tage der jüdischen Kultur statt. Mehrere Wochen ist hier ein Treffpunkt für Künstler aus aller Welt. Viele von ihnen sind Juden und kommen gern zu uns ins Restaurant.« Adina hatte davon gehört, aber den Zeitpunkt nicht so recht auf dem Schirm. Der Inhaber des »Schalom« gab ihr noch ein paar Tipps mit auf den Weg. »Danke. In die Städtischen Kunstsammlungen gehe ich morgen. Den Termin habe ich von Berlin aus vereinbart. Ich bin extra schon Sonntag angereist, weil Montag dort geschlossen ist. Da bleibt mehr Ruhe für ein Gespräch«, klärte Adina auf. Sie versprach, im Laufe ihres Aufenthaltes mindestens noch einmal ins Restaurant zu kommen und verabschiedete sich. Dann lief sie zur Straße der Nationen, wie ihr die freundlichen Herren empfohlen hatten, und gelangte so auf direktem Wege zum Hotel zurück. Das blinkende Blaulicht auf dem Theaterplatz fiel ihr schon von Weitem auf. Adina wusste sofort, dass der folgende Tag ganz und gar nicht nach ihrem Plan verlaufen würde. Bevor sie mit dem Lift nach oben fuhr, leistete sie sich noch einen

Cocktail in der Lounge und hörte etwas vom Einbruch in den Kunstsammlungen. Außer von einem fehlenden Gemälde und einem verletzten Wachmann war jedoch noch nichts durchgesickert.

Adina hatte sich bei ihren Vorrecherchen für die Chemnitz-Reise intensiv mit den Kunstsammlungen beschäftigt und dabei große Namen entdeckt, zum einen in der Dauerausstellung, zum anderen in den wechselnden Sonderschauen. In den Sammlungen befanden sich Werke aus dem 16. bis 21. Jahrhundert, Gemälde der klassischen Moderne, Bilder von Künstlern der Vereinigung »Brücke« und vielen anderen, deren expressionistische Werke während des Naziregimes den Stempel »entartete Kunst« aufgedrückt bekamen. Edvard Munch, Caspar David Friedrich, Georg Baselitz, Lyonel Feininger, Karl Schmidt-Rotluff, Erich Heckel, Ernst Ludwig Kirchner, Max Beckmann waren nur einige Namen aus dem Bestandsverzeichnis, die sich Adina eingeprägt hatten. Eine Verbindung zu jüdischen Künstlern und Israel lag durch die Beziehung zu entarteter Kunst nahe. Immer wieder wurden in den Sonderausstellungen Themen aufgegriffen, die damit im Zusammenhang standen. Bilder von der jüdischen Gemeinde in Shanghai, zu der auch Chemnitzer Juden geflohen waren, Jerusalem Faces von Oskar Kokoschka, Alexander Dettmars Darstellungen von zerstörten Synagogen – Adina hatte davon gelesen und Bilder gesehen. Doch das war längst nicht alles. Andy Warhols »Death and Disaster«, Zeichnungen von Joseph Beuys und Pablo Picasso, Pieter Bruegels Darstellungen des Theaters der Welt, Malerei von Pierre-Auguste Renoir, Edvard Munch und Henry van der Velde, Wolfgang Mattheuer, Neo Rauch – das Who is Who der Kunstszene mehrerer Jahrhunderte hatte sich dauerhaft oder zeitweise in Chemnitz versammelt, zumindest was die Werke betraf. Bob Dylan, sonst eher durch seine durchdringende und bisweilen krächzende Stimme sowie Gitarre und Mundharmonika bekannt, hatte den Chemnitzern zu einer besonderen Premiere verholfen – mit seinen erstmals ausgestellten kolorierten Bildern. Zu gern hätte Adina diese Ausstellung gesehen, doch 2007 hatte ihr Lebensmittelpunkt gerade völlig andere Koordinaten. Er hieß Sascha, war fast zehn Jahre älter als sie und dummerweise ihr Chef bei einem der führenden Reise- und Lifestyle-Magazine Deutschlands. Sie hatte ihn zusammen mit ihrem ersten Job nach dem Studium erobert. Sascha … Adina dachte an den Mann, der die Liebe ihres Lebens bleiben sollte, den Platz jedoch verwirkt hatte.

Je mehr sich Adina in die Namen und deren Biografien vertiefte, umso mehr war ihre Freude auf den Besuch der Kunstsammlungen und ein Gespräch mit der Generaldirektorin gestiegen. Der Termin mit der Kunsthistorikerin hatte den Ausschlag für die Zeitschiene des Chemnitzbesuches gegeben. »Wenn diese Frau keine Geschichten erzählen kann, wer dann?«, hatte Adina den Bogen zu ihrem Projektauftrag gespannt.

Adina saß mit Blick zum Theaterplatz und zu den Kunstsammlungen beim Frühstück und erblickte dort das rot-weiße Flatterband der Polizeiabsperrung. Gerade hatte sie realisiert, dass ihr Termin heute ausfallen würde, da vibrierte ihr Handy. Eine Mitarbeiterin der Kunstsammlungen bestätigte, was Adina längst wusste. Sie würde ihren Plan einfach umstellen, denn Anlaufpunkte hatte sie hier in ausreichender Zahl. Schon länger wollte sie auf den Spuren ihrer Vorfahren wandeln und ihre jüdischen Wurzeln entdecken. Mit dem Projekt konnte sie vieles verbinden. Sie hatte ihre Chemnitzer Urgroßmutter nie bewusst kennengelernt, denn sie war bei deren Tod erst vier Jahre alt gewesen, doch sie trug den Vornamen der Frau, die in der Familie niemand so richtig verstanden hatte. Nach dem Krieg war sie ganz allein in ihre Geburtsstadt zurückgekehrt. Ihr Mann war tot, die Kinder blieben den neuen Heimatorten quer über den Erdball treu. Ein Treffen der Großfamilie in der DDR erwies sich spätestens ab 1961 als schwieriges, wenn nicht gar unmögliches Unterfangen. Und die betagte Urgroßmutter nach Israel oder in die USA einladen, dafür war die Reise zu beschwerlich. Adinas Eltern waren Anfang der 80er Jahre nach Berlin gegangen, weil ihr Vater dort die Außenstelle seines Unternehmens leiten sollte. In Berlin hatte sie die meiste Zeit ihres Lebens verbracht. Ihr Großvater hatte keine Jüdin geheiratet und auch bei ihren Eltern spielte die jüdische Vergangenheit keine besondere Rolle. Doch irgendwann hatte Adina ein Bild ihrer Urgroßmutter in jungen Jahren entdeckt und Fragen gestellt. Ihre Ähnlichkeit mit der Ahnin war nicht zu übersehen.

Adinas Vater war von Westberlin aus ab und an nach Chemnitz gefahren. Die Stadt hieß zu dieser Zeit Karl-Marx-Stadt, der von Einheimischen liebevoll »Nischel« genannte Karl-Marx-Kopf auf der Brückenstraße erinnert heute noch daran. Das trutzige Monument war ihr gleich bei ihren ersten Recherchen über Chemnitz aufgefallen. Damals hatte sie noch überlegt, ob sie die Stadt überhaupt in ihr Tourismusportal aufnehmen sollte. Doch dann war sie mehrfach auf die Bezeichnung »Tor zum Erzgebirge« gestoßen. Und auf Zeugnisse jüdischen Lebens. Sie hatte beschlossen, sich diesem Schwerpunkt zu widmen und dabei gleichzeitig nach Spuren ihrer Urgroßmutter zu suchen. Es musste ja keiner erfahren, dass in ihr jüdisches Blut floss – es war ohnehin verdünnt. Wer ein wenig Ahnung von der Materie hatte, erkannte die Herkunft ohnehin an ihrem Namen.

Adina blickte in ihre Aufzeichnungen, die alle Anlaufpunkte enthielten. »Dann gehe ich heute ins smac, ähh, zu Schocken« **6**, legte sie die erste Station des Tages fest. Das Gebäude konnte sie zu Fuß erreichen. Für den nächsten Tag hatte sie im Vorfeld einen Termin auf dem Jüdischen Friedhof **7** vereinbart. Adina hatte schnell begriffen, dass die Chemnitzer lieber »Schocken« als smac sagten, obwohl das Staatliche Museum für Archäologie Chemnitz abgekürzt so hieß und in seinen Publikationen mit der Abkürzung warb. Mit »Schocken« ließen sich eher Geschichten erzählen. Da war sich Adina sicher. Sie hatte ihren Auftraggeber wissen lassen, dass sie sich hin und wieder Inkognito bewegte, um die Orte erst einmal kennenzulernen und sich nicht dem Erwartungsdruck einer positiven Beschreibung auszusetzen. Adina löste ihre Eintrittskarte und ließ sich einen Audioguide einstellen. Als Pfand übergab sie ihren Führerschein. Der war deutlich unverfänglicher als ihr Journalistenausweis.

In der ersten Ebene lernte gerade eine Schulklasse etwas über die Jäger und Sammler der Altsteinzeit und deren Umgang mit Kalt- und Warmzeiten. Adina schlüpfte an der geführten Gruppe vorbei und fand sich vor einer Tür wieder, die wie von Geisterhand bewegt wurde. Schnell realisierte sie, dass sich hier der Zugang zur Erkerausstellung befand. Sie schlüpfte durch die Öffnung und sah sich der Fensterfront des früheren Kaufhauses gegenüber. In dem gebogenen Schlauch drehte sich alles um Erich Mendelsohn, den Architekten des Gebäudes. Adina las die Biografie und schaute sich die Modelle der Mendelsohn-Bauten an. Den Einstein-Turm in Potsdam kannte sie. Dass Mendelsohn sogar das Hadassah-Universitäts-Krankenhaus in Jerusalem entworfen hatte, überraschte sie ein wenig. Sie war dort wegen der Chagall-Fenster gewesen. Von Modell zu Modell nahm ihre innere Anspannung zu und sie wusste nicht warum. Den Höhepunkt erreichte das ungute Gefühl, als ein Mann aus einer Nische aufsprang und zum Ausgang eilte. »Den hab ich schon mal gesehen«, dachte sich Adina und lief zu der Nische, in der der Mann gesessen haben musste. Sie erschrak, als eine Stimme erklang, die jedoch zu einem Video gehörte. Es hatte sich eingeschaltet, als Adina die Wandvertiefung betrat. Auf dem Sitzpolster lag ein Zettel. Darauf stand in großer Schrift: »Lasst uns das wenige, das wir noch haben.« Adina steckte den Zettel ein, marschierte zum Ausgang und quer durch die Ausstellung zum Treppenaufgang. In der zweiten Ebene wendete sie sich sofort der Erkerausstellung zu. Sie war der Familie Schocken gewidmet, einer Kaufhausdynastie, die neben Tietz und Wertheim Geschichte geschrieben hatte, bis zur Vertreibung durch die Nazis. Adina las Dokumente aus dem Leben von Salman und Simon Schocken, machte sich mit der Unternehmensphilosophie vertraut, lernte Produkte aus der damaligen Zeit kennen und … erstarrte. Aus einer der Vitrinen schrie sie der Name Adina förmlich an. Adina hieß die hauseigene Fotomarke bei Schocken. Und auch eine Yacht soll diesen Namen getragen haben. Adinas Kopfkino spulte einen Film in affenartiger Geschwindigkeit ab. Die Hauptrolle spielten dabei ihre Urgroßmutter und einer der Schocken-Brüder. Wie ein Wolf hatte sie Witterung aufgenommen und blitzschnell ein paar Notizen in ihren Block geschrieben. Den Mann und den komischen Zettel vergaß Adina, während sie im Erker der dritten Etage alles über Salman Schockens Büchersammlung, die Bibliothek in Jerusalem und seine Tätigkeit als Verleger in sich aufsog. Die Bibliothek war ihr in Jerusalem verborgen geblieben, genau wie andere Gebäude, die an die aus Deutschland geflohene Familie erinnerten. Dass ein Schocken-Enkel dem Erbe getreu Herausgeber der »Ha'aretz« war, nahm sie nur noch flüchtig wahr, genauso wie die archäologischen Funde sowie das durch alle Etagen und durch 300.000 Jahre Kulturgeschichte schwebende Sachsen-Modell. In ihrem Bauch hatte sich ein Gefühl von Wut breit gemacht, das sie immer spürte, wenn sie an die Folgen der Judenvernichtung und -verfolgung dachte.

Im Foyer bestellte Adina einen Milchkaffee und setzte sich mit dem Pott an einen der Tische, um in Ruhe nachzudenken. Angesichts des Besucherverkehrs gelang ihr das nur bedingt. Sie wollte allein sein, oder wenigstens ungestört, und keinesfalls in einem Raum gefangen. Beim Blick auf ihre Besuchspläne fiel ihr der Wasserwerkspark 8 auf. Adina kaufte sich schnell ein Sandwich, lief zurück zum Hotel und setzte sich ins Auto. Über den Südring und die Annaberger Straße gelangte sie an die Zwönitz und parkte am Fuße des Pfarrhübels. Von dort waren es nur wenige Schritte bis zum Parkeingang. Schon nach wenigen Metern umgab sie eine wohltuende Stille, wie sie Adina bei relativ naturbelassenen Anlagen immer empfand. Nur sie, das Rauschen der Zwönitz und das Zwitschern der Vögel. Die Tafeln des Lehrpfades fan-

den heute nicht das Interesse, das sie ihnen normalerweise gewidmet hätte. Nur die Vögel vermochten sie aus
ihren Gedanken zu reißen. Sie hörte einen lauten, hohen
Pfiff. Dann sah sie ihn, den Eisvogel, der gerade über die
Wasseroberfläche des Teiches flog. Am Ufer entdeckte
sie ein Wasseramsel-Pärchen. Sie überquerte die Zwönitz und freute sich über die Fledermaushöhlen, die für
zweibeinige Lebewesen tabu waren. Adina lachte noch
über das Schild, das das Paddeln in dem Flüsschen ver-
bot, als sie die Reste eines abgeschlagenen Schwefelpor-
lings vor einer alten Buche liegen sah. Sie wandte ihren
Blick in Richtung Baumkrone und erschrak. Dass auf
dem angenagelten Zettel die gleiche Schrift stand wie
auf dem in ihrer Hosentasche, hatte sie sofort bemerkt.
In der Ferne lief ein Mann, der sie an irgendwen erinnerte. Auf dem Zettel las sie: »Auch wir haben Rechte!«
Diesmal zückte Adina ihr Handy und fotografierte den
Wisch. Sie wollte eine Begegnung mit dem Fremden vermeiden, deshalb nahm sie den Weg oberhalb des Parks
und fuhr zum Wasserschloss Klaffenbach 9. Den Abend
verbrachte sie im Hotel-Restaurant und bei ihren Aufzeichnungen. Im Hotelzimmer begann sie nach ihrem
eher seltenen Vornamen zu googeln.

»Ich habe Sie schon erwartet«, rief ihr eine ältere
Dame vom Eingang des Jüdischen Friedhofs zu und
fügte »diese Ähnlichkeit – unwahrscheinlich« an. Adina
stutzte. Was meinte die fremde Dame, die sich ihr als
Frau Rosenkranz vorgestellt hatte? »Sie wollen sicher
das Grab sehen, auf dem Ihr Name steht. Kannten Sie sie
überhaupt noch?«, setzte sie nach. Jetzt fiel es Adina wie
Schuppen von den Augen. Die Betreuer des Friedhofs
der Jüdischen Gemeinde hatten natürlich ihren Namen

gelesen und daraus geschlossen, dass sie das Grab ihrer Urgroßmutter besuchen wollte. Ursprünglich hatte sie sich ja für den ganzen Friedhof interessiert und nach einer Führung gefragt. »Nein, ich kannte sie nicht wirklich. Ich war erst vier, als sie gestorben ist. Bei uns in der Familie hat keiner verstanden, was sie allein im wilden Osten wollte«, klärte Adina auf. »Dann kannte sie wohl keiner so wirklich«, sprach die Friedhofsführerin mehr vor sich hin als zu Adina. »Was wissen Sie von ihr?« Adina bückte sich und hob einen Stein auf, den sie auf den Grabstein legen wollte. »Nicht so viel. Wie Sie sehen, bin ich ja deutlich jünger. Nur dass sie nach Chemnitz zurückkam, wegen ihres Herzens.« »Wegen ihres Herzens?« Frau Rosenkranz senkte ihren Blick auf den Hauptweg, den sie liefen. »Wegen ihres Herzens?«, hakte Adina noch einmal nach. »Sie muss es hier verloren haben. Mehr weiß ich nicht. Und den Namen des Glücklichen oder Unglücklichen hat sie nie erwähnt«, antwortete die Frau. Adina wurde blass. Ihr Gedankenkarussell überschlug sich schon zum zweiten Mal innerhalb kurzer Zeit. »Die Fotomarke, die Yacht, das verlorene Herz. Mein Großvater wurde 1934 geboren. Was, wenn er nun gar kein leiblicher Pfefferkorn war? Hatte Adina nicht in einem der jüdischen Kaufhäuser gearbeitet?« Eine Menge Fragen stürzte auf sie ein. Mit einer Umarmung verabschiedete sie sich von der Frau, die sie zur Schabbatfeier in die Synagoge **10** einlud. Dort könne sie auf Menschen treffen, die viel Zeit mit ihrer Urgroßmutter verbracht hatten. Adina antwortete mit einem unverfänglichen »Wenn es meine Termine erlauben«. Als sie den Friedhof verließ und zu ihrem Auto schlenderte, hätte sie den Zettel an der Mauer beinahe übersehen. »Sie sind doch auch so eine und nur hinter Ruhm her!«, stand darauf. Von dem Mann fehlte diesmal jede Spur. Mit einem unguten Gefühl betätigte Adina die Fernbedienung für den Wagen erst, als sie unmittelbar an der Tür stand und drückte auf die Innenraumverriegelung, noch bevor sie sich angegurtet hatte. Den Zettel hatte sie in der Aufregung weder fotografiert noch mitgenommen. Sie notierte sich den Satz, der darauf stand. So langsam wurde ihr die Sache unheimlich. Dass sie ausgerechnet in der Stadt der Moderne, wie sich Chemnitz nannte, pausenlos über Zeugnisse der Vergangenheit, noch dazu ihrer eigenen, stolperte, hatte Adina nun wirklich nicht erwartet. Und noch weniger, dass sie verfolgt wurde. Adina beschloss, zur Polizei zu gehen.

»Sie wollen eine Anzeige aufgeben?«, fragte sie der Beamte am Einlass. »Ich … ich weiß nicht …«, stotterte Adina. »Also ja oder nein? Oder sagen Sie mir einfach, was Sie wollen«, ermunterte er sie zum Sprechen. Adina erzählte ihm von den Zetteln, von dem fremden Mann. »Ich sehe schon, das wird etwas Größeres«, unterbrach sie der Diensthabende und rief einen Kollegen, der Adina mit in sein Dienstzimmer nahm, nachdem er sich als Kriminalkommissar Matthes vorgestellt hatte. Adina war beeindruckt, dass sich ein Kommissar ihres Problems annahm. Sie wiederholte, was sie schon am Einlass berichtet hatte. Der Beamte machte sich Notizen. Interessiert schaute er auf den Zettel und auf das Foto vom Wasserwerkspark. »Ich schicke gleich einen Streifenwagen zum Jüdischen Friedhof. Vielleicht ist der Zettel ja noch da und wir können ein paar Spuren sichern«, ließ sie der Ermittler an seinen Gedankengängen teilhaben. Nachdem er die Kollegen instruiert hatte, stellte er Adina weitere Fragen zum Aussehen des Mannes. »Er sah aus wie der aus dem Schalom«, hörte sich Adina sagen und bemerkte im gleichen Moment, was sie von sich gegeben hatte. Erst während des Redens war ihr klar geworden, an wen sie die Gestalt im Schocken und im Wasserwerkspark erinnert hatte. Sie versuchte, sich den ersten Abend in Chemnitz ins Gedächtnis zurückzurufen. Ihr kam es so vor, als liege das Jahre zurück, so viel hatte sie in der kurzen Zeit erlebt. Sie sprach vom Verlaufen am Brühl, vom leckeren Essen und der Unterhaltung mit dem Kellner, von ihrer Ankunft im Hotel. Der Kriminalkommissar hatte ihr aufmerksam zugehört. Als sie beim Einbruch in den Kunstsammlungen anlangte, hob er die Hand mit einem lauten »Halt«, griff zum Handy und bellte hinein: »Achtung, äußerste Vorsicht. Den Zettel nicht unsachgemäß berühren. Und auf Fußspuren achten. Ich schicke die Spurensicherung gleich nach. Das wird noch interessant.« Es dauerte nicht lange und die Stimme am anderen Ende meldete den Zettelfund. »Wir warten auf die Spusi«, verstand Adina noch. »Sagen Sie, Ihr Name, sind Sie Jüdin?«, fragte der Kriminalkommissar. Adina gestattete einen Einblick in ihren Stammbaum und verriet neben dem Grund für ihre Anwesenheit in Chemnitz etwas über den aufregenden Nebeneffekt in Sachen persönlicher Spurensuche. Der Beamte hielt alles fest, Adina übergab ihm ihre Visitenkarte. »Ich melde mich bei Ihnen, ganz sicher«, versprach er und drückte ihr eine Haftnotiz mit seiner Telefonnummer in die Hand. »Oder ich melde mich, wenn ich wieder eine Botschaft finde.« Adina verließ die Polizeidirektion, lief noch eine Runde um den Schlossteich und fuhr zum Hotel zurück. Den Abend verbrachte Adina im »Chemnitzer Hof«.

Obwohl sie schlecht geschlafen hatte, raffte sie sich am nächsten Morgen auf und unternahm einen Spaziergang zur Moritzstraße. »DasTietz« **11** war ihr Ziel. Sie hatte es schon nach kurzer Zeit erreicht. An den 1913 als vornehmstes Warenhaus Sachsens eröffneten Einkaufstempel erinnerte nur noch die Hülle. Adina hatte die Wahl zwischen Galerie und Museum für Naturkunde. Sie entschied sich für letzteres, vor allem wegen des versteinerten Waldes, der vor dem Umzug des Museums hierher am Zugang zum Theaterplatz aufgestellt war. Spuren ihrer Urgroßmutter fand sie nicht, dafür blickte sie im Lichthof in das Gesicht ihres Verfolgers, der zwei Etagen über ihr an der Brüstung lehnte. Adina bemühte sich, nichts Unüberlegtes zu tun. In der Damentoilette zückte sie ihr Handy und wählte die Nummer des Kriminalkommissars, die sie vorsorglich eingespeichert hatte. »Er ist hier«, flüsterte sie ins Mikrofon, »im Tietz.« Dann schlich sie aus der Toilette und aus dem Gebäude. Sie hörte die Signaltöne der Einsatzfahrzeuge, die aus allen Richtungen zu kommen schienen. Adina drückte den Beamten die Daumen.

Im Hotel schrieb sie eine Mail an ihre Freundin Mia.

Liebe Mia, wundere Dich bitte nicht, dass ich erst heute schreibe. Ich habe aufregende Tage hinter mir und weiß auch jetzt noch nicht, wie das enden soll. Stell Dir vor, ich bin hier an mehreren Stellen auf Spuren meiner Urgroßmutter Adina gestoßen. Du glaubst nicht, wie spannend das alles ist. Ich halte Dich auf dem Laufenden. Adina

Die Antwort kam prompt:

Liebe Adina, mach bitte keinen Unsinn und sei vorsichtig. Du weißt doch – nicht alle mögen an die Geschichte erinnert werden. Dein jüdischer Name kann schon reichen. Wir vermissen Dich – und Deine Berichte. Mia

Als sie die Nachricht las, fiel es Adina wieder ein. Sie hatte einen Blog schreiben und von ihren Stationen erzählen wollen. Das vertagte sie. Auch am kommenden Tag wurde erst einmal nichts daraus. Beim Frühstück erhielt Adina einen Anruf von Kriminalkommissar Matthes. »Frau Pfefferkorn, können Sie um 13 Uhr in die Kunstsammlungen kommen? Wir möchten gern mit Ihnen sprechen. Anschließend hat die Direktorin noch ein wenig Zeit für Sie freigeschaufelt«, sagte er. »Ja, natürlich«, erwiderte Adina knapp, obwohl sie in ihrer Neugier lieber ein paar Fragen formuliert und Antworten darauf bekommen hätte. Den Vormittag vertrieb sie sich im Museum Gunzenhauser **12**. Dort wurde sie Zeuge eines Gesprächs von zwei Aufsichtskräften, die sich über das gestohlene Bild aus dem Museum am Theaterplatz unterhielten. »… wieder da …«, hörte Adina den einen sagen.

Kurz vor 13 Uhr öffnete sie die Eingangstür zu den Städtischen Kunstsammlungen. An der Kasse hatte sie den Eindruck, dass sie schon erwartet wurde. Ein Tusch ertönte, dann standen der Kriminalkommissar, die Generaldirektorin und die Chemnitzer Oberbürgermeisterin wie vom Himmel gepurzelt vor ihr, mit einem Blumenstrauß und einem Päckchen mit Katalogen. »Es sind sogar vergriffene dabei, Andy Warhol, Wolfgang Mattheuer, Bob Dylan«, erklärte die Direktorin. Adina wusste nicht, wie ihr geschah, vernahm nur Wortfetzen, während ein Blitzlichtgewitter über ihr herniederrauschte. Als ein Reporter des MDR ihr das Mikro hinhielt und sie fragte, wie sie das hinbekommen habe, wusste sie nicht, was sie antworten sollte. Erst nach und nach war ihr klargeworden, dass dank ihrer Hilfe das gestohlene Bild ins Museum zurückgekommen war. Es hatte auf der Liste der möglichen Beutekunst gestanden und war deshalb ins Magazin gewandert. Ihr Verfolger wollte, dass es in der Ausstellung bleibt und den Chemnitzern nicht verloren geht. Das hatte Kommissar Matthes auf Fragen des Reporters hin ins Mikro gesprochen. Als der Trubel vorbei war, folgte Adina der Direktorin und dem Kommissar ins Büro. Vor lauter Aufregung fiel ihr keine einzige der vorbereiteten Fragen ein. Für ihr Storytelling hatte sie ohnehin genug Stoff zusammen. »Können Sie mir sagen, wie der Mann das gemacht ...«, setzte Adina in betont naiver Art an. »Natürlich nicht. Wenn das an die Öffentlichkeit gelangt, können wir uns vor Nachahmern nicht retten«, lautete die Antwort.

Am Abend schrieb Adina dann endlich ihren Blog.

Ihr Lieben, Adina meldet sich aus Chemnitz. Verzeiht mir, dass es mit dem regelmäßigen Bericht nichts wurde. Ihr werdet ohnehin bald aus allen möglichen Medien erfahren, was ich hier getrieben habe. Dank meiner Hilfe wurde der Diebstahl in den Städtischen Kunstsammlungen aufgeklärt. Stellt Euch vor: Der Täter hat mich für eine Beutekunst-Schnüfflerin gehalten. Und ich habe Spuren meiner Urgroßmutter Adina gefunden, die ich gern weiterverfolgen möchte. Dafür muss ich unbedingt noch einmal hierher fahren, zum Beispiel ins Industriemuseum **13**, wo auch die jüdischen Fabrikanten von einst Eingang in die Ausstellung gefunden haben. Ansonsten kann ich Euch nur sagen: Chemnitz ist ganz anders. Kommt selbst her und überzeugt euch. Oder wartet auf meine Geschichten im Reiseportal und lasst Euch inspirieren. Eure Adina

1 Chemnitzer Hof
Der Chemnitzer Hof wurde ab 1928 an Stelle eines
Brunnens auf der rechten Seite des Theaterplatzes
im Bauhausstil gebaut und 1930 eröffnet. Im vergangenen Jahr wurde das Hotel an eine Chemnitzer Immobiliengesellschaft verkauft. Ein Chemnitzer
Unternehmer bekannte sich damit zur Erhaltung des
geschichtsträchtigen Gebäudes, das zu DDR-Zeiten
als bestes Haus am Platz galt.

2 Chemnitzer Theaterplatz/Opernhaus
Der Chemnitzer Theaterplatz, einst Königsplatz,
ist ein historisch wertvoller Komplex mit beinahe
aristokratischem Erscheinungsbild. Zum Gebäude-
ensemble gehören das König-Albert-Museum und
das Opernhaus (Baujahr 1909) sowie die Petrikirche
(1888) und der Chemnitzer Hof. Teile der Gebäude
wurden im zweiten Weltkrieg zerstört und wieder
aufgebaut. Die frühere Freitreppe wurde großzügig
umgestaltet. Im Museum war früher auch die Natur-
kundliche Sammlung untergebracht, die jetzt im ehemaligen Kaufhaus Tietz zu sehen ist.

3 Städtische Kunstsammlungen
Die Städtischen Kunstsammlungen Chemnitz im
König-Albert-Museum am Theaterplatz beherber-
gen 60.000 Exponate, darunter eine große Sammlung
mit Werken des Chemnitzer Künstlers Karl Schmidt-
Rotluff und anderer Künstler der expressionistischen

Künstlervereinigung »Brücke« sowie Werke bekannter Impressionisten wie Max Liebermann, Max Slevogt oder Lovis Corinth. Für Schlagzeilen sorgt das Kunstmuseum regelmäßig durch hochkarätige Sonderausstellungen mit Werken namhafter Künstler.

4 Schalom
Das Schalom ist ein jüdisches Restaurant in Chemnitz. Es wurde 2000 eröffnet und befindet sich seit 2012 am jetzigen Standort an der Heinrich-Zille-Straße. Neben leckeren Gerichten der jüdischen Küche steht koscheres Bier vom Fass auf der Karte. Im Schalom speisen häufig Künstler mit jüdischem Hintergrund, die bei Veranstaltungen wie den Tagen der jüdischen Kultur in Chemnitz auftreten.

5 Karl-Marx-Monument – ›Nischel‹
›Nischel‹ (sächsisch für Kopf, Schädel) wird das von Lew Kerbel geschaffene, 7,10 (mit Sockel 13) Meter hohe, 40 Tonnen schwere Monument mit dem Karl-Marx-Kopf genannt. Es wurde 1971 eingeweiht, als Chemnitz Karl-Marx-Stadt hieß, und gilt heute noch als Wahrzeichen der Stadt. Das Monument an der Brückenstraße ist des öfteren Kulisse für Konzerte, Filmaufnahmen oder Aktionen wie eine Einhausung, die den Kopf von innen begehbar machte.

6 Schocken – smac
Am 15. Mai 2014 wurde mit der Eröffnung des Staatlichen Museums für Archäologie Chemnitz (smac) an den 15. Mai 1930 erinnert. Damals hatte die aus Zwickau stammende Familie Schocken ihrer Kauf-

hauskette eine weitere Filiale hinzugefügt. Das avant-gardistische Kaufhaus entwarf der jüdische Architekt Erich Mendelsohn. Ihm und den Gebrüdern Schocken sind die Erkerausstellungen in drei Etagen der gebänderten Fensterfront gewidmet. Im Inneren des Hauses finden die Besucher sächsische Geschichte von den Jägern und Sammlern bis zur beginnenden Industrialisierung im 19. Jahrhundert sowie wechselnde Sonderausstellungen. Für das schwebende Sachsenmodell, das zu jeder vollen Stunde durch die drei Ausstellungs-Etagen fährt, erhielt das Museum bereits mehrere Auszeichnungen.

7 Jüdischer Friedhof Chemnitz
Der Jüdische Friedhof auf dem Kaßberg beherbergt 1200 Grabstätten, von denen einige noch Zerstörungen aus der Zeit des Nationalsozialismus aufweisen. Gedenksteine erinnern an die Verbrechen gegen die Juden. Die letzten Ruhestätten der Juden werden als »Beth Olamin« – Haus der Ewigkeit – bezeichnet. Anders als bei christlichen Friedhöfen werden die Grabstätten nie aufgelöst. Die Teilnahme an einer Führung über den Chemnitzer Friedhof zeigt, welch großes Potenzial an Wissenschaftlern, Unternehmern, Künstlern der Stadt durch den Nationalsozialismus verloren gegangen ist, da kaum einer der überlebenden Juden oder ihrer Nachfahren nach dem 2. Weltkrieg in die Stadt zurückkehrte.

8 Wasserwerkspark
Der Wasserwerkspark befindet sich im Stadtteil Alt-chemnitz und ist über die Annaberger Straße zu errei-

chen. Das Eingangstor liegt direkt neben der Brücke über die Zwönitz, unterhalb des Pfarrhübels. Zum Park gehören ein Naturlehrpfad, Teiche, eine Obstwiese, der Zwönitzfluss sowie der Hangwald in Richtung Pfarrhübel. Fledermäuse haben ihren Lebensraum in zugemauerten Stollen. 2013 wurde der naturbelassene Park durch das Hochwasser teilweise verwüstet, jedoch relativ schnell wieder für Besucher zugänglich gemacht. Das Areal eignet sich hervorragend für Naturbeobachtungen, z.B. von Eisvögeln, Wasseramseln oder Bachforellen.

9 Wasserschloss Klaffenbach
Zum Areal des Renaissance-Schlosses aus dem 16. Jahrhundert gehören das Schlossgebäude mit Ausstellungen, ein Hotel und Restaurant, Werkstätten von Kunsthandwerkern sowie ein Park und ein Golfplatz. An die wechselvolle Geschichte, zu der auch die Nutzung als Jugendwerkhof zu DDR-Zeiten zählt, erinnern höchstens noch die Ausstellungen. Das Schloss ist ein beliebter Platz für Trauungen und öffentliche Veranstaltungen. Im Schlosshof finden Open-Air-Konzerte statt.

10 Synagoge
Die Neue Synagoge Chemnitz an der Stollberger Straße wurde 2002 geweiht und ist seitdem zusammen mit dem dazu gehörenden Gemeindezentrum Heimat für die jüdische Gemeinde der Region. Sie bietet Platz für 300 Gläubige. Die 1899 am Stephansplatz geweihte Synagoge für 700 Juden wurde in der Pogromnacht vom 9. zum 10. November 1938 zer-

stört und nicht wieder aufgebaut. Im Gemeindezentrum finden auch öffentliche Veranstaltungen wie Konzerte oder Lesungen statt.

11 DAStietz

DAStietz wird von den Chemnitzern gern Kulturkaufhaus genannt, denn hier fand eine Vielzahl von Kultureinrichtungen ihr Zuhause in einem ehemaligen Kaufhaus. Und »Das TIETZ« bleibt es für die Chemnitzer sowieso, egal ob es nun mit kleinen oder großen Buchstaben, zusammen oder auseinander geschrieben wird. Es wurde von der Kaufhaus-Familie Tietz 1913 eröffnet, war später Centrum-Warenhaus und zuletzt Kaufhof. Heute befinden sich im Haus Volkshochschule, Bibliothek, Museum für Naturkunde, eine Galerie und andere Anlaufpunkte. Der Versteinerte Wald, der früher am Theaterplatz aufgestellt war, hat hier einen neuen Platz und nach neuen Ausgrabungen Zuwachs erhalten.

12 Museum Gunzenhauser

Das Museum Gunzenhauser gehört zu den Kunstsammlungen der Stadt. Die hier beheimatete Sammlung mit Werken von Otto Dix und anderen bedeutenden Künstlern der Klassischen Moderne stammt vom Münchner Galeristen Dr. Alfred Gunzenhauser (1926 bis 2015). Für das 2007 eröffnete Museum wurde der frühere Hauptsitz der Sparkasse umgebaut.

13 Industriemuseum

Zum Sächsischen Industriemuseum zählen die Zinngrube Ehrenfriedersdorf, die Tuchfabrik Gebrüder
Pfau Crimmitschau, die Energiefabrik Knappenrode
und das Industriemuseum Chemnitz. Am Standort
Chemnitz können Besucher einen Streifzug durch
mehr als 200 Jahre Industriegeschichte Sachsens und
der Chemnitzer Region erleben. Der zur Eröffnung
2002 aufwendig sanierte Komplex war früher eine
Gießerei- und Maschinenhalle. Die Ausstellung ist in
Themenfelder untergliedert. Wichtige Rollen spielen
dabei Bergbau, Textilindustrie, Maschinenbau sowie
die Fahrzeugproduktion.

MANFRED KÖHLER: WIEDERSEHEN
IM KELLERVERLIES

Das surrende Schwirren kam rasch näher, huschte über Adinas Kopf hinweg und setzte über die Mauer. Ehe sie begriff, was sie da aus ihrer Konzentration gerissen hatte, verlor sich das Geräusch als Summen in der Ferne.

Mit einem Schulterzucken wandte sich Adina Pfefferkorn wieder der Schautafel mit dem kleinen Gespenst zu. Die weißbauchige, dreifingrige Spukgestalt mit Nasenzwickerbrille führte als Maskottchen durch die Burgruine Frauenstein **14** und prangte auf jedem Schild. Schon jetzt, kaum dass die Berliner Journalistin die Ruinenlandschaft betreten hatte, war Frauenstein dank des kleinen Burggeistes »Vrouwin« der Lieblingsort ihrer aktuellen Recherchetour durchs Osterzgebirge geworden.

Der andere Grund, der die Veste Frauenstein zu einem Top-Ausflugsziel für sie machte, war ihre noch immer erkennbare Größe und Wehrhaftigkeit. Vom Nordturm aus übersah man das Labyrinth aus Mauern wie auf einem dreidimensionalen Lageplan und hatte das Land ringsum in fast jeder Richtung bis zum Horizont im Blick.

Adina löste sich von der Aussicht dieses höchsten Punktes, um sich dem nächsten Burgbereich zuzuwenden. Ihr Blick fiel auf einen Mann, der die ganze Zeit schon in einer Ecke der Aussichtsplattform verweilt hatte und ihr den Rücken zuwandte. Er hielt den Blick nach unten gerichtet und bediente mit beiden Händen ein technisches Gerät, das er mit einem Riemen um den Nacken befestigt wie einen Bauchladen trug.

»Hallo. Mir ist da vorhin etwas über den Kopf geschwirrt«, sprach Adina den Mann an. »War das eine von Ihnen gesteuerte Drohne?«

»Der Fachbegriff ist Quadrokopter. Moment bitte!«

Der Kerl drehte ihr nach wie vor die Kehrseite zu und fummelte an seinem Kasten. In diesen Sekunden prägte sich ihr seine spinnenhafte Gestalt ein, bevor sie sein Gesicht kannte: seine langen, dürren Beine; die abgenutzte Jeans, die sich wie ein zugeschnürter Sack über den gesäßlosen Hüften beulte; sein graues T-Shirt, das einen leichten Haltungsschaden betonte; und das über die Ohren gezogene graue Baseball-Käppi. Sie erwartete ein mürrisches, faltiges Glotzen zu dieser Erscheinung, aber bekam ein nettes, offenes, wenn auch mausartig spitzes Grinsen zu sehen, als der Mann sich endlich umdrehte.

»Tut mir leid, ich musste den Kopter rasch parken, damit nichts passiert, während ich mit Ihnen spreche.«

»Parken? Wo denn?«

Adina reckte sich über die Kante des Wohnturms und suchte das tief unter ihr liegende Burgareal ab.

»Nicht da unten. In der Luft. Nein, nein …!«

Er wedelte ihr mit der Hand vor dem Gesicht herum, als sie den Blick in den Himmel richten wollte, und kicherte dazu.

»Der Kopter ist außer Sicht. Knapp zwei Kilometer von hier in der Nähe der Talsperre **15**. Schauen Sie.«

Der Mann präsentierte ihr den Monitor seiner Fernbedienung. Mit Mühe erkannte Adina auf dem Luftbild die Umrisse eines Sees, Wälder, Felder und ganz dünn und fein sich verästelnde Wege und Straßen.

»Ganz schön hoch oben. Nicht gerade viel zu erkennen.«

»Das ist nur die Parkposition. Augenblick.«

Nach ein paar Handgriffen des Mannes, die er mit zwischen den Lippen herumwandernder Zungenspitze ausführte, zeigte sich Adina ein ganz anderes Bild.

»Wow! Die Leute scheinen zum Greifen nah. Merken die, dass sie abgelichtet werden?«

»Nein, ich bin gar nicht so viel tiefer gegangen, sondern hab herangezoomt.«

»Und ist denn das rechtens? Ich meine, wer wird beim Spazierengehen schon gerne heimlich beobachtet?«

Der Mann winkte ab.

»Erstens erkennt man ja niemanden, weil die Bilder fast senkrecht von oben aufgenommen sind. Und außerdem ist das nur für mich, eine Art neugieriges Vorausspitzen.«

Auf Adinas befremdeten Blick hin kicherte er gekünstelt und erklärte:

»Ich erwarte meine Großtante. Sie hat in Freiberg die Mineralienausstellung besichtigt **16** und kommt von dort direkt hierher gewandert. Ich will mal sehen, wo sie gerade ist. Und sie dann später mit einer Bilderserie ihrer Ankunft überraschen.«

»Sofern Sie sie identifizieren«, stellte Adina fest und deutete auf den Monitor. »Sie haben schon recht, aus der Perspektive sind das einfach nur Köpfe mit Schultern.«

»Ja, aber Grete ist sehr auffallend gekleidet. So heißt meine Großtante: Grete.«

»Schon klar. Inwiefern auffallend?«

»Sie pilgert eigentlich über den Jakobsweg **17** und macht nur einen Abstecher hierher, um ihre alte Heimat zu besuchen. Wie sie mir geschrieben hat, trägt sie während des ganzen Weges einen graubraunen Filzhut mit Jakobsmuschel und eine Lodenjacke. Außerdem einen auffallend gedrechselten Wanderstock und einen traditionellen Leinen-Rucksack.«

»Das ist allerdings äh… Sie verarschen mich, oder?«

»Nein, wieso?«

»Was Sie da beschrieben haben, ist die Karikatur eines Wandersmannes aus den 1950er Jahren. Fehlen nur noch das karierte Hemd und die Kniebundhosen.«

»Hat sie bestimmt auch an. So ist sie eben. Oder war sie zumindest früher. Zugegebenermaßen hatte ich schon ewig keinen Kontakt mehr. Hätte sie mir nicht Hut und Jacke und so weiter beschrieben, würde ich sie wohl kaum erkennen.«

»Seit wann haben Sie sich denn nicht mehr gesehen?«

»Seit der Wende. Null Kontakt.«

»Wie bitte!«

Er schüttelte den Kopf und steuerte gedankenverloren seine Drohne. Adina sah an ihm vorbei auf dem Bildschirm Spaziergänger in moderner Freizeitkleidung aus der Vogelperspektive.

»Ist eben so. Eine Familienangelegenheit. Aber jetzt wird ja vielleicht alles wieder gut. Die letzten beiden Vertreter des Riese-Clans endlich versöhnt. Das wäre schon was.«

Er zeigte ihr ein schmerzliches Grinsen, das mitleidheischend und tapfer zugleich anmutete, aber aufgesetzt wirkte. Adina spürte, dass da jemand nur auf ein Stichwort wartete, um in epischer Breite seine jahrzehntelange Leidensgeschichte abladen zu können, und ging sofort auf Distanz.

»Also dann, ich mach mal weiter.«

»Schon klar.«

»Nach der Burg kommt ja noch das Schloss. Ich schaffe

sonst das Silbermann-Museum 18 nicht mehr, bevor es schließt.«

»Viel Spaß.«

Adina nickte und fragte sich, ob das jetzt beleidigt klang, weil sie sein Mitteilungsbedürfnis abgewürgt hatte, da kam ihr etwas in den Sinn:

»Moment mal, Riese?«

»Hä?«

»Sie sagten Riese-Clan. Und Ihre Großtante heißt Grete? Grete Riese?«

»Das ist ihr Name.«

»Aber doch nicht die Schriftstellerin?«

»Na ja, doch. Ich wusste gar nicht, dass sie so bekannt ist.«

»Bekannt? Sie ist ein Phänomen. Eine Institution. Eine Geistesgröße.«

»Ts!«

»Was?«

Er kicherte übertrieben ironisch.

»Für einige Intellektuelle vielleicht, die noch nie mit ihr zu tun hatten. Ich hab ein ganz anderes Bild von ihr. Von früher, wissen Sie, damals …«

»Wann wollte sie denn hier ankommen?«

Hart bis zur Unfreundlichkeit umschiffte sie seinen abermaligen Vorstoß, sich auszujammern, und entsprechend pikiert antwortete er: »Um drei.«

»In einer halben Stunde. Da könnte ich noch die Burg schaffen.«

»Wieso?«

Adina hatte auf die Uhr ihres Smartphones geschaut und vor sich hin sinniert. Es würde ihren Zeitplan durcheinanderwerfen, aber ein solches Interview durfte sie sich nicht entgehen lassen.

»Ich heiße Adina Pfefferkorn und bin Journalistin«, schwenkte sie von Abwehr auf Entgegenkommen um und zückte eine ihrer Visitenkarten.

»Ich weiß.«

»Zurzeit recherchiere ich hier im Erzgebirge für … – Moment mal, was wissen Sie?«

»Wer Sie sind und was Sie hier machen. Na, durch Ihren Blog! Sie sehen genauso aus wie auf dem Bild im Internet. Ich bin leidenschaftlicher Erzgebirger und verfolge alles mit, was hier rundum passiert. Mit mir könnten Sie genauso ein Interview machen wie mit Grete. Ein viel besseres. Ich weiß nämlich alles über unser wunderschönes Erzgebirge. Absolut alles. Besser als jeder Reiseführer.«

Sie brauchte eine Sekunde, um dieses Ausmaß an Selbstvertrauen zu verdauen, und setzte dann ihr strahlendstes Lächeln auf.

»Dann würden Sie mir also ein Gespräch mit Ihrer Großtante verschaffen?«

»Pf. Ich denke, das lässt sich einrichten. Aber vielleicht besser heute Abend in aller Ruhe. Übernachten Sie in Frauenstein am Markt 19 ?«

»Ja, aber Frau Rieses Ankunft auf Schusters Rappen würde ich auch gerne miterleben. Und vielleicht fotografieren. Ginge das?«

»Ich weiß nicht. Mit der Presse hat sie es, glaub ich, eher nicht so. Schon gar nicht überfallartig, wie Sie das vorhaben.«

»Und wenn Sie sie schnell mal anrufen? Dann wissen Sie auch gleich, wie weit sie noch weg ist.«

»Geht nicht. Sie ist ohne Handy unterwegs.«

»Ohne Handy?«, fragte Adina fassungslos.

»Und ohne Uhr, Fotoapparat und sonstige Technik.

Sie nimmt das Pilgern sehr ernst und betreibt es wie im Mittelalter.«

Adina machte ein verblüfftes, aber einlenkendes Gesicht.

»Umso besser für die Geschichte. Wissen Sie was, ich halte mich einfach in Ihrer Nähe auf, beobachte die Ankunft diskret aus der Distanz und lasse mich von Ihnen vorstellen, wenn Sie es für angemessen halten.«

Er zuckte mit den Schultern und wandte sich seiner Fernbedienung zu.

»Meinetwegen. Treffpunkt ist am Marktbrunnen.«

. . .

7. August, 22.02 Uhr, Adinas Blog

Liebe Leute, mein Vorsatz, diesmal eine ganz und gar touristische Recherchetour über die Bühne zu bringen, scheint wieder einmal zu scheitern. Diesmal bin ich zwar – noch (haha) – nicht über irgendwelche Leichen gestolpert, aber mein Programm ist mir gehörig durcheinander geraten. Dabei lief der Vormittag voll nach Plan, ich befasste mich mit der historischen Postkutschenlinie nach Teplitz [20], besichtigte und fotografierte noch vorhandene Reste des alten Streckenverlaufs und sammelte reichlich Fakten auf einer wirklich herausragend gestalteten Infotafel. Auf der Burg Frauenstein wurde ich dann am Nachmittag allerdings abgelenkt von einem Mann, der mit einer Drohne herumspielte und mich unfreiwillig an einer irren Geschichte teilhaben ließ. Ich will hier noch nicht zu viel verraten, aber ich wittere eine kleine Sensation. Mehr gibt es an dieser Stelle morgen, also schlaft gut und schaut wieder vorbei, Eure Adina.

7. August, 23.27 Uhr, Adinas Mail-Postfach

Hallo Süße, muss ich mir Sorgen machen??? Ein Fremder, der mit einer Drohne herumspielt, eine irre Geschichte? Klingt das nur für mich bescheuert? DUUUU lässt Dich wegen so was von Deiner Arbeit ablenken? Was ist da los? Mach bitte keinen Unfug! ☹

Mia

Herzchen, keine Sorge, der Typ scheint mir harmlos. Aber es stimmt schon, ich hab mich in was reinziehen lassen. Schon mal von Grete Riese gehört? Die hätte ich heute kennenlernen können, angeblich wollte sie wandernd in Frauenstein eintreffen. Aber sie kam nicht. Ihr Großneffe Stuart, der Kindskopf mit Drohne, ist außer sich vor Sorge oder tut zumindest so. Keine Ahnung, aber eine 74-jährige und durchaus als verschroben geltende Literatin, die ohne Handy durch die Lande wandert, da kann es schon mal zu Verspätungen um einen Tag kommen, oder? Muss ja nicht gleich was passiert sein. Stuart mit seinem schwirrenden Nervgerät, er hat aus luftigen Höhen ein paar Bilder eingefangen, auf denen sie seiner Meinung nach zu sehen ist, eine kleine Gestalt mit riesigem Wanderhut und Lodenjacke. Und irgendein Kerl mit Kapuze scheint sie anzugreifen. Das mit der Kapuzenjacke ist tatsächlich irgendwie seltsam, denn es war mal wieder echt heiß heute. Andererseits trug ja auch sie dieses Mordstrumm von Filzhut und ihre dicke Jacke. Jedenfalls sieht man auf den Bildern erst sie allein, dann mit ihm. Dann sind beide verschwunden. Aber alles ziemlich pixelig, die Drohne war in dem Moment wohl zu hoch oben. Stuart will morgen zur Polizei und Grete als vermisst melden. Keine Sorge also um mich, ich bin bloß Beobachterin.

Werde morgen Schloss und Silbermann-Museum nach-holen. Melde mich, Ciao. ☺

Ich will ja nicht miesepetern, aber was, wenn der Typ sein Tantchen selbst beseitigt hat und Dich als Alibi miss-braucht? Das kann längst passiert sein, Bilder kann man faken und dann eine Show mit Drohne dazu inszenieren. Frag ihn mal, ob's was zu erben gibt. Und nun träum süß!

Die Tante ist ne Großtante und taucht bestimmt noch auf. Süße Träume zurück und Ende.

8. August, 14.17 Uhr, Adinas Blog

Meine Besten, ganz schnell was zwischendurch, die ange-kündigte Sensation nimmt Fahrt auf. Der Mann mit Drohne vermisst seine Großtante. Allzu genau darf ich nicht werden, Datenschutz. Die Polizei hat ihn erst abgeschmettert, dann aber plötzlich mit Infos versorgt, die das Rätsel scheinbar noch rätselhafter machen. Stellt Euch vor, die Tante wan-dert ohne jede Technik, ihre Mastercard hat sie aber dabei. Sie hebt in einem Ort 200 Euro ab, scheint zu verschwin-den, versucht dann einen Tag später im nächsten Ort, in dem sie vermeintlich nie angekommen ist, weitere 1.000 Euro abzuheben, tippt aber die Pin falsch ein und gibt nach dem ersten Versuch auf. Was soll man davon halten? Ja, die Bilder der Bankautomatenkameras durfte der Groß-neffe betrachten und sogar abfotografieren. Er behauptet, auf dem zweiten Foto sehe sie irgendwie ganz anders aus. Obwohl sie klamottentechnisch zumindest genauso anti-quiert daherkommt. Vom Gesicht sieht man vor lauter Hut fast gar nichts. Die Polizei hat abgewunken und den Fall ad acta gelegt, aber der Großneffe will die seiner Meinung nach in ein Verbrechen Verwickelte nun per Drohne suchen. Hab mir gedacht, ich schau da mal zu. Berlin braucht mich so schnell nicht, und mir gefällt's hier außerdem immer besser. Gehabt Euch wohl, bis zur nächsten Info, Adina auf Achse.

8. August, 14.19 Uhr, Adinas Mail-Postfach
He, Du Wahnsinnige! Das klingt doch schon wieder deftig nach Ärger. Wenn es bei Dir derart locker-flockig zugeht, möchte ich am liebsten losdüsen und Dich persönlich zurückpfeifen. Jetzt mal die harten Fakten bitte für Deine beste Freundin Mia, damit sie Dir den Kopf zurechtrücken kann.

Ja, Du hast recht, so nice und easy ist das nicht. Unter uns, der gute Stuart schleppt ne Menge Groll mit sich herum. Und ja, zu erben gäbe es auch ein paar Milliönchen. Ich hab mir seine Familientragödie, die er mir schon in den ersten fünf Minuten unserer Begegnung auftischen wollte, nun eben doch noch angetan, und kann nur sagen: Keine Ahnung, wie die beiden nach 26 Jahren totaler Funkstille ein Wiedersehen mit Versöhnung hätten hinbekommen wollen. Fast gut, dass sie verschwunden ist oder abgetaucht oder was auch immer.

ODER UMGEBRACHT VON DIESEM PSYCHO!!! Hau da ab, Du dusslige Kuh! Berlin braucht Dich sehr wohl! Von mir ganz zu schweigen …
☹☹☹☹☹☹☹☹☹☹☹☹☹☹☹☹☹☹☹☹☹☹☹☹☹☹

9. August, 9.58 Uhr, Adinas Blog
Hallo, Ihr Herrschaften an Euren Laptops und Smartphones, jetzt wird es spannend. Mein neuer Bekannter, der Drohnensteuermann, hat mir erlaubt, seine Geschichte ins Netz zu stellen. Er erhofft sich dadurch Informationen über

das Verschwinden seiner Großtante. Sein Name ist Stuart Riese, er ist Jahrgang 1972, gebürtiger Frauensteiner und nennt sich einen echten Erzgebirger, was immer das heißt. Seine Welt war in Ordnung, soweit man das für einen DDR-Heranwachsenden annehmen kann, bis sich im Jahr 1982 seine Eltern in den Westen davonmachten, ihn allein zurückließen und auch nie versuchten, ihn nachzuholen, weil sie kurz darauf bei einem Unfall starben (von dem er übrigens behauptet, es sei eine Stasi-Missetat gewesen). Wäre damals nicht seine Großtante Grete, die jetzige Verschwundene, für ihn eingesprungen und hätte ihn zu sich geholt, wäre er wohl in einem Kinderheim gelandet. Das rechnet er ihr hoch an. Aber hier liegt auch sein Zwiespalt, denn die gute Grete tat es Stuarts Eltern nach und machte sich ein paar Jährchen später noch kurz vor der Wende über die Prager Botschaft davon. Er war nun fast 18 und kam halbwegs allein zurecht, aber dass sie sich nie mehr bei ihm meldete, nimmt er ihr wohl bis heute übel, auch wenn er es vehement bestreitet. Dass sie noch lebte und wo sie lebte, nämlich am Bodensee, erfuhr Stuart Jahre später aus der Zeitung, als sie erste literarische Erfolge feierte. Obwohl sie nun an die Öffentlichkeit trat, blieb es zwischen den beiden bei totaler Kontaktlosigkeit. Bis es Grete 26 Jahre nach ihrem Davonstehlen einfiel, über den Jakobsweg zu pilgern und dabei auch einen Abstecher in die alte Heimat zu machen. Stuart verzieh der verlorenen Großtante sofort und freute sich närrisch auf ein Wiedersehen. Erzählt er zumindest. Es lag ein Happy End in der Luft. Und nun das.

Also, liebe Leutchen, von wo aus immer Ihr mir folgt, vielleicht habt Ihr ja irgendwas mitgekriegt. Dann meldet Euch. Erhellender Infos harrend: Adina.

9. August, 11.45 Uhr, Adinas Mail-Postfach

*Und das sollen wir diesem Stuart abkaufen? Was war
da noch?*

*Keine Ausrufezeichen, keine Emoticons, kein Name, keine
Anrede? So in Aufruhr, liebe Mia? Aber Du hast wie immer
recht, alles kann ich auch nicht ins Netz stellen. Die Anver-
wandte soll ein Biest gewesen sein. Klein Stuart wäre vielleicht in einem Kinderheim noch besser dran gewesen. Aber
der private Drill in Tantchens Platte war wohl nicht mal die
größte Seelenpein für ihn. Die erlitt er in der Schule, denn,
siehe da, die moralische Über-Instanz Grete Riese war zu
DDR-Zeiten eine stinknormale Deutschlehrerin und in ihrer
Freizeit eine Vorzeige-Parteiaktivistin. Das findet man weder
auf Wikipedia noch in ihrer Vita. Es gibt da folgende kleine
Story, die Stuart als wahr beschwört: Bei einem Klassenaus-
flug ließ die stramme Grete ihre schon halbstarken Schüler
in Zweierreihen antreten und in dieser Formation schlappe
30 Kilometer marschieren. Weil man den Zug zurück nach
Frauenstein zu verpassen drohte, wurden die letzten zehn
Kilometer im Laufschritt zurückgelegt. Nichts zu trinken,
keine Brotzeit, nicht die kleinste Pause, nur brutale Schin-
derei und Beschimpfungen. Der Hass der Schüler übertrug
sich auf Gretes Großneffen, der zwar nicht in dieser Klasse
war, aber ihr einziger Verwandter. Und so wurde Stuart all
die Jahre, die er das Pech hatte, diese Schule zu besuchen,
bis aufs Blut gemobbt. Was er nun annimmt, liegt irgendwie
auf der Hand: Einer der Ex-Mitschüler hat sich seinen Hass
bis heute bewahrt und die Tante vom Wanderweg gekratzt.
Stuart hat wohl herumposaunt, dass er sie erwartet.*

*PS: Die Eisenbahn, mit der die halb zu Tode gewanderte
Klasse nach dem Horror-Ausflug zurückfuhr, war die sehr*

seltene Schmalspurbahn von Klingenberg-Colmnitz nach Frauenstein 21 *, die heute leider nicht mehr existiert. In mein Erzgebirgsprojekt aufnehmen will ich sie trotzdem.*

DAAAAAAS ist Dein PS? Eine Schmalspurbahn? Wie wäre es damit, mir lieber mal mitzuteilen, wie das mit diesem Schmalspurhirn Stuart nun weitergeht? Triffst Du den noch? Weiß die Polizei von dieser ganzen Schüler-Tragödie?

Bin in Eile, liebe Mia. Stuart setzt nachher in einem der Nachbarorte seine Tantensuche per Drohne fort, und da will ich natürlich wieder hautnah dabei sein. Melde mich später.

. . .

»Du hast mich angelogen, Stuart. Was soll das?«

»Kann nicht sein.«

Seine Zungenspitze wanderte, sich an der Oberlippe entlangtastend, einmal von links nach rechts über seinen Mund, während er die Drohne startete. Das war nicht die einzige Marotte, die Adina an ihm beobachtete. So trug er sein graues Baseball-Käppi beim Start grundsätzlich mit dem Schirm nach hinten und drehte es dann mit einem offenbar unbewussten schnellen Handgriff nach vorn, kaum stand das schwirrende Gerät in der Luft. So wie jetzt.

»Und ob das sein kann. Die Schmalspurbahn wurde 1971 stillgelegt.«

»Na und?«

»Deine Wandertags-Geschichte spielt ja aber wohl 16 Jahre später, wenn du Jahrgang 1972 bist.«

Ohne den Blick von seinem Drohnen-Steuerungsgerät zu wenden, antwortete er: »Überhaupt nicht. Ich hab nie behauptet, das sei zu meiner Zeit passiert. Damals war sie noch Junglehrerin, und das ist nur eine der Geschichten, die bis heute über sie kursieren, weil sie so typisch für sie als Tyrannin waren.«

Stuart vollführte eine entschlossene Handbewegung an seinem Gerät und wandte sich Adina zu. Auch diese Handbewegung kannte sie inzwischen in und auswendig, sie bedeutete »Drohne in Parkposition«. Das Surren war nicht mehr zu hören, ein schneller Blick über den Himmel bestätigte: Das Fluggerät war auch nicht mehr zu sehen. Wie Adina inzwischen wusste, war außer Sicht fliegen verboten. Und das war nicht die einzige Regel, gegen die Stuart gern und häufig verstieß.

»Was ich dir mit solchen Geschichten klar machen wollte, Adina: Meine Tante ist ganz und gar kein netter Mensch. Sie hat die Leute immer nur herumkommandiert und angebrüllt. Aus purem Sadismus springen lassen. Und aus purer Aggression in Grund und Boden geschrien.«

»Ja und?«

»Du bist so versessen darauf, sie kennenzulernen. Du vergötterst sie ja regelrecht. Aber sie wird dich nicht mit überirdischen Weisheiten beglücken, falls wir sie je finden, sondern vermutlich anschreien und nach Strich und Faden zur Schnecke machen.«

»Aber …«

»Kein Aber, du hast eine viel bessere Möglichkeit: Wenn du eine tolle Geschichte für dein Buchprojekt suchst, dann mach ein Interview mit mir. Ich bin sehr wohl ein netter Mensch, und ich hätte so viel über das Erzgebirge zu erzählen. Aber mich nimmst du ja überhaupt nicht zur Kenntnis. Ich darf dir zeigen, wie man die Drohne fliegt und dich über meine Tante auf dem Laufenden halten ...«

»Großtante!«, unterbrach ihn Adina, scherzhaft den Zeigefinger hebend. Sie war zutiefst erschrocken über seine Heftigkeit wie auch das Absurde seiner Anwandlung und überlegte fieberhaft, wie sie ihn beruhigen konnte – oder ob sie nicht besser gleich das Weite suchen sollte.

»Ja, sehr witzig! Weißt du ... – Verdammt!«

»Was ist?«

»Ich hab sie.«

»Wen?«

Adina war so verdattert über seinen Themenwechsel, dass sie es wirklich erst begriff, als er ihr den Monitor seiner Fernbedienung zeigte und sie das Bild einer Gestalt mit Filzhut und Lodenjacke sah. Die Muschel auf dem Hut war deutlich zu erkennen.

»Ist das live?«

»Natürlich ist das live. Aber viel zu weit weg.«

»Und wo?«

»Na, wo wohl? An der Sparkasse. Deswegen sind wir doch hier. Hätten wir bloß näher dran geparkt!«

Während sie diskutierten, hatte er sich schon in Bewegung gesetzt und sie mitgerissen.

»Aber warum nehmen wir denn nicht das Auto?«, rief Adina, halb ihm hinterher rennend, halb nach dem Parkplatz zurückweisend und diese andere Möglichkeit der Tantenverfolgung beschwörend.

»Weil sie zu Fuß unterwegs ist. In diesem kleinen Örtchen kann sie uns viel zu leicht in eine Seitengasse entwischen. Und wie soll ich außerdem vom Auto aus die Drohne hinter ihr her steuern?«

Das letzte Argument überzeugte Adina, und sie schwang die Hufe, um ihn einzuholen. Dass die Drohnensteuerung im Laufschritt auch nicht das Wahre sein konnte, zeigte sich, als Stuart gegen einen Laternenpfahl rannte, ins Torkeln geriet und beinahe hinschlug.

»Wie weit noch?«, prustete Adina.

»Keine Ahnung, ich bin nicht von hier.«

»Frauenstein ist nur ein paar Kilometer weg. Und du weißt doch wohl, wo hier die Sparkasse ist!«

»Ja, aber Grete ist längst woanders. Moment, das kenne ich.«

Sie waren in der Hauptstraße angelangt, und Stuart deutete voraus auf einen weitläufigen Hotelkomplex.

»Wahnsinn. Ein Riesending für so ein Kaff!«

»Völlig überdimensioniert, deshalb auch pleite gegangen. Ein sogenannter Lost Place ist das jetzt.«

»Und da ist sie rein?«

»Weiß ich nicht. Irgendwo verschwunden.«

Inzwischen waren sie an der Hauptfront des verlassenen Hotels angekommen. Die Farbe hatte sich regelrecht von der Wand geschält, zu lesen war nur noch »Ferienhotel und Gasts…«. Stuart starrte auf den Monitor seiner Fernbedienung und versuchte sich zu orientieren.

»Aber sie ist doch wohl nicht in dieser Ruine abgestiegen!«

»Ich bin so schlau wie du, Adina. Am besten, wir teilen uns auf. Du da lang.«

»Wie bitte, Moment mal!«

Stuart rannte nach links um das Gebäude herum, Adina blieb der Weg über eine ziemlich wackelig aussehende Holzempore zu einem darüber gelegenen Hotelbereich. Sie versuchte, anhand der Wildnis ringsum abzuschätzen, wie lange hier schon alles vor sich hin gammelte. Der Eingangsbereich bestand zum Großteil aus Gras und ersten mannshohen Bäumchen, vom Untergrund war kaum noch etwas zu ahnen. Sie nahm die erste Stufe zur Empore, spürte, wie das morsche Holz nachgab, und hörte ein verdächtiges Ächzen.

»Das ist doch Blödsinn! Da ist sie niemals hoch!«

Entschlossen machte Adina kehrt. Sie starrte durch einige der halb blinden Fenster in leere Räume, riss sich dann los und folgte Stuart, der wie vom Erdboden verschluckt war. Vorbei am Wirtschaftsbereich des dahingeschiedenen Betriebs erreichte sie den Aufgang zu einem zweiten, einst moderneren, aber ebenfalls längst von Verfall gezeichneten Hotelkomplex.

»Stuart? Stuart!«

Wie zur Antwort hörte sie ein bekanntes Surren und sah die Drohne zwischen einer begrenzenden Strauchfront und dem zweiten Komplex in rund zehn Metern Höhe parken. Adina rannte die Auffahrt hoch und in das unbekannte Terrain hinein. Sie begriff noch, dass sie hier von den bewohnten Bereichen des Örtchens abgeschnitten war, außer Sichtweite und vermutlich auch Rufweite – da sah sie zweierlei: Stuarts Fernbedienung, die schräg unter der Drohne am Boden lag; und einen brutal gewachsenen Kerl mit tief ins Gesicht gezogener Kapuze, der auf sie zu stampfte und eindeutig keine guten Absichten hatte.

Weglaufen ging nicht. Kämpfen erst recht nicht. Adina hastete zu Stuarts Fernbedienung, besann sich auf das, was sie in den letzten Tagen von ihm gelernt hatte, ließ die Drohne aus ihrer Parkposition heraus senkrecht abstürzen und in Gesichtshöhe auf den Angreifer zu rasen. Sie vermutete, dass der Bursche sich wegducken und sie dann weiter attackieren würde, aber zumindest erst mal abgelenkt wäre.

Der Schreck über das näher rasende Surren und das für ihn offensichtlich unbekannte Flugobjekt ließen ihn so panisch werden als sei die Drohne ein Wespenschwarm. Er riss die Arme hoch, wich rückwärts aus, stolperte, fiel und schlug mit dem Hinterkopf aufs Pflaster, während die Drohne gegen eine Wand schrammte und im Gebüsch verschwand. Reglos blieb der Kerl liegen, und Adina erkannte unter der verrutschten Kapuze ein noch ziemlich junges, flaumbärtiges Gesicht.

»Verdammt, verdammt, sei bitte nicht tot!«

Sie rüttelte an ihm, fühlte seinen Puls, spürte deutlich das druckvolle Pumpen, beruhigte sich und geriet umgehend in neue Unruhe. Wenn er aufwachte, wäre er wieder gefährlich. Wohin war Stuart verschwunden? Was tun?

Ihr Blick fiel auf einen versteckt liegenden und halb offenstehenden Nebenzugang in das Gebäude. War er dort drinnen auf der Suche nach Grete? Oder war das alles eine Falle? Aber zu welchem Zweck?

Während Adina noch hin und her überlegte, schlich sie schon auf die Tür zu, lugte hinein und rief leise:

»Stuart? Bist du da drin?«

Hallend und verschwommen, wie aus weiten und tief gelegenen Hotelbereichen, wehten mit der kühlen, muffigen Luft des leer stehenden Hauses Stimmen zu ihr heran. Neugier siegte über Angst, und schon war Adina in dem Gang und unterwegs in Richtung des Gemurmels. Sie zögerte, als es an einer abwärts führenden Treppe zu überlegen galt, wo die Stimmen herkamen. Von unten, eindeutig. Schritt für Schritt folgte sie der Treppe, die dumpfe weiße Helligkeit des Tages, die von draußen herein fiel, ging über in gelbliches Kunstlicht, das von unten herauf schien.

»Und warum kam dann bisher kein Erpresserbrief?«

Das war unverkennbar Stuarts nörgelige Stimme gewesen. Adina lauschte kurz, stieg weiter hinab und gelangte in einen Kellergang, der in zwei Richtungen führte. Licht und Stimmen wiesen ihr den Weg.

»Mann, Alter, wir sind weder Entführer noch Erpresser, deshalb!«

Das war eine andere, fremde Stimme. Aufgeregt, jungenhaft, schwach. Dazwischen ein leises Lallen oder Singen.

Adina lief es kalt den Rücken runter, aber sie konnte nicht zurück, ihre verdammte Neugier war stärker.

»Was seid ihr denn dann? Was habt ihr meiner Tante angetan?«

»Gar nix, ey! Wir beklauen bloß Touristen. Meistens merken die es gar nicht.«

Es klang ängstlich. Was zum Teufel war hier los?

»Und warum ist sie dann hier? Und sabbert wie ein kleines Kind?«

»Na ja, weil wir ihr vielleicht ein bisschen fest auf den Kopf gehauen haben. Aber das wollten wir nicht, ehrlich! Wenn sie uns bloß nicht so angekeift hätte! Das war der Horror, ey, ein derartiges Scheiß-Gebrüll!«

»Ein bisschen fest auf den Kopf gehauen! Von wegen ein bisschen! Sie benimmt sich wie im Delirium. Tante Grete? Was ist mit dir los?«

Adina war nun an dem Türstock angelangt, hinter dem sich alles abspielte. Licht, Stimmen, Leben. Hier war des Rätsels Lösung. Was sollte sie tun?

Aus der Dunkelheit des Gangs heraus konnte sie es wagen, um die Ecke zu lugen und einen Blick durch den Spalt der halb offen stehenden Tür zu werfen.

»So ist sie schon die ganze Zeit«, sagte die jugendliche Stimme. Es hörte sich gleichermaßen rotzig wie schuldbewusst an. »Am Anfang haben wir gedacht, sie spielt das bloß. Oder ist halt einfach immer so. Aber dann gab sie uns andauernd die falsche Pin, obwohl wir mit der furchtbarsten Folter drohten. Nur drohten, kapiert ey! Wir tun niemandem wirklich was Böses. Ich zumindest nicht. Jedenfalls dämmerte uns, dass sie vielleicht durcheinander geworden ist von dem Schlag und die Pin einfach nicht mehr weiß.«

Adina sah im Licht einer am Boden liegenden Taschenlampe eine Szenerie, die sie nur halb begriff, während sie im Hinterkopf versuchte, sich einen Reim darauf zu machen. Gesprochen hatte eine schmächtige Gestalt mit Lodenjacke, Kniebundhosen, Wanderschuhen und einem riesigen Filzhut, auf dem eine Muschel prangte. Grete? Nein, jemand, der sich für sie ausgab, ein junges Bürschchen. Am Boden lag eine ältere Frau in viel zu großen, offenbar fremden Klamotten, gefesselt, dümmlich lächelnd und wie entrückt vor sich hin summend. Neben ihr krümmte sich die unverkennbare Jammergestalt des Drohnen-Piloten Stuart. Im Gegensatz zu seiner völlig in ihr Schicksal ergebenen Großtante schäumte er vor Wut, zerrte an seinen Fesseln und knurrte:

»Von wegen durcheinander, sie ist ja völlig plemplem. Mit was habt ihr sie geschlagen?«

»Nicht ich, mein Kumpel war das, ey. Eigentlich nur mit ihrem eigenen Stock, diesem Ding da.«

Er präsentierte einen Prügel von Wanderstock und beschwerte sich: »Vergisst man da wirklich total seine

Pin? Vorhin schon wieder, ey! Der Automat hat ihre Karte gefressen und nicht mehr ausgespuckt.«

Es klang kindlich beleidigt, und Stuart verdrehte die Augen. Er hatte sich halb an der Wand kauernd aufgerichtet, schien zu begreifen, dass er mit Vorwürfen nicht weiterkam, und änderte seine Taktik.

»Junge, ihr hab so richtig Mist gebaut. Du hast jetzt nur noch eine Chance: Bring deinen Kumpel dazu, dass er uns freilässt. Ich versprech dir, wir rufen nicht die Polizei.«

»Echt nicht?«

»Echt nicht. Und von mir aus könnt ihr auch ein bisschen Geld haben. Wenn ihr uns umbringt, habt ihr gar nichts. Und ihr werdet garantiert erwischt.«

Der Junge resignierte, beugte sich über Stuart und machte Anstalten, dessen Fesseln zu entknoten. Adina atmete auf, wollte sich zurückziehen, um den guten Ausgang nicht zu gefährden – da hörte sie schräg über sich stampfende Schritte und ein wütendes Grummeln.

Den anderen Kerl konnte sie jetzt überhaupt nicht brauchen! So, wie der drauf war, wäre Stuart ganz schnell wieder gefesselt. Oder gleich abgemurkst. Entschlossen huschte sie dem sich nähernden Feind entgegen, duckte sich gerade rechtzeitig neben die Treppe und griff durchs Geländer. Sie bekam eines seiner Beine so zu fassen, dass er stolperte.

Aber noch einmal machte er es ihr nicht so leicht, auf den Kopf zu fallen und k.o. zu gehen. Der Kerl erwischte das Geländer, fing sich, richtete sich wieder auf und ging sofort auf sie los.

An Verteidigung war nicht zu denken. Hart fiel sie unter seinem Angriff nach hinten, krachte auf den Betonboden und fühlte sich von seinem Gewicht wie halb zerquetscht.

Ihre Welt verengte sich auf ihre Schmerzen und das verzweifelte Gefühl völliger Hoffnungslosigkeit. Der Kerl verzog grimmig entschlossen seine Visage, zielte mit der Faust auf ihr Kinn und holte aus.

»Wer ist das denn jetzt?«, hörte sie plötzlich das Stimmchen des anderen Jungen. Der Druck auf ihr wich etwas, der Koloss grollte:

»Hey, warum laufen die zwei hier frei rum? Spinnst du!«

Im Taschenlampenlicht sah sie den Kerl die neue Situation sofort einordnen, eine Entscheidung treffen, und sie begriff, wie es weitergehen würde. Von der scheinbaren Überzahl der befreiten Gefangenen und eines Kumpels, der die Seiten gewechselt hatte, nicht im Mindesten beeindruckt, würde er Adina schachmatt setzen und Sekunden später den schmächtigen Stuart. Der Junge würde sich stotternd fügen und wieder zum Gegner werden. Blieb nur die Frage, ob Adina noch einmal gefesselt in einem Kellerraum aufwachen würde oder gar nicht mehr.

Mit der scheinbar willenlosen Grete kalkulierte Adina nicht – bis sich der Blick, mit dem die alte Frau den Ereignissen bisher gefolgt war, zu einer beängstigenden Maske der Härte wandelte. Plötzlich begriff Adina, dass Stuarts Tante die ganze Zeit, in der sie unbeobachtet gewesen war, schon nicht mehr die Debile gespielt hatte: Das dümmliche Grinsen, als sie gefesselt gewesen war, ihr belämmerter Singsang – es war alles nur Show gewesen.

Die Faust des Muskelprotzes sackte kraftlos nach unten, als mit einem markerschütternden Gebrüll das tyrannische Monstrum zum Vorschein kam, das Stuart immer wieder beschrieben hatte. Adina hatte die Geschichten aus seiner Schulzeit für heillose Übertreibungen gehalten. Nun wusste sie es besser.

»Schlag schon zu, du schrumpfhirniger Zyklop!«, brüllte die Cholerikerin ihren Entführer an, und ihre Stimme verursachte Adina eine Art Ur-Angst und davon ausgelöst eine deutlich fühlbare Gänsehaut. »Was anderes kannst du ja nicht. Saufen, qualmen und anderen Leuten Leid antun, mehr hat ein Quadratschädel wie du nicht drauf! Einen Idioten wie dich hätten sie bei der Stasi gut brauchen können, aber du Volltrottel weißt ja wahrscheinlich nicht mal, was die Stasi war. Du minderbemitteltes Riesenross!«

Und so ging es weiter: Worte wie mit dem Maschinengewehr abgefeuerte Projektile, mit der gleichen brutalen Gewalt. Es war weniger das, was sie sagte, als die Stahlnatur ihres ganzen Wesens, die schiere Lautstärke ihres Organs und ein schriller Unterton, der den Gehörgängen wehtat. Man hätte am liebsten dagegen angeschrien, denn diese Stimme erschütterte alle Nerven und machte bis zur Schmerzgrenze aggressiv. Genau diese Reaktion sah Adina dem Kerl an, der auf ihr kniete. Für einen Augenblick war er in einer Schockstarre gefangen, dann packte ihn die Wut.

Stuart, der als einziger hier unten von klein auf an das Geschrei seine Tante gewöhnt und offenbar dagegen immun geworden war, wusste den Moment auszunutzen. Aus den Augenwinkeln sah Adina, wie er Grete ihren Prügel von Wanderstock, mit dem sie herumfuchtelte, aus der Hand riss – und das Riesenbaby damit ins Reich der Träume schickte.

10. August, 11.54 Uhr, Adinas Blog

Friends and Followers, normalerweise freuen sich die Leute, wenn ich ein Interview mit ihnen mache. Aber eine gewisse Wahnsinnige, die in Literaturkreisen als Intellektuelle gilt, hat es geschafft, mich derart zusammenzustauchen, als ich es wagte, sie zu fragen, dass ich kleiner war als so klein mit Hut und erstmals kapituliert habe. Um zu verstehen, was das für eine Nuss ist, stellt Euch vor, dass sie unter Lebensgefahr tagelang plemplem gespielt hat, nur um ihre Pin nicht rausrücken zu müssen und – wohlgemerkt als Millionärin – gerade mal 1.000 Euro zu sparen, die bei einer Tages-Abhebung hätten gestohlen werden können. Egal, soll sie doch ihr Geld und ihre Weisheiten für sich behalten, die alte Krähe. Stuart ist so was von froh, dass er sie wieder los ist. Und wenn Euch da draußen das Scheusal im Trachtenlook auf dem Jakobsweg begegnen sollte dieser Tage, dann rettet Euch am besten ins Gebüsch.

Ach ja: Wenn Ihr Euch jetzt fragt, wo die Großtante überhaupt war, wer sie entführt hatte und wie die Sache ausging, dann empfehle ich Euch mein in Arbeit befindliches Buch. ☺

Aber nun sage ich erst mal: Frauenstein Adieu. Bis zur nächsten Etappe, hoffentlich dann endlich ohne irgendwelche lebensgefährlichen Abenteuer.

11. August, 8.23 Uhr, Adinas Mail-Postfach

Hallo Süße, heute war was in der Zeitung über die Tanten-Entführung und Deine zwei Gauner. Sie sollen nicht nur rund um Frauenstein, sondern im ganzen Erzgebirge Touristen beklaut haben, und das seit Jahren. Der eine gilt als Mitläufer, der andere als richtig schwerer Junge, innerlich wie äußerlich (hihi). Doof sind allerdings beide, sie haben bis zuletzt nicht gemerkt, dass sie eine Millionärin in den Krallen hatten. Ich finde, die alte Tante hätte sich bei Dir bedanken müssen statt Dich anzuschreien und Dir kein Interview zu geben. Hoffentlich weiß wenigstens dieser Stuart Deinen Einsatz zu schätzen.

Freiberg, 12. August

Sehr geehrte Frau Pfefferkorn, im Namen unseres Mandanten Stuart Riese wenden wir uns mit einer Schadensersatzforderung an Sie. Wie uns verbürgt wurde, haben Sie mutwillig den Quadrokopter der Marke »Air Witch 9000« im Wert von 3.999,99 Euro gegen eine Wand gesteuert und dadurch schwer beschädigt. Zusammen mit einem Honorarausfall für entgangene Aufträge der Firma »Luftbild-Fotografie und Film S. Riese GmbH« des Herrn Stuart Riese entstand ein Gesamtschaden von 12.149,43 Euro zuzüglich Mehrwertsteuer. Bitte teilen Sie uns mit, in welcher Weise Sie für den Schaden aufzukommen gedenken.

Hochachtungsvoll gezeichnet P. Schröter, Anwaltskanzlei Lattner, Lattner, Braungärtel und Partner

Liebe Adina, um das Schreiben meiner Anwälte etwas abzumildern, lege ich Dir einen persönlichen Brief bei. Nun bist Du also bei meiner Großtante, wie von mir vorhergesagt, mit Pauken und Trompeten abgeblitzt. Aber Du kannst immer noch ein Interview mit mir führen. Niemand weiß so viel über das Erzgebirge wie ich, und eine Erwähnung meines Namens in Deinem Buch und in überregionalen Zeitungsartikeln würde meiner Luftbild-Firma sicher neue Aufträge bringen. In diesem Fall wäre ich bereit, auch in Anbetracht Deines Anteils an der Befreiung meiner Großtante, zu vergessen, dass Du meinen Quadrokopter geschrottet hast, und ich würde von Schadensersatzansprüchen absehen. Von Großtante Grete brauchst Du gar nicht anzufangen, die wird keinen Cent rausrücken, auch wenn mein Gerät letztlich wegen ihr kaputtging. Deshalb muss ich mich leider an Dich wenden. Also lass mich bitte wissen, was ich meinen Anwälten in dieser Hinsicht mitteilen kann.

Es grüßt Dich herzlich, Dein Stuart

Meinetwegen, ich mail Dir ein paar Fragen. Dafür wirst Du mir aber auch im Detail alles über Deine Großtante Grete mitteilen, was ich wissen will, damit meine Geschichte über sie doch noch zustande kommt.

Adina

PS: Genauso hatte ich es übrigens sowieso vor. Die Anwaltskosten hättest Du Dir also sparen können, Du alte Nervensäge.

14 Burgruine Frauenstein

Zu den größten und besterhaltenen Burgruinen Sachsens zählt die Burg Frauenstein. Was einen Rundgang so interessant und den Ort als Ganzes so sympathisch macht, ist der Burggeist »Vrouwin«, benannt nach der früheren Bezeichnung der Burg aus dem Jahr 1321 »Vrouwenstein«. Auf zahlreichen Schautafeln entlang der Wege durch die Ruine lernt man etwas über die Burg und ihre Geschichte – und »Vrouwin« erläutert dazu die Herkunft althergebrachter Begriffe wie »blau machen«, »auf dem Holzweg sein« oder »etwas im Schilde führen«. Eine Seltenheit, die nicht nur in Sachsen Ihresgleichen sucht, ist das Nebeneinander von Burg und Schloss in Frauenstein. In der Regel bauten die früheren Herrscher ihre Burgen nach und nach zu Schlössern um oder rissen sie ab, um das Schloss an gleicher oder anderer Stelle neu zu errichten. In Frauenstein ist es dem Kurfürstlichen Rat Heinrich von Schönberg zu verdanken, dass die Burg erhalten blieb. Er war ihr letzter Bewohner und ließ zwischen 1585 und 1588 direkt daneben das Schloss errichten, ohne dass dafür die Burg als Steinbruch missbraucht wurde. Vielleicht wäre die Burg sogar noch heute in ihrer einstigen Pracht und Wehrhaftigkeit weitgehend erhalten, hätten nicht immer wieder Brände gewütet und die Dächer zerstört. Während das Schloss danach wiederhergestellt wurde, ließ man die Schäden an der Burg unbeachtet, und so verfiel sie bald zur Ruine. Das Schloss ist heute in Privatbesitz, aber zum Teil öffentlich zugänglich, beherbergt es doch das »Gottfried-Silbermann-Museum« der Stadt Frauenstein.

15 Talsperre Lichtenberg
Baden ist nicht erlaubt, aber die landschaftliche Schönheit der Talsperre Lichtenberg darf jederzeit auf dem Rundwanderweg um den Stausee erkundet werden. Wanderer schätzen in der Gemeinde Lichtenberg im Erzgebirge auch die Burgbergaussicht in Richtung Freiberg beziehungsweise Tharandter Wald. Von der einstigen Burg sind noch die Wall- und Grabenanlagen erhalten. Weitere Attraktionen Lichtenbergs sind das Besucherbergwerk »Trau auf Gott Erbstollen« und die Wassermühle in Weigmannsdorf.

16 Museen in Freiberg
Minerale, Edelsteine und Meteoriten aus aller Welt werden seit dem Jahr 2008 in der Mineralienausstellung »terra mineralia« im Schloss Freudenstein in Freiberg gezeigt. Mit mehr als 3.500 Exponaten und einer Fläche von 1.500 Quadratmetern gilt die Präsentation als eine der größten Mineralienausstellungen der Welt. Dabei zeigt die Schau nur einen Teil der insgesamt 80.000 Mineralien der Sammlerin Erika Pohl-Ströher, die sie der TU Bergakademie Freiberg als Dauerleihgabe zur Verfügung gestellt hat. Der Eröffnung der Ausstellung gingen umfassende Umbau- und Rekonstruktionsarbeiten des Freiberger Schlosses voraus.
Freiberg, bekannt als Berg- und Universitätsstadt, überrascht neben dem Schloss mit weiteren Sehens-

würdigkeiten. Lebendiges Herz der 40.000-Einwohner-Stadt ist der Obermarkt mit Rathaus, in dessen Verlies einst der legendäre Prinzenräuber Kunz von Kauffungen seine letzten Tage zubrachte, bevor er geköpft wurde. Noch heute zeigt ein farblich abgesetzter Pflasterstein auf dem Obermarkt die Stelle an, bis zu der Kauffungens Kopf gerollt sein soll. Nicht minder geschichtsträchtig sind die Reste der Stadtbefestigung, die sich vor allem um den Bereich des mächtigen Donatsturms erhalten haben. Zu den Attraktionen Freibergs zählen der Dom, aber auch das Stadt- und Bergbaumuseum.

Eine weitere Besonderheit ist das Betten- und Schlafmuseum in Freiberg, in dem man unter anderem ein indisches Seilbett bestaunen oder die Funktionsweise eines spanischen Bettvorwärmers studieren kann. Auf 600 Quadratmetern Fläche gibt es rund 100 Exponate zu sehen, aber auch Grafiken, Videos, Fotos und Texte. Die Bandbreite der Themen reicht von der Kulturgeschichte des Schlafs über die Traumdeutung und extreme Schlafsituationen bis hin zu Foltermethoden wie Schlafentzug. Natürlich wird auch ein Problemfeld ausführlich angesprochen, das heutzutage fast jeden schon einmal geplagt hat, nämlich Schlafstörungen und deren Entstehung, Ursachen und Folgen.

17 Jakobsweg

Der wohl bekannteste Pilgerweg Europas, der Jakobsweg nach Santiago de Compostela, ist kein einzelner Pfad, sondern ein Netzwerk, das sich über fast den ganzen Kontinent legt. Das Pilgersymbol des rund

1.000 Jahre alten Jakobsweges, die Muschel, findet man überall entlang der Wege und als Erkennungszeichen auch an Kleidung oder Rucksäcken der Wanderer. Die Hauptroute des Sächsischen Jakobsweges verläuft von Bautzen über Dresden, Freiberg, Chemnitz und Zwickau nach Oelsnitz im Vogtland und damit immer am Nordrand des Erzgebirges entlang. Die Stempelstelle für Pilger in Freiberg ist der Dom. Für Sachsen hat der Jakobsweg eine eigene Homepage: www.saechsischer-jakobsweg.de.

18 Silbermann-Museum
Mit Leben und Werk des bedeutenden Frauensteiner Orgelbauers Gottfried Silbermann kann man sich in einem nach ihm benannten Museum im Schloss Frauenstein befassen. Gezeigt werden zahlreiche Hinterlassenschaften und Dokumentationen. Dabei wird auch Einblick in die hohe Kunst des Orgelbaus gegeben. Neben dem Gottfried-Silbermann-Museum im Frauensteiner Schloss finden sich noch Informationen zur Stadt- und Burggeschichte und zur Post- und Verkehrsgeschichte. Besonders sehenswert ist ein Modell der Burg, das sehr anschaulich zeigt, wie die Wehrmauern und Wohngebäude zu ihrer besten Zeit einmal ausgesehen haben könnten.

19 Markt mit Distanzsäule und Brunnen in Frauenstein
Von drei verheerenden Feuersbrünsten in den Jahren 1534, 1728 und 1869 wurde die Entwicklung von Frauenstein bestimmt. Während die Stadt nach jedem Brand wieder aufgebaut wurde, blieb von der Burg nur eine Ruine, und die unersetzliche 15-stimmige

Silbermannorgel aus dem Jahr 1711 wurde bereits 17 Jahre später beim zweiten großen Stadtbrand zerstört. Frauenstein gilt als typische Ackerbürgerstadt, das heißt, ihre Handwerker betrieben auch Feldbau und Viehzucht zur Existenzsicherung. Neben der herausragenden Doppel-Sehenswürdigkeit von Schloss und Burgruine sollte man der Kursächsischen Distanzsäule am Markt einen Besuch abstatten. Von der einstigen Stadtbefestigung ist heute immerhin noch das Schlosstor erhalten.

20 Postkutschenlinie

Auf den Spuren der historischen Postkutschenlinie von Freiberg nach Teplitz kann man zwischen Frauenstein und Sayda wandern. Während die alten Chausseen in der Regel mit modernen Straßen überbaut wurden, blieben hier Teile der Strecke im Originalzustand erhalten. Sogar alte Meilensteine können noch bewundert werden. Über das restaurierte Bodendenkmal informiert eine ausführliche und reich bebilderte Infotafel am Ortsausgang von Frauenstein Richtung Sayda. Wie darauf zu lesen ist, verkehrt sogar noch eine originalgetreu nachgebaute Postkutsche auf der historischen Strecke.

21 Relikte der Schmalspurbahn von Klingenberg-Colmnitz nach Frauenstein

Die Schmalspurbahn von Klingenberg-Colmnitz nach Frauenstein überwand auf einer Länge von knapp 20 Kilometern in Nord-Süd-Richtung einen Höhenunterschied von über 200 Metern. Wegen der schwierigen topographischen Verhältnisse wurde rund 30 Jahre lang getüftelt, bevor im Juli 1897 der Bau der Bahnlinie begonnen werden konnte. Genutzt wurde die Strecke im Personenverkehr für Einheimische und Touristen, aber auch für den Gütertransport. Nach einem Unfall im Jahr 1971 wurde die Bahnlinie 1972 stillgelegt und bis 1978 zurückgebaut. Eisenbahnfans finden heute noch mancherlei Relikte der Schmalspurbahn, darunter Kilometersteine entlang der Strecke und das renovierte Bahnhofsgebäude in Frauenstein.

GUNNAR SCHUBERTH:
VORAHNUNGEN

»Haben Sie manchmal Vorahnungen?«

Adina blickte überrascht auf.

»Was meinen Sie mit Vorahnungen?«

»Ich werde später noch einen Mann treffen. Ich will mich von ihm trennen …«

Die Frau neben Adina war vielleicht Mitte vierzig, hatte ein ernstes, fast strenges Gesicht. Sie hatten beide an der Bar gesessen und waren ins Gespräch gekommen.

Sie hatten sich nicht vorgestellt, Adina hatte die Frau nie vorher gesehen. Bis jetzt war ihr Gespräch nicht mehr als eine harmlose Plauderei über das Wetter gewesen. Doch die unvermittelte Frage, die die Fremde gestellt hatte, änderte die Stimmung. Als hätte sich das Licht der Lampen in der Hotelbar eingetrübt, hatte die Umgebung auf einmal etwas Flüchtiges und Ungefähres.

»Haben Sie Angst, dass er Ihnen etwas tut?«, fragte Adina.

»Ich weiß nicht. Vielleicht habe ich Angst, dass ich nicht stark genug bin.«

Sie sah Adina nicht an, spielte mit ihrem Weinglas. »Ich wünschte mir, es würde dieses Gespräch nicht geben. Dass alles so bleibt, wie es ist. Aber das geht nicht.«

Sie brach abrupt ab. Dann nippte sie an ihrem Wein.

»Was hat Sie denn in diese Gegend verschlagen? Sie sind doch sicher nicht von hier.« Die Fremde wechselte unvermittelt das Thema, blickte Adina neugierig an.

»Ich bin Journalistin. Ich schreibe für ein Tourismusportal. Es geht um Sehenswertes im Erzgebirge. Ich bin quasi ein Undercover Tourist.«

Ein Lächeln huschte über das Gesicht der Frau. »Haben Sie denn schon viel gesehen?«

»Oh ja, ich habe heute die Burgruine Grimmstein 22 besucht. Gestern war ich im Dippoldiswalder Schloss 23 und im Bergbaumuseum Altenberg 24.«

»Das ist eine schöne Arbeit. Ich beneide Sie.«

Der Barkeeper erschien und fragte, ob sie noch etwas wollten.

Adina schüttelte den Kopf.

»Ich nehme noch einen Rotwein«, sagte die Frau. Sie öffnete ihre Handtasche. Adina konnte sehen, dass die Tasche voller Geldscheine war. Die Fremde zog ein Tempotaschentuch heraus, putzte sich die Nase.

»Ich habe mich etwas erkältet«, sagte sie entschuldigend.

Sie sollte nicht so viel Geld in ihrer Handtasche haben, dachte Adina. »Ich gehe«, sagte Adina und stand auf. »Muss morgen früh raus.«

Die Frau nickte nur kurz. Sie war in Gedanken versunken.

Im Aufzug war Adina allein. Als der Lift den zweiten Stock erreichte, blieb er stehen. Doch es öffnete sich keine Tür. Ein paar Sekunden lang hatte Adina das Gefühl, eingeschlossen zu sein. Die Zeit schien ihr endlos, bis sie endlich ein leichtes Summen hörte und sich der Boden unter ihr hob. Auf einmal hatte Adina Angst. Etwas schnürte ihr die Kehle zu.

Adina schlief schlecht, schreckte immer wieder hoch. Bilder erschienen im Schlaf, wurden unscharf und lösten sich auf.

Sie träumte. Sie ging durch die Zimmer des Uhrenmuseums 25 in Glashütte, wo sie vor zwei Tagen gewesen war. Auf einmal bemerkte Adina, dass sie allein war. Wo waren die anderen Touristen? Eben noch hatte sie bei einer japanischen Reisegruppe gestanden. Doch jetzt war niemand mehr zu sehen.

Es war dunkel geworden. Wie spät war es? Ihre Uhr zeigte halb zwölf, aber das konnte nicht sein, sie musste kaputt sein. Adina schüttelte die Uhr, doch die Zeiger bewegten sich nicht.

Wo war der Ausgang? Sie war in einem verdunkelten Raum, in dem hinter Glasvitrinen wertvolle Taschenuhren ausgestellt waren. Am Ende des Raums war eine Tür, aber sie ließ sich nicht öffnen.

War das Museum schon geschlossen? Adina zwang sich zur Ruhe. Sie hatte ihr Handy dabei, sie konnte jederzeit jemanden anrufen und um Hilfe bitten.

Plötzlich sah sie rechts von sich einen Durchgang. Sie kam in einen Raum, an dessen Wänden riesige Monitore standen. Hier war sie auch vor zwei Tagen gewesen. Die Monitore spielten Interviews und Aussagen von Zeitzeugen ab, die vom Ende des zweiten Weltkriegs berichteten.

Überall an den Wänden sprachen plötzlich Gesichter auf sie ein. Ein Stakkato von Stimmen, das immer lauter wurde. Die Gesichter an den Wänden verzerrten sich, sie schrien Adina an. Immer wieder, immer lauter. Sie stand wie erstarrt in der Mitte des Raums, als würden die Blicke der Fratzen sie festhalten. Ihr Herz klopfte schneller. Sie drehte sich um, aber ihre Beine bewegten sich nicht.

Adina wachte auf. Ihr Herz klopfte heftig, als wäre sie immer noch in dem Traum gefangen. Dann löste sich ihre Benommenheit und die Konturen ihres Zimmers wurden klar. Sie blickte auf den kleinen Wecker auf ihrem Nachttisch. Halb zwei. Sie hatte Durst.

Sie richtete sich auf, sofort fuhr ein stechender Schmerz in ihren Kopf. War das der Alkohol? Aber sie hatte nicht viel getrunken. Zwei Wein, einen zum Essen und dann später ein Glas an der Bar.

Vielleicht waren es auch nur banale Kopfschmerzen, ausgelöst von dem Gespräch an der Bar, das sie beunruhigt hatte.

»Haben Sie manchmal Vorahnungen?« Adina dachte an die Frau in der Hotelbar. Wie lange war sie wohl noch geblieben? Und hatte sie die Kraft gehabt, sich zu trennen?

Dann hörte Adina Stimmen. Sie kamen aus dem Nebenzimmer rechts von ihr. Ein Mann und eine Frau, die sich unterhielten. Manchmal wurden sie lauter, dann konnte Adina Fetzen verstehen, aber meistens war nur ein angespanntes Murmeln zu hören.

Auf einmal brach das Gespräch ab, sie hörte nichts mehr, wartete. Es blieb still.

Hatte Adina schon geschlafen, als sie der Schrei weckte? War der Schrei aus einem Traum gewesen, oder hatte sie ihn wirklich gehört?

»Hilfe.« Jetzt noch einmal leiser, ein Schrei, der abbrach, als hätte ihn jemand erstickt. Die Frau aus dem Nebenzimmer hatte geschrien, Adina war sich sicher.

Sie stand auf, spürte einen leichten Schwindel. Aber dann schüttelte sie die Benommenheit ab. Sie öffnete die Zimmertür und machte einen Schritt in den Flur.

Es war still. Sie ging bis zur Nebentür, blieb stehen und horchte. Sollte sie klopfen? Sie hob schon eine Hand, zog sie wieder zurück. War da etwas? Auf einmal hörte sie ein lautes Geräusch.

Adina ging hastig ein paar Schritte zurück, bis sie wieder vor dem Eingang ihres Zimmers stand. Unablässig beobachtete sie die Nebentür. In diesem Moment öffnete sie sich und ein Mann trat heraus. Er blieb stehen, blickte Adina direkt an. Sie bemerkte in den ihr endlos erscheinenden Sekundenbruchteilen, dass er groß und sein Haar etwas zerzaust war. Ein Gesicht mit kantigen Zügen, das nicht unattraktiv auf sie wirkte.

Ich muss zurück in mein Zimmer, dachte sie. Aber sie blieb noch stehen. Der Mann blickte sie unbeweglich an. Dann zuckte er mit dem Mundwinkel, zweimal, ein Tick. Er ging einen Schritt nach vorne. Adinas Erstarrung löste sich, sie hastete zurück in ihr Zimmer. Mit dem Schlüssel, der von innen steckte, verschloss sie die Tür. Sie blieb stehen, versuchte, ruhig zu werden, so leise zu atmen, dass er sie nicht hörte.

Draußen glaubte sie Schritte zu hören. Dann spürte sie es. Der Fremde stand auf der anderen Seite. Weniger als einen Meter von ihr entfernt, nur getrennt durch diese Tür, die ihr auf einmal erschreckend instabil vorkam.

Der Mann wartete vor der Tür, sie wartete hinter der Tür, sie schienen synchron zu atmen, ihr Herzschlag war einer. Die Angst machte Adina hellsichtig, ließ sie jede Bewegung des Fremden erahnen.

Wie lange stand sie schon da mit pochendem Herzen und wagte nicht, sich von der Stelle zu rühren, weil sie spürte, dass der andere immer noch da war? Auf einmal hörte sie Schritte. Sie hielt den Atem an. Das Geräusch verklang und sie wusste, dass der Fremde verschwunden war.

Doch es dauerte noch Minuten, bis sie sich von der Tür löste und zu ihrem Bett ging. Sie lag auf dem Rücken, starrte mit offenen Augen zur Decke.

Vielleicht war alles ganz harmlos. Der Mann und die Frau hatten sich im Nebenzimmer gestritten. Vielleicht war der Schrei nach Hilfe, den sie gehört hatte, nur Einbildung gewesen. Eine Folge der seltsamen Erlebnisse des Tages, des Traumes, den sie gehabt hatte.

Vielleicht hatten sich die beiden versöhnt. Die Frau war eingeschlafen, und der Mann hatte sich verabschiedet, um zu gehen. Was wusste sie denn?

Es gab tausend Erklärungen dafür, dass alles ganz harmlos war, dass nichts von dem wahr war, was sie befürchtete. Über ihren Grübeleien fiel sie in einem traumlosen Schlaf.

Adina erwachte kurz nach acht.

Sie zog sich an. Vom Frühstücksbüfett im Erdgeschoss des Hotels nahm sie nur einen Kaffee. Sie sah sich um. Vielleicht war der Fremde, den sie in der Nacht gesehen hatte, ja hier. Doch die Tische in dem Raum waren leer. Nur neben ihr saß ein englisch sprechendes Ehepaar mit einem dicken Jungen, der sich seinen Teller vollschaufelte.

Der Kaffee schmeckte bitter. Sie dachte an den Mann, den sie im Flur gesehen hatte. Die Ereignisse der Nacht kamen ihr unwirklich vor. Als hätte sie sie in einer Zwischenwelt zwischen Traum und Erwachen erlebt, wo die Konturen der Dinge unscharf sind und die Wahrnehmung noch nicht unterscheidet zwischen Trugbildern und Realität.

An der Rezeption fragte sie nach dem kürzesten Weg zum Botanischen Garten Schellerhau 26 und wo man in der Gegend gut zu Mittag essen könne. Die blonde junge Frau empfahl ihr das Wirtshaus Anno 1497 27 in Geising und erklärte ihr den Weg.

Als Adina zu ihrem Auto ging, dachte sie nicht mehr

an die Vorfälle in der Nacht. Die Sonne hatte es geschafft, den Morgennebel zu vertreiben. Adina freute sich auf den Ausflug, der vor ihr lag.

»Sind Sie Adina Pfefferkorn?«

Sie hob den Kopf, um im nächsten Augenblick auf den Mann zu starren, der vor ihr stand. Das war der Mann, den sie in der Nacht gesehen hatte. Der Mann, der vor ihrer Zimmertür gestanden hatte, dessen Atem sie zu hören geglaubt hatte, nur einen halben Meter entfernt.

Sie antwortete nicht sofort, sie fühlte sich wie gelähmt. Im nächsten Moment war sie unsicher. War der Mann von gestern nicht kleiner gewesen und jünger?

Der Fremde blickte sie immer noch fragend an. Sie nickte.

»Ja, warum?«

»Kriminalkommissar Brenner.« Er setzte sich ihr gegenüber. In einer fließenden schnellen Bewegung hatte er einen Ausweis aus seiner Manteltasche gezogen, den er ihr kurz zeigte, und dann wieder einsteckte.

»Entschuldigen Sie, dass ich Sie beim Mittagessen störe. Es geht um einen Todesfall in dem Hotel, in dem Sie abgestiegen sind. Heute Morgen um 9 Uhr wurde im Zimmer 32 ein Hotelgast tot aufgefunden.«

Zimmer 32. Das war direkt neben ihrem Zimmer. Dann hatte sie sich in der Nacht nicht getäuscht, dann war der Schrei ein Hilfeschrei gewesen, sie hatte ihn gehört und hatte nicht reagiert.

Die Gedanken rasten durch ihren Kopf, aber überlagert war ihr Denken von dem Schock, dass der Mann, den sie glaubte in der Nacht gesehen zu haben, sich als Polizeibeamter ausgab. Das kann nicht sein, dachte sie. Auf dem ersten Blick gab es eine zufällige Ähnlichkeit. Doch auf dem Flur war es halbdunkel gewesen. Das schwache Licht hatte die Wahrnehmung verzerrt. Sie war noch schlaftrunken gewesen, sie musste sich getäuscht haben.

»Es ist reine Routine, dass ich mich mit Ihnen unterhalte, wir befragen alle Gäste des Hotels.«

»Woher wissen Sie eigentlich, dass ich hier bin?«

»Die Frau an der Rezeption sagte, dass Sie nach dem Weg zum Schloss gefragt hatten, und ob sie eine gute Adresse wüsste, wo Sie Mittag essen könnten.«

Seine Worte klangen plausibel.

»Wie schon gesagt, reine Routine, aber wir sind auf jede Aussage angewiesen und deshalb bitte ich Sie, genau auf meine Fragen zu antworten, auch vermeintlich unwichtige Dinge sind wichtig.«

Er blätterte in einem kleinen Notizbuch.

»Weiß man denn schon, wie der Gast umgekommen ist?«

»Ich kann Ihnen zum Stand der Ermittlungen nichts sagen. Wenn die Spurensicherung mit ihrer Arbeit fertig ist, werden wir mehr wissen.«

Sie nickte.

»Ist Ihnen irgendetwas aufgefallen, in der vergangenen Nacht oder heute Morgen? Sie bewohnen das Nebenzimmer, vielleicht haben Sie ja etwas gehört oder gesehen.«

Er sah sie fragend an, in ihrem Magen verkrampfte sich etwas. In Sekunden musste sie sich entscheiden, ob sie dem Mann vertrauen und ihm von dem Hilfeschrei und dem Fremden auf dem Flur erzählen sollte, oder ob sie besser schwieg.

»Ich habe tief geschlafen, mir ging es nicht so gut, ich hatte mir den Magen verdorben, irgendetwas, was ich gestern gegessen habe, und da habe ich Schlaftabletten genommen.«

»Sie haben also die ganze Nacht geschlafen.«

»Ja.«

»Und am Morgen?«

»Ich bin sehr früh gegangen, ich habe heute viel vor.«

»Und als Sie aus dem Hotel gegangen sind, aus Ihrem Zimmer, da ist Ihnen nichts aufgefallen?«

Sie zögerte nur einen kurzen Augenblick, dann schüttelte sie den Kopf. »Nein.«

Er blickte sie forschend an. Einen Moment zu lang. War er der Mann im Flur? Wusste er, dass sie log?

»Ich denke, das war es dann. Bleiben Sie denn noch länger im Hotel?«

»Ich wollte übermorgen am Nachmittag fahren, morgen wollte ich noch ein wenig die Gegend erkunden.«

Brenner nickte. Er stand auf. Doch er ging noch nicht.

»Sagen Sie, kennen wir uns?«

Adina antwortete nicht sofort. Sie starrte Brenner stumm an.

»Ich habe das Gefühl, ich kenne Sie von früher.«

Adina schüttelte den Kopf. »Nein, wir kennen uns nicht.«

»Dann muss ich mich wohl getäuscht haben.«

Mit einem Kopfnicken verabschiedete er sich, dann verließ er das Lokal.

Sie blieb am Tisch sitzen und blickte auf ihr Essen. Ihr Hunger war verflogen. Auf einmal klopfte ihr Herz, ihre Hände zitterten.

Nachdem sie gezahlt hatte, brach sie sofort auf. Sie saß in ihrem Ford Fiesta, der Zündschlüssel steckte, aber sie startete den Motor nicht. War Brenner der Mann, den sie in der Nacht gesehen hatte? Sie versuchte, sich das Bild des Fremden im Flur in Erinnerung zu rufen, aber es blieb verschwommen. Je länger sie nachdachte, desto unsicherer wurde sie. Sie drehte den Zündschlüssel und fuhr los.

Adina war nicht bei der Sache. Sie versuchte, sich auf die Gemälde zu konzentrieren. Sie war im Schloss Lauenstein 28 . In einem großen Ausstellungsraum wurden Bilder vom Lande gezeigt. Adina stand vor einem Gemälde. Zwei Männer, die mit Sicheln eine Wiese mähten. Ein idyllisches Bild, doch Adina nahm es nicht wahr. Ihre Gedanken schweiften immer wieder ab. Was, wenn das Unglaubliche Wahrheit war, wenn der Kommissar identisch mit dem Mann auf dem Flur war? Wenn es sich vielleicht sogar um Mord handelte und der Mörder die Ermittlungen zu seinem eigenen Mord leitete?

Wenn dem so war, dann war es richtig gewesen, dass sie nichts von den Geschehnissen in der Nacht erzählt hatte.

Und wenn sie sich getäuscht hatte, wenn da nur eine zufällige Ähnlichkeit war? Dann hatte sie einen wichtigen Hinweis verschwiegen. Aber das machte ihr im Augenblick die geringsten Sorgen.

Und was bedeutete die Frage von Brenner, ob sie sich von früher kannten? War das eine Falle? Sein ganzes Verhalten wirkte, als wäre er tatsächlich nur ein Kommissar, der in einem Mordfall ermittelte. Konnte man so gut schauspielern?

Vielleicht sollte sie sofort gehen, im Hotel auschecken und von hier verschwinden. Der Gedanke kam unvermittelt, aber sie verwarf ihn sofort. Das hätte wie eine Flucht ausgesehen.

Erst einmal abwarten. Vielleicht hatte sie geträumt und im Traum war ihr ein Mann erschienen, den sie am nächsten Tag treffen würde. Vielleicht stimmte, was sie einst in einem esoterischen Magazin gelesen hatte, dass im Traum die Zeit aufgehoben war, die Koordinaten von Gegenwart und Zukunft nicht mehr stimmten, und deshalb manchmal eine Vorausschau in die Zukunft möglich war.

Als sie ins Freie trat, in den Barockgarten des Schlosses Lauenstein, sah sie den Mann. Sie konnte ihn nicht erkennen, er stand mit dem Rücken zu ihr an einer steinernen Treppe am Rand des Gartens und blickte auf sein Handy. Es war ihr Unbewusstes, das ihr sagte, dass sie den Mann kannte.

Der Fremde drehte sich um und sie erstarrte. Das war der Mann, den sie in der Nacht auf dem Hotelflur gesehen hatte. Er war mit einer schwarzen Jacke gekleidet, anders als Brenner, den sie erst vor zwei Stunden gesehen hatte. Und seine Haltung war nicht die des Kommissars. Für einen Augenblick war sie erleichtert. Der Mann war nicht Brenner, es musste sich um eine zufällige Ähnlichkeit handeln. Doch dann erwachte die Angst. Der Fremde hatte sie verfolgt, er wusste, dass sie ihn in der Nacht gesehen hatte.

Er wandte den Kopf und blickte direkt in ihre Richtung, nicht suchend, sondern bestimmt. Als hätte er sie schon die ganze Zeit verfolgt.

Sie drehte sich um und kramte in ihrer Handtasche, fand ihre Sonnenbrille und setzte sie auf. Dann wurde ihr bewusst, wie albern das war. Es würde sie nicht schützen. Der Mann wollte ihr Angst machen. Er stand an der Treppe wie eine Drohung. Verrate nichts, halte deinen Mund, das sagte sein Blick.

Sie drehte sich um. Aus dem Seitentor, das in den Garten führte, kam eine Gruppe Touristen.

Adina nahm die Sonnenbrille ab und blickte wieder zu der steinernen Treppe, aber der Mann war verschwunden. Er war nirgends zu sehen. Vielleicht war er die Treppe hoch gegangen, die hinter eine Mauer führte. Vielleicht hatte er sich auch nur unter die Touristen gemischt, die auf den Pfaden des Gartens spazieren gingen. Vielleicht hatte sie sich auch einfach nur getäuscht. Was in der Nacht geschehen war, machte sie noch verrückt. Du bist zu nervös, sagte sie sich. Wahrscheinlich war der Mann an der Treppe nur ein harmloser Tourist gewesen.

Am späten Nachmittag besuchte sie noch den Skulpturenpark Paulsdorf `29`. Auf ihrem Rundweg sah sie sich immer wieder um, musterte die wenigen Touristen, die durch den Park schlenderten. Aber der Mann, der sie am Schloss Lauenstein beobachtet hatte, tauchte nicht mehr auf. Es war fünf Uhr, als sie den Park verließ, um ins Hotel zu fahren.

Kommissar Brenner wartete in der Sitzgruppe neben der Rezeption. Er war nicht allein. Eine Frau, Adina schätzte sie auf Mitte dreißig, schlank mit einem Pferdeschwanz, saß neben ihm. Adina blieb neben der unbesetzten Rezeption stehen.

Ihr Atem ging schneller. Für einen Moment hatte sie den Drang, zu ihrem Auto zu hasten und wegzufahren, weit weg. Doch dafür war es zu spät. Brenner war bei ihrer Ankunft aufgestanden.

Jetzt richtete sich auch die Frau auf und Adina ging die wenigen Schritte auf sie zu.

Als sie vor Brenner stand und ihn fragend ansah, lächelte er. Ein kaltes Lächeln, bei dem die Augen unbeteiligt blieben.

»Frau Pfefferkorn, wir haben noch einige Fragen, das ist meine Kollegin, Eva Malkov.«

Adina nickte zur Begrüßung. Wie eine Marionette kam sie sich vor. Als würde ein anderer die Fäden halten und sie bewegen.

»Setzen wir uns doch«, sagte Brenner.

»Sie brauchen nicht beunruhigt zu sein«, sagte Malkov. »Es handelt sich um reine Routine.«

»Ich bin nicht beunruhigt«, sagte Adina

»Die ersten Ergebnisse der Autopsie sind da«, sagte Brenner. »Die Tote Marianne Elvers wurde wahrscheinlich kurz nach Mitternacht ermordet. Sie sagen, sie hätten in der fraglichen Nacht nichts bemerkt.«

Ermordet. Adina brauchte einige Sekunden, um zu realisieren, was der Kommissar gesagt hatte.

»Ich weiß, dass ich um 11 Uhr ins Bett gegangen bin, mir ging es nicht gut«, sagte sie. »Ich hatte Tabletten genommen. Und am nächsten Morgen bin ich sehr früh los.«

Brenner beugte sich vor. »Nehmen Sie öfters Tabletten?«

Adina war zu überrascht, um sofort zu antworten.

»Nein, natürlich nicht, es ging mir schlecht, es muss etwas im Essen gewesen sein. Es ging mir wirklich nicht gut.«

»Und andere Drogen, nehmen Sie andere Drogen?«

In Adinas Magen ballte sich ein Klumpen.

»Nein, ich verstehe nicht, was diese Frage soll.«

»Es tut mir sehr leid, aber wir müssen diese Fragen stellen. Haben Sie die Tote gekannt?«

Adina schüttelte den Kopf.

»Aber den Aussagen des Barkeepers nach haben Sie mit ihr gesprochen, an der Bar, an dem Abend vor ihren Tod.«

»Ich verstehe nicht ganz.« Adina unterbrach sich. Die Frau im roten Kleid. War das ihre Zimmernachbarin gewesen, die Frau, die in der Nacht um Hilfe geschrien hatte?

»Ich habe mich mit einer Frau unterhalten, das ist richtig. Sie hat mich an der Bar angesprochen. War das Frau Elvers?«

Brenner nickte. Er war es, der die Fragen stellte. Seine Kollegin saß schweigend neben ihm.

»Ich habe die Frau nie vorher gesehen. Sie hat sich zu mir an die Bar gesetzt und angefangen zu reden. Ich habe mich gewundert, auch weil sie nervös schien. Aber es war ein ganz normales Gespräch in einer Bar.«

»Gab es nichts Auffälliges?«, fragte Brenner.

Sie zögerte. »Sie hat gesagt, dass sie Angst hat, dass sie eine Vorahnung hat. Dass sie ein Verhältnis mit einem Mann hat. Und dass sie diese Beziehung beenden will.«

Brenner nickte. Er räusperte sich, bevor er die nächste Frage stellte.

»Der Barkeeper hat erzählt, dass Frau Elvers für einen kurzen Moment ihre Tasche öffnete. Sie soll sehr viel Geld darin gehabt haben.«

»Ja, ich habe noch gedacht, wie leichtsinnig es ist, so viel Geld in der Tasche zu haben.«

»Sie haben dieses Geld also auch bemerkt?«

»Ja.«

»Und als Sie das sahen, dachten Sie sofort, dass das ihre Chance wäre, an viel Geld zu kommen. Sie hatten keine Beziehung zu dem Opfer, niemand würde Sie verdächtigen. Vielleicht sind ja auch Drogen das Motiv. Sie wirkten heute Mittag benommen, als ich Sie ansprach. Ich tippe auf Drogen, vielleicht haben Sie nicht genug Geld, um sich den Kick zu verschaffen, den Sie brauchen. Und da war Frau Elvers ein willkommenes Opfer.«

Der Angriff kam schnell und unvermittelt. Einen Moment versetzte er Adina in eine Schockstarre. Was bedeutete das? Hielt der Kommissar sie wirklich für eine Mörderin?

»Das ist verrückt.«

»Diese Tat ist typisch für Drogenabhängige«, sagte Brenner. »Eine günstige Gelegenheit, bei der Sie glauben, kein Risiko eingehen zu müssen. Aber dann kommt etwas dazwischen, wahrscheinlich hat Frau Elvers Sie überrascht und da sind Sie in Panik geraten.«

»Ich bin nicht drogenabhängig. Das ist absurd. Sie wollen mir doch nur einen Mord unterschieben, den Sie begangen haben.«

Adina hatte ihre Anschuldigungen herausgeschrien ohne nachzudenken. Es war still nach ihren Worten. Sie konnte das leise Ticken der Standuhr hören, die auf einem Regal neben der Rezeption stand.

»Ich habe bei Ihrer ersten Befragung nicht die Wahrheit gesagt.« Adina war jetzt ruhig. Fast war sie froh, endlich erzählen zu können, was sie gesehen hatte.

»Ich habe eine Frau schreien hören in der Nacht, das hat mich aufgeweckt. Dann bin ich auf dem Flur, um nachzusehen, was los war und dann habe ich einen Mann gesehen.«

Sie sah Brenner direkt an.

»Sie waren dieser Mann. Sie haben sie umgebracht, ich habe keine Ahnung warum. Deshalb haben Sie mich verfolgt und verhört. Und jetzt wollen Sie mir die Sache in die

Schuhe schieben. Das ist eine Verschwörung. Frau Malkov, Ihr Kollege ist ein Mörder.«

Malkov reagierte nicht. Sie blickte Adina nicht an. Brenner wirkte, als würden ihn ihre Anschuldigungen nicht berühren. Er holte ein Notizbuch aus seiner Tasche und blätterte darin.

»Sie wissen, wie verrückt das klingt.«, sagte Brenner. »Ich habe Sie gesehen, ich bin mir sicher.«

»Sie müssen jemanden gesehen haben, der mir ähnlich sieht. Ich kann Ihnen versichern, dass ich in der letzten Nacht nicht hier in diesem Hotel war. Ich war zu Hause, ich habe tief und fest geschlafen. Meine Frau kann das bestätigen. Außerdem kenne ich die Tote nicht. Ich habe keinerlei Verbindung zu Marianne Elvers.«

Adina schwieg. Brenner wirkte nicht nervös. Nicht wie jemand, der einer Zeugin gegenüber saß, die ihn beschuldigte, einen Mord begangen zu haben.

»Und was ich vorhin sagte wegen der Drogen. Ich wollte Sie provozieren, wollte wissen, wie Sie reagieren. Als Polizist muss man allen Verdachtsmomenten nachgehen. Aber ich bin jetzt sicher, Sie haben nichts mit dem Mord zu tun. Es ist einfach so, man muss auch manchmal den bad cop spielen als Polizist.«

Er lachte auf einmal, wie über einen guten Witz. Malkovs Gesicht blieb unbewegt. Er hörte abrupt auf.

»Und warum haben Sie mich am Nachmittag verfolgt?«, fragte Adina. »Warum waren Sie im Schloss Lauenstein?«

Er schüttelte den Kopf. »Ich war den ganzen Nachmittag im Büro. Dafür gibt es mehr als einen Zeugen.«

Er lächelte sie an. Seine Augen wirkten klar. Adina überlegte fieberhaft.

»Ich schlage vor«, sagte Brenner, »wir gehen einfach davon aus, dass Sie in der Nacht jemand gesehen haben, der mir sehr ähnlich sieht.«

Adina zögerte, dann nickte sie.

»Sie haben also in der Nacht einen Streit im Nebenzimmer gehört?«

Sie nickte.

»Und dann haben Sie gehört, wie jemand um Hilfe rief.«

»Ich bin aufgestanden. Ich fühlte mich nicht wohl. Aber ich wollte nachsehen, was da los ist.«

»Und auf dem Flur haben Sie den Mann gesehen. Den Mann, der mir sehr ähnlich sieht.«

»Ja, wir haben uns angestarrt. Er zuckte mit den Augen, wie bei einem Tick. Zweimal, ich habe Angst bekommen. Ich bin sofort in mein Zimmer zurück, habe die Tür abgeschlossen.«

»Was hatte der Mann an?«

Sie überlegte.

»Eine graue Lederjacke und Jeans. Blaue Jeans, vielleicht waren sie auch schwarz, das Licht war nicht so gut. Die Birne im Flur ist kaputt, ich konnte den Mann nicht so genau sehen.«

»Aber Sie waren sich doch so sicher, dass ich der Mann bin.«

Er hatte Recht, Adina kam sich auf einmal dumm vor. Ihr Verdacht war albern gewesen, der Flur hatte im Halbdunkel gelegen, es war Nacht gewesen, und sie hatte noch halb geschlafen. Warum war sie sich so sicher gewesen?

»Ich muss mich wohl getäuscht haben. Es gibt eine Ähnlichkeit. Der Mann hatte ähnliche Gesichtszüge. Aber je länger ich darüber nachdenke, er hatte eine andere Frisur, und ich glaube, er war kleiner.«

Brenner nickte. Er lächelte. Auf Adina wirkte er wie umgewandelt. Aus dem aggressiven Polizisten, der versuchte, sie in die Enge zu treiben, war ein verständnisvoller Beamter geworden.

»Vielen Dank für Ihre Aussage. Ich kann verstehen, dass Sie Ihre Beobachtung nicht sofort mitgeteilt haben. Aber was Sie sagten ist sehr wichtig. Falls ich noch weitere Fragen habe, werde ich mich wieder melden. Ich muss Sie auch bitten, uns Bescheid zu sagen, wenn Sie abreisen.«

Adina nickte. Brenner und Malkov standen auf. Brenner wandte sich zum Ausgang. Die Kommissarin zögerte.

»Sie können jederzeit anrufen, falls Ihnen noch etwas einfällt.« Sie reichte Adina eine Visitenkarte. Diese blickte erstaunt auf, nahm das Kärtchen in die Hand.

»Noch einen schönen Tag«, sagte die Kommissarin. Dann folgte sie Brenner, der am Eingang des Hotels wartete.

Am nächsten Morgen nach dem Frühstück im Hotel fuhr Adina zu einem kleinen Parkplatz im Wald, um zu joggen. Nach dem Gespräch mit Brenner und der Kommissarin hatte sie sich erleichtert gefühlt. Den ganzen Abend war sie überzeugt gewesen, dass sie sich tatsächlich getäuscht hatte, dass Kommissar Brenner nichts mit dem Mann im Flur zu tun hatte.

Vor dem Schlafengehen hatte sie sogar noch etwas arbeiten können und einen Text über die Altenberger Kräuterlikörfabrik **30** geschrieben, die sie am Tag ihrer Ankunft besucht hatte.

Sie hatte gut geschlafen, doch nach dem Aufstehen kamen Zweifel. Etwas war falsch gewesen an dem, was Brenner bei ihrem Gespräch gesagt hatte.

Und dann war da noch ein anderer Punkt. Wenn Brenner tatsächlich nichts mit dem Tod von Marianne Elvers zu tun hatte, dann blieb immer noch der Fremde, der sie während der Führung beobachtet hatte.

Dies bedeutete, dass der Mann aus dem Flur sie verfolgte. Sie war in Gefahr, warum hatte Brenner sie nicht darauf aufmerksam gemacht? Es ging um Mord und sie hatte den Mörder gesehen. Sie hatten sich Auge in Auge gegenübergestanden, und für den Mörder war sie eine Zeugin, die ihn bedrohte, die er unschädlich machen musste.

Ein anderer Kommissar hätte sie intensiver befragt, hätte sie auf die Gefahr hingewiesen, in der sie schwebte, hätte ihr vielleicht sogar Personenschutz angeboten.

Aber Brenner hatte nichts dergleichen getan. Warum?

Und welche Rolle spielte die Kommissarin? Sie hatte während des Gesprächs kaum etwas gesagt, hatte aber hochkonzentriert gewirkt. Was bedeutete es, dass sie ihr ihre Visitenkarte gegeben hatte?

Vor dem Frühstück hatte Adina im Internet gesurft, hatte nach Nachrichten zu dem Fall recherchiert. Aber sie hatte nur eine kleine Notiz in der örtlichen Zeitung gefunden, in der von einem Todesfall in einem Hotel die Rede war.

Auch zu Brenner hatte sie in Suchmaschinen und sozialen Netzwerken Nachforschungen angestellt. Das Ergebnis war dürftig.

Das alles ging ihr durch den Kopf, während sie durch den Wald lief. Unwillkürlich war sie stehen geblieben. Sie befand sich an einer Abzweigung, an der sich der Weg gabelte. Ein Weg führte nach links, der andere nach rechts. Sie blieb unschlüssig stehen. In diesem Moment fiel es ihr ein. Da war ein Satz gewesen, den Brenner während ihres Gesprächs gesagt hatte. Er bewies, dass Brenner der Mörder war.

Ihr Herz klopfte bis zum Hals, sie ging einige Schritte, blieb wieder stehen. Brenner hatte sich verraten. Brenner hatte Elvers umgebracht.

Sie musste zurück ins Hotel. Sofort. Adina fing an zu rennen.

Als sie zu der Hinterseite des Parkplatzes kam, an dem sie ihren Ford Fiesta abgestellt hatte, erblickte sie Brenner. Er stand in ungefähr 50 Metern Entfernung mit dem Rücken zu ihr, neben ihrem Auto. Adina ging sofort in die Hocke, suchte Deckung hinter einem parkenden Toyota.

Sie lugte um den Kofferraum. Brenner stand bewegungslos. Unvermittelt hob er seine Hand, ballte sie zur Faust und schlug auf die Motorhaube des Ford Fiesta. Einmal, zweimal, immer wütender hämmerte er auf das Auto ein, er schien keinen Schmerz zu spüren. Ein Mann tauchte am Eingang des Parkplatzes auf. Ein Spaziergänger mit einem kleinen Pudel, der sofort umkehrte und hastig davoneilte, sobald er den wütenden Brenner erblickte.

Adina spürte, wie die aufkommende Panik alle Gedanken lähmte. Die Visitenkarte der Kommissarin. Sie zog ihren kleinen Geldbeutel aus der hinteren Tasche ihrer Jogginghose. Mit zitternden Fingern nestelte sie die Visitenkarte heraus.

Dann öffnete sie die Armschlaufe, in der sie ihr Handy trug, holte es heraus und wählte die Nummer.

Es klingelte nur einmal, dann meldete sich eine Stimme.

»Malkov, Kriminalpolizei.«

Adina atmete durch.

»Adina Pfefferkorn, wir haben gestern miteinander gesprochen, der Mordfall im Hotel.«

»Ja.«

»Ich bin gerade an einem Parkplatz in der Nähe meines Hotels. Ich war beim Joggen und als ich zurückkomme, steht Brenner bei meinem Auto. Er ist wie von Sinnen, Er hat angefangen, auf mein Auto einzuschlagen ... mit bloßen Fäusten. Ich habe mich versteckt, er ist vielleicht fünfzig Meter von mir entfernt ... Er ...«

Die Kommissarin unterbrach sie. »Wo sind Sie genau, kann ich Ihr Handy orten?«

»Ja.«

»Bleiben Sie, wo Sie sind. Wir kommen sofort.«

Adina steckte ihr Handy zurück in ihre Armschlaufe. Brenners Wüten war nicht mehr zu hören. Adina robbte etwas nach vorne, noch etwas weiter, um nach Brenner zu sehen. Er stand nicht mehr neben ihrem Auto. Er kam direkt auf sie zu. In der blutigen Hand trug er eine Pistole. Er hob seinen Arm und zielte auf das Auto, hinter dem sie sich versteckte. Dann schoss er, einmal, zweimal. Adina warf sich zurück, suchte Schutz hinter der Beifahrertür. Die Schüsse trafen den Kofferraum, bellende Einschüsse, die neben ihr explodierten.

Wieder ein Schuss. Adina rannte los, zurück in den Wald. Nur weg von hier. Schüsse krachten, Zweige peitschten ihr ins Gesicht, doch sie spürte keinen Schmerz, weiter, nur weiter. Sie stürzte, rappelte sich wieder auf.

Sie verließ das Unterholz, kam an einen Pfad, der durch den Wald führte. Nebel war aufgekommen, es nieselte leicht. Sie blieb stehen, drehte sich um. Brenner war nicht zu sehen, vielleicht war sie ihm ja entkommen.

Dann hörte sie ein Geräusch im Gebüsch, sofort rannte sie weiter. Der Wald öffnete sich und sie kam zu einer kleinen Landstraße. Sie lief hastig, es war niemand zu sehen, der Regen war stärker geworden.

Sie wurde langsamer, jetzt spürte sie den Schmerz am Bein. Ihre Hose war blutverschmiert, er musste sie getroffen haben. Dann stürzte sie auf den Asphalt. Für einen Moment wollte sie liegenbleiben, einfach nur warten und sich ausruhen. Doch sie rappelte sich wieder auf.

Sie rannte die Straße entlang. Ein Hupen. Adina drehte den Kopf. Aus dem Nebel erschienen flackernde Scheinwerfer. Ein Golf, der quietschend anhielt, auf der gegenüberliegenden Straßenseite. Am Steuer saß die Kommissarin, sie öffnete die Beifahrertür.

»Kommen Sie.«

Adina rannte auf das Auto zu, zwängte sich auf den Beifahrersitz. Sie schlug die Tür zu. Die Kommissarin fuhr sofort los. Adina drehte sich um.

»Hat er Sie verfolgt?«

»Ja, aber ich glaube, ich habe ihn abgehängt«, sagte Adina.

Die Kommissarin sah in den Rückspiegel, sie schaltete einen Gang hoch.

»Was ist eigentlich los?«, fragte Adina.

»Er ist krank.«

Adina blickte sie erstarrt an.

»Brenner?«

»Eine schizoide Störung. Eine gespaltene Persönlichkeit. Keine Ahnung, was es genau ist. Er hat heute um sechs im Präsidium angerufen. Er war verzweifelt, er erzählte von einer Stimme, die ihm befohlen hatte, seine Frau zu töten.«

Ein Traktor erschien vor ihnen. Die Kommissarin bremste kurz, dann trat sie auf das Gaspedal. Der Motor heulte auf, die Kommissarin lenkte nach links und der Wagen raste an dem Traktor vorbei.

»Als wir kamen, lag seine Frau tot im Schlafzimmer«, erzählte Malkov hastig. »Er hat sie furchtbar zugerichtet. Im Schlafzimmer fanden wir sein Tagebuch. Er hat selbst gespürt, dass etwas mit ihm nicht stimmte. Wir haben eine Suche ausgeschrieben. Und dann kam ihr Anruf. Das Einsatzkommando ist schon auf dem Weg …«

Ein Geschoss raste aus dem Nebel, ein schwarzes Auto, das in die Vorderseite ihres Wagens krachte. Ein heller Blitz knallte auf Adinas Augen. Ihr Kopf wurde gegen den sich öffnenden Airbag geschleudert, das Auto schlitterte über die Straße. Wie in Zeitlupe erlebte Adina, dass das Auto unkontrolliert über die Fahrbahn schleuderte, sie kamen von der Straße ab auf eine Wiese, dann krachten sie gegen einen Baum und es wurde dunkel.

Vor Adinas Augen flackerte es. Es kostete Mühe, die Lider zu öffnen. Vor sich sah sie den zerknautschten Airbag und die zersplitterte Frontscheibe. Rechts neben ihr saß die Kommissarin, den Kopf nach hinten gebeugt, ihr Gesicht war blutüberströmt, doch sie schien noch zu atmen.

Adina blickte aus dem Beifahrerfenster, draußen war es gespenstisch still. Nebel waberte über die Straße. Sie drehte den Kopf. Wo war das Auto, das ihnen in die Vorderseite gekracht war? Aus dem Nebel erschienen die Konturen eines Mannes. Er kam näher und dann erkannte sie Brenner. Er torkelte, ungelenk kam er auf sie zu, sie konnte sein

Gesicht erkennen, das blutüberströmt war. Dann hob er die Hand mit der Pistole, schoss, doch Adina hörte keinen Knall. Das Magazin war leer, aber Brenner drückte weiter ab.

Er kam näher, Adina versuchte verzweifelt, ihren eingeklemmten Gurt zu lösen.

Brenners Gesicht erschien vor dem Beifahrerfenster, blutüberströmt, in den Augen zuckte der Wahnsinn. Adina schrie. Im nächsten Augenblick rammte Brenner seine Stirn gegen das Fensterglas, einmal, zweimal, das Glas splitterte, Brenners blutiger Kopf krachte durch das Scherbenloch, das Gesicht verzerrt.

»Du wirst mich nicht verraten, du nicht.« Er schrie die Worte heraus, spuckte Blut, und dann zwängte er seine Hände durch die Scheibe, sie fassten ihren Hals, er würgte sie.

Ein Schuss krachte, ein zweiter Schuss. Der Kopf vor ihr explodierte, der Druck von Brenners Händen an ihrem Hals wurde schwächer, und der zerschossene Schädel sank nach unten.

Es war still, Adina hörte einen Raben schreien, die Bäume draußen standen wie erschrockene Zeugen und noch immer verschluckte der Nebel alles. Dann erschienen sie aus dem Ungefähren, schwarze Gestalten mit Helmen, die sich duckend nach vorne bewegten, auf den Wagen zu. Finsternis legte sich über Adinas Wahrnehmung.

»Das war wirklich in letzter Sekunde. Wenn das Einsatzkommando nur ein wenig später gekommen wäre …«

Der Polizeibeamte führte den Satz nicht fort. Zwei Tage waren vergangen, seitdem ein Sondereinsatzkommando Kommissar Brenner erschossen und damit Adina aus dem Würgegriff des wütenden Kommissars gerettet hatte.

Adina lag in einem Krankenbett. Noch fühlte sie sich schwach, die Wunde am Bein schmerzte, doch bei der Morgenvisite vor einer Stunde hatten die Ärzte gesagt, dass die Verletzung gut verheilte.

Der Mann, der auf einem kleinen Stuhl neben Adinas Bett saß, war ein älterer, sachlicher Beamter, der sich als Paul Müller vorgestellt hatte.

Er hatte Adina noch einige Fragen zu den Geschehnissen im Hotel und auf dem Parkplatz gestellt. Von ihm erfuhr Adina auch, dass es Kommissarin Malkov den Umständen entsprechend gut ging. Sie hatte einige Rippenbrüche und Kopfverletzungen bei dem Aufprall davongetragen, diese seien aber nicht ernst, und sie würde schon morgen entlassen werden.

Den Fall Elvers habe man abgeschlossen. Nun gebe es keinen Zweifel mehr, dass Brenner tatsächlich der Mann gewesen war, der Marianne Elvers in der Nacht in dem Hotelzimmer ermordet hatte.

Brenner sei schon seit Jahren krank gewesen. In seinem Tagebuch habe er über Stimmen und Visionen berichtet, die ihn verfolgten. Als ein Mann mit Namen Björne Walter hatte er ein Doppelleben geführt, von dem niemand etwas geahnt hatte.

»Es ist unglaublich, dass das so lange unbemerkt blieb«, sagte Müller. Doch in den letzten Wochen war seine Krankheit schlimmer geworden. Die Tagebuchaufzeichnungen zeigten, dass er selber von seiner Doppelexistenz ahnte. Die Stimmen, die ihn nötigten, das Böse zu tun, wurden lauter.

Ein Riss war in der Persönlichkeit entstanden, als ob sich die fremde Person in seinem Innern weiter nach vorne gedrängt hätte.

»Deshalb hat er sich verraten, als er mich befragte«, unterbrach ihn Adina. Müller sah sie fragend an.

»›Und dann haben Sie gehört, wie jemand um Hilfe rief?‹ Das hat er gesagt, ich weiß es noch genau. Aber ich hatte vorher nie von einem Hilfeschrei gesprochen. Das konnte er nur wissen, weil er der Mörder war, weil er in der Nacht in dem Hotelzimmer gewesen ist. Mir ist das beim Jogging eingefallen.«

Müller nickte. »Man hat natürlich auch bei der Polizei bemerkt, dass mit Brenner etwas nicht stimmte. Die Kollegin Malkov ist erst vor ein paar Monaten hierher versetzt worden und das Verhalten Brenners hat sie sehr bald misstrauisch gemacht. Sie hat mich auch einmal darauf angesprochen. Aber wir haben das nicht so ernst genommen. Man macht sich natürlich immer Gedanken nach so etwas. Brenner und ich waren nicht befreundet, aber ich sah ihn immer als einen Kollegen, auf den man sich verlassen konnte. Man fragt sich, ob man nicht doch etwas hätte machen können. Aber ich bin überzeugt, dass niemand von uns das voraussehen konnte.«

Seinen letzten Satz hatte er laut und eindringlich gesprochen, als wollte er sich selbst von seinen Worten überzeugen. Danach blieb er noch eine Weile regungslos auf seinem Stuhl sitzen. Schließlich stand er auf. Er verabschiedete sich mit einem Nicken und ging aus dem Zimmer.

Am Nachmittag fühlte Adina sich so gut, dass sie aus dem Krankenhaus in den Park vor dem Gebäude ging und sich auf eine Bank setzte. Die milde Herbstsonne schien auf die Landschaft. Es war ein wunderbarer Tag. Sie beugte den Kopf in den Nacken, schloss die Augen. Sie wollte die Sonne auf dem Gesicht spüren. Sie wollte das Leben spüren.

22 Burgruine Grimmstein

Die Burgruine Grimmstein liegt mitten im Wald, nördlich von Altenberg. Von Cunnersdorf oder Reinhardtsgrimma aus ist es eine kleine Wanderung, die man am besten im Frühling unternimmt. Dann kann man sich an der Blütenpracht der ersten Blumen erfreuen. Wo die Burg stand, findet man heute Mauerreste und Gräben. Die Feste der Ritter von Grimme soll einst auf Grimmstein gestanden haben.

23 Dippoldiswalder Schloss

Die wuchtigen Mauern des Dippoldiswalder Schlosses erzählen die Geschichte von Zerstörung und Wiederaufbau. Erbaut wurde die Höhenburganlage im 12. Jahrhundert zum Schutz des Bergbaus. 1492 brannte die Burg bei Kämpfen gegen die Hussiten ab. Nach der Instandsetzung im Jahr 1485 wurde die Anlage zwischen 1500 und 1550 zum Renaissanceschloss umgebaut. Im Dreißigjährigen Krieg stand das Schloss mehrfach in Flammen und wurde geplündert, doch immer wieder baute man es auf. Aber erst die völlige Instandsetzung Ende des 20. Jahrhunderts machten es zu dem sehenswerten Gebäude im Stadtkern von Dippoldiswalde. Das Schloss kann besichtigt werden. Seit dem Jahr 1999 ist dort die Osterzgebirgsgalerie untergebracht, die Werke von Künstlern des östlichen Erzgebirges zeigt.

24 Bergbaumuseum Altenberg

Den Bergbau erleben, wie er einst war. Dies bietet das Bergbaumuseum Altenberg. Die verschiedenen Besichtigungsbereiche veranschaulichen, wie das Erz gewonnen und aufbereitet wurde. Eine Führung unter Tage ist unbedingt zu empfehlen. Dabei werden historische und immer noch funktionierende Aufbereitungsmaschinen gezeigt, wie das 40-stemplige Pochwerk oder die wasserradgetriebenen Langstoß-herde. Wegen ihrer Größe und Ausstattung gilt die ehemalige Erzwäsche als einmalig in Europa.

25 Uhrenmuseum Glashütte

Das Uhrenmuseum Glashütte war einst Domizil für die 1878 gegründete Deutsche Uhrmacherschule. Ein Besuch des Museums wird zu einer Meditation über die Zeit. Sie beginnt mit den 24 Treppenstufen der Wendeltreppe, die die Stunden des Tages symbolisieren. Den Grundervätern der Glashütter Uhrmacher-tradition begegnet der Besucher im Historienraum »Gründung«. Ein Zeitstrahl führt von hier in die »Deutsche Uhrmacherschule Glashütte«. Im Raum »Jahre der Blüte« kann man die Präzision und Schön-heit der Glashütter Uhrmacherkunst zu Beginn des 20. Jahrhunderts bewundern. Aber auch das Heute hat seinen Platz. Glashütter Uhrenhersteller präsen-tieren ausgewählte Modelle ihrer aktuellen Kollek-tion im Raum »Neuzeit«.

26 Botanischer Garten Schellerhau

Im Mai und Juni blühen Alpenrosen, im Juli die Riesen-Glockenblumen aus dem Kaukasus und im

Herbst der Schwalbenwurz- und der chinesische Herbst-Enzian. Nicht nur Gewächse aus dem Erzgebirge kann man hier bewundern, sondern auch Arten aus weit entfernten Gegenden. Der Botanische Garten ist 1,5 Hektar groß und präsentiert über 1.400 Pflanzenarten. Zwei durch einen Bachlauf verbundene Teiche und eine Bärwurz-Wiese machen den Garten zu einem Ort der Ruhe und Harmonie. Besonders zu empfehlen ist der Hör- und Experimentierpfad »Natur und Musik«. Naturnah gestaltete Klanginstrumente erzeugen eine sinnliche Hörerfahrung.

27 Anno 1497 in Geising
Wer essen will, wie anno dazuma(h)l, ist im Wirtshaus »Anno 1497« richtig. In dem ältesten Haus Geisings kann man ein »Anno dazumahl« bestellen. Das Gericht verspricht einen Einblick in die Essgewohnheiten vergangener Jahrhunderte. Schaurige und wunderliche Geschichten ranken sich um das Anno 1497. Bei der Rekonstruktion des Hauses fiel eine tote Katze, ein sogenanntes Bauopfer, aus der Decke. Und Sagen erzählen, dass einst Hexen in dem Haus gewohnt hätten. Heute ist das Anno 1497, das aufgrund seiner Höhe auch das Hohe Haus genannt wird, eine beliebte Gaststätte. Auf der Speisekarte findet man leckere Spezialitäten aus dem Erzgebirge.

28 Schloss Lauenstein
König Johann nannte die Flussniederung der Müglitz das schönste Tal Sachsens. Hoch über diesem Tal erhebt sich das Schloss Lauenstein. In der Schlossan-

lage gibt es viel Sehenswertes zu entdecken. Im Wappensaal zieht die prächtige Stuckdecke die Blicke auf sich. Der Vogelsaal beherbergt wertvolle Malereien des 17. Jahrhunderts. Und die Schlosskapelle, die man im Stil der Gotik erbaute, lockt mit wertvollen Porträtplastiken. Ein besonderes Schmuckstück ist der Park im Barockstil. Und im Kräutergarten wachsen erzgebirgstypische Nutz- und Zierpflanzen. In den letzten drei Jahrzehnten hat man das Hauptschloss umfassend restauriert. Heute beherbergt es das Osterzgebirgsmuseum.

29 Skulpturenpark Paulsdorf
Im Skulpturenpark Paulsdorf findet man große wuchtige Skulpturen oder raffiniert gestaltete Objekte in freier Landschaft, die »der Gedanke« oder »Hofmusik« heißen. Ein Spaziergang durch den Park wird zu einer beeindruckenden Begegnung mit moderner Kunst. Der Skulpturenpark liegt an der idyllischen Talsperre Malter, einem beliebten Erholungsgebiet im Osterzgebirge. Nach dem Besuch der Kunstwerke kann man sich in einem Strandcafé ausruhen oder sich in einem Erlebnisbad vergnügen

30 Altenberger Kräuterlikörfabrik
Die Kräuterfabrik wurde im Jahr 1842 gegründet. Ihren berühmten Gebirgsbitter gibt es bereits in der fünften Generation. Das Getränk, von den Kunden auch Heimaterde genannt, hat 35 % Alkoholgehalt und wird aus 33 verschiedenen Blüten, Blättern und Wurzeln hergestellt. Für interessierte Besucher werden Betriebsbesichtigungen angeboten. Immer am

Donnerstagnachmittag erfährt man Wissenswertes und Interessantes über die Spirituosenherstellung. Und man kann im Anschluss die edlen Erzeugnisse probieren. Dem Tee am Anfang folgen sechs verschiedene Spirituosen. Zum Abschied erhält jeder Gast als Geschenk ein Spirituosenglas. Einen Besuch wert ist auch das Ladengeschäft mit Tee-Spezialitäten, Feinkostwaren und Geschenkartikeln.

PETRA STEPS: VOM REGEN IN DIE TRAUFE

Nach dem Angriff durch den geistesgestörten Polizisten musste Adina noch einige Tage das Krankenbett hüten. Ihre Freundin Mia war direkt aus Berlin zu ihr ins Krankenhaus geeilt. »Du scheinst die Kriminellen magisch anzuziehen. Bist du sicher, dass du weiter an dem Projekt arbeiten willst?«, fragte Mia. »Ganz sicher! Was mich nicht umbringt, macht mich stark! Und mich bringt eher die Ruhe im Krankenhaus um.« Adina zeigte Mia auf dem Laptop, was sie in den vergangenen Tagen sortiert, katalogisiert und aufgearbeitet hatte. Dann gab sie ihr ein paar Texte zu lesen. »Schau, kurz und knackig, das mögen die Leute. Nur der über meine Urgroßmutter Adina ist etwas länger geworden. Aber vielleicht schreibe ich noch eine Kurzfassung. Was ich aber nicht hinbekomme, ist der Blog. Ich will nichts über meinen Krankenhausaufenthalt mitteilen. Und schreiben, dass alles paletti ist, wäre eine Lüge.« »Dein Kopf hat also nichts abbekommen. Zum Glück. Trotzdem solltest du dich in professionelle Hände begeben. Ein Angriff auf Leib und Leben kann alles Mögliche auslösen, Angststörungen, Depressionen, was weiß ich.« »Mia, der Mann war krank. Wenn er bei dem Angriff nicht gestorben wäre, hätte es wegen Schuldunfähigkeit nicht einmal ein Urteil gegeben.« Mia nickte. Sie kannte die Problematik. »Ich will doch nur dein Bestes«, sagte sie. »Jetzt redest du wie meine Mutter. Oh Sch…, die weiß gar nicht, dass ich im Krankenhaus bin. Ich glaube, das sollte unser Geheimnis bleiben. In ein paar Tagen ist alles vorbei. Ich besuche meine Eltern, wenn ich zurück in Berlin bin.« Adina gab Mia ihren Zimmerschlüssel vom Hotel und ein paar Anweisungen zum Umgang mit ihrem Auto. »Ich habe im Hotel angerufen, du kannst mein Zimmer nutzen, es ist ohnehin bezahlt.«

Drei Tage später düsten die beiden Freundinnen nach Berlin. Mia nahm den schnellsten Weg über die A 17 von Prag in Richtung Dresden und dann auf die A 4 und die A 13. Am Nachmittag trafen sie in Berlin ein. »Soll ich noch eine Weile bei dir bleiben?«, fragte Mia, nachdem sie ihre Freundin und Adinas Sachen in die Wohnung gebracht hatte. »Nein, ich lege mich ein bisschen hin und ruhe mich aus. Es wird von Tag zu Tag besser und die Spuren an Hals und Gesicht sind auch fast nicht mehr zu sehen.«

Als Mia weg war, überkam Adina eine Art innere Unruhe. Die eine Woche Krankenhaus fühlte sich an wie ein halbes Jahr. Sie wollte unterwegs sein, Menschen treffen, Neues kennenlernen, sich gar nicht erst wieder an den Berliner Trott gewöhnen. Da sie trotz ihrer Verletzung im Krankenhaus konstruktiv gearbeitet hatte, konnte sie die Zeit in Berlin locker verkürzen. »Eine Woche, dann hat das Erzgebirge mich wieder. Mal sehen, was da noch an kriminellen Elementen kreucht und fleucht. Adina wird euch das Fürchten lehren!«, formulierte sie ihre Devise und studierte die Pläne.

Schon kurze Zeit später stand ihre Entscheidung fest. »Ich schließe die Ecke zwischen Dresden, Freiberg und der tschechischen Grenze mit dem Tharandter Wald 31 ab. Dann kann ich mich bis zum Jahresende dem mittleren und oberen Erzgebirge zuwenden und in der Vorweihnachtszeit in Annaberg sein.« Das teilte sie Markus mit, der am Abend mit besorgter Miene zum Krankenbesuch gekommen war. Ihr Auftraggeber für das Tourismusportal hatte natürlich von Mia erfahren, was ihr zugestoßen war. »Wie du siehst, musst du dir keine Sorgen machen. Ich habe sogar im Krankenhaus weitergearbeitet«, versuchte sie ihn aufzumuntern. »Keine Sorgen ist gut. Chemnitz war ja noch harmlos, da hast du nur geholfen, einen Einbrecher zu finden. Bei Frauenstein bist du mitten in eine Entführung geraten und jetzt wollte dich einer erwürgen. Ich muss dir nicht sagen, was die Steigerung davon ist«, versuchte Markus ihr mögliche Konsequenzen aufzuzeigen. »Markus, wie du siehst, kann ich ganz gut auf mich aufpassen. Zahlst du mir ein wenig Ausfallhonorar? Ich hatte in Altenberg ein paar mehr Kosten als geplant, denn ich konnte das Hotelzimmer nicht rechtzeitig verlassen.« »Habe ich dir schon überwiesen!« »Oh, danke, und jetzt sei einfach ganz beruhigt. Ich fahre als nächstes in den Tharandter Wald. So wie ich das einschätze, ist dort ein bisschen der Hund begraben. Aber du weißt ja: Ich habe ein Händchen für besondere Dinge.« »Na hoffentlich sind die besonderen Dinge, wie du sie nennst, nicht kriminell und gefährlich. Wir wollen doch für Tourismus im Erzgebirge werben und die potenziellen Besucher nicht abschrecken.« »Verlass dich auf mich. Ich habe ein gutes Gefühl«, bat Adina. Markus verabschiedete sich.

Adina traf ihre Reisevorbereitungen und studierte die Karte. Sie suchte nach Angeboten für ein Quartier und wurde in Grillenburg, einem staatlich anerkannten Erholungsort, fündig. »Im Internet steht etwas von einem verträumten Ortsteil. Da ist Ruhe vorprogrammiert. Außerdem gibt es ein Jagdschloss **32**, einen Gondelteich, das Walderlebnis Grillenburg **33**, was immer das sein mag, einen Jugendfreizeithof, ein Naturbad … Da lässt sich doch bestimmt etwas Spannendes machen«, war sie sich gewiss und buchte fünf Übernachtungen. Das sollte reichen. »Noch mehr Ruhe muss nun wirklich nicht sein«, fand Adina.

Als sie von der Autobahn in Wilsdruff heruntergefahren war, führte Adinas erster Weg zur Autobahnkirche **34**. Die Wilsdruffer haben dafür ihre alte Jacobikirche zur Verfügung gestellt. Für den romanischen Bau wurde die Nutzung als ökumenische Autobahnkirche zur Rettung schlechthin. Adina gönnte sich eine Pause von der anstrengenden Fahrt, bevor sie die letzte halbe Stunde in Richtung Grillenburg im Auto verbrachte. »Man muss nicht unbedingt gläubig zu sein, um hier Ruhe zu finden«, dachte sie mit Blick in das Kirchenschiff und versuchte, sich das Leben in der Region zur Zeit der Erbauer im 12. Jahrhundert vorzustellen. In der Auslage nahm sie noch einen Flyer vom Naturerlebnishof Weidegut Colmnitz **35** mit. Dann steuerte sie Tharandt an, um die Tourist-Information aufzusuchen. Am Parkplatz nahe der Postmeilensäule stellte sie ihr Auto ab und richtete den ersten Blick nach oben zu dem Ensemble von Bergkirche, Burgruine **36** und dem angrenzenden Schloss. Das große I hatte sie getäuscht. Statt einer Beratungsstelle erwarteten sie nur Hinweistafeln.

»In Ihrer Auslage finde ich alles Mögliche über Dresden oder Meißen, über die Lausitz und Freiberg. Haben Sie nichts über den Tharandter Wald?«, fragte Adina in der Buchhandlung. »So viel gibt es da nicht. Werbung ist teuer. Vielleicht bekommen Sie mehr im Forstbotanischen Garten **37** «, erhielt sie als Antwort. Adina wollte jedoch zuerst nach Grillenburg fahren und das Zimmer beziehen, bevor sie größere Exkursionen in Angriff nahm.

Als sie das Ortseingangsschild Grillenburg hinter sich

gelassen hatte, war sie schon am Jagdschloss und der groß-
zügigen Anlage mit Gondelteich und Park sowie mehreren
verlassenen Gebäuden angekommen. Sie stellte ihr Auto
ab und stieg aus, um sich einen ersten Eindruck zu verschaffen. Und der war alles andere als berauschend. Anders
als im Internet auf vielen Plattformen beschrieben, sah
das Schloss verlassen aus. Der Garten, in dem vor einigen
Jahren neue Bäume gepflanzt worden waren, lag ihr total
verwildert zu Füßen. »Sie kommen ein paar Jahre zu spät.
Die Studenten hat es nach Dresden gezogen. Und die Ausstellung kann zurzeit nicht besichtigt werden. Das Land
Sachsen lässt seinen Besitz verkommen und will ihn los-
werden. Dabei ist die Brücke sogar ein Pöppelmann-Bau.
Nur da oben beim Mutschmann, da scheint sich etwas zu
bewegen«, erzählte ihr ein älterer Herr, der gesehen hatte,
wie sie vergeblich an der Klinke des Herrenhauses rüttelte. »Mutschmann?«, fragte Adina nach. »Es ehrt Sie,
dass Sie mit dem Namen nichts anzufangen wissen. Mar-
tin Mutschmann war einer der ganz harten Nazis, Gauleiter in Sachsen, stammte aus dem Vogtland. Er hat ein
Jagdhaus bauen lassen, mit persönlichem Bunker. Dort
befand sich früher schon einmal ein Gebäude. Der roma-
nische Keller ist noch immer vorhanden. Die Kommunisten haben hier ihre Staatsgäste untergebracht. Sogar Fidel
Castro hat in dem Haus übernachtet.« »Fidel Castro?«
»Ja, auch Breschnew, der Vorgänger von Putin, na nicht
direkt, dazwischen waren ja noch andere wie Gorbatschow
und dieser Alkoholiker«, schwafelte der Mann weiter und
ließ Adina nicht zu Wort kommen. »Schauen Sie sich das
ruhig einmal an. Tagsüber spielen die heile Welt im Zelt-
lager gleich beim Naturbad und leben angeblich naturnah und ökologisch. In der Nacht fahren die Autos vor.«

»Wie? Es fahren Autos vor?« Adina stellte sich dumm. »Die laden jede Menge Kisten ab. Scheint schweres Zeugs zu sein. Man macht sich eben seine Gedanken.« »Und haben Sie das schon einmal bei der Polizei gemeldet?«, fragte Adina nach. »Hören Sie mir mit der Polizei auf. Die wissen doch gar nicht, dass es uns hier draußen gibt. Wir sind so etwas wie Niemandsland, eine Randerscheinung, eine Fußnote. Zum Erzgebirge passen wir nicht so richtig und für die Landeshauptstadt sind wir zu weit weg vom Schuss. Die schicken höchstens mal eine historische Postkutsche 38 vorbei und erzählen den Leuten, wie August der Starke gejagt und gefeiert hat. Die meisten Postkutschen kommen aber vom Grillenburger Verein. Nicht einmal für die Jagd hat der Wald noch eine besondere Bedeutung. Die Landesfürsten von heute haben andere Hobbys.« »Man kann von Dresden aus mit der Postkutsche hierher fahren?«, gab sich Adina interessiert. »Ja, und umgekehrt. Schauen Sie mal am Gondelteich, da liegen bestimmt Werbeprospekte.« Adina nickte und wollte weiterziehen. Der Mann begann noch einmal zu sprechen. »Das Jägerhaus steht übrigens zum Verkauf, genau wie das Schloss. Würde mich nicht wundern, wenn da demnächst ein paar Mutschmann-Verehrer im Grundbuch stehen!« Adina sah ihn fassungslos an. »Das muss doch verhindert werden«, antwortete sie. Der Mann lächelte über den Hauch Naivität, der ihre Stimme und ihr Gesicht überzog. Er verabschiedete sich mit den Worten »Man sieht sich«.

Adina lief quer über das komplette Areal. Es dauerte nicht lange und sie kam oben am sogenannten Neuen Jägerhaus an. Adina stieg die Stufen zum Eingangsportal hinauf, vorbei an verbeulten Lampen mit zersplittertem Glas. Die Holztür umgab eine Steinumrandung mit Jagdszenen.

Ganz oben thronte ein Jäger mit Jagdhorn. »Betreten der Baustelle verboten«, las Adina auf dem gelben Schild. Sie drückte den Türgriff trotzdem nach unten. Nichts. Die Tür blieb verschlossen. Adina umrundete das Gebäude. Die Hinterfront war deutlich weniger in Schuss, die Treppen mit angeflogenen Pflanzen zugewuchert. Allerdings nur auf einer Seite. Das fiel ihrem journalistischen Scharfblick sofort auf. Einige Fenster wurden durch alte Lamellenjalousien verdeckt. Durch ein offenes Fenster konnte sie ins Innere schauen und entdeckte ein altes Pflegebett sowie rote Kunstlederstühle. »In dem Bett wird Fidel Castro bestimmt nicht gelegen haben. Wer weiß, was der Alte mir für Märchen erzählt hat«, dachte sie noch, während sie auf der Wiese Schleifspuren in Richtung einer Kegelbahn wahrnahm. »Na, ganz allein hier?« Wie aus dem Nichts war neben ihr ein Hüne mit kurz geschorenem Haar und Camouflage-Hose aufgetaucht. »Nein, mein Mann wartet unten am Schloss. Ich bin auf dem Weg dahin«, erwiderte sie und ging in Richtung der Treppen. »Nicht schon wieder«, überfiel sie ein erschreckender Gedanke. Beim Gang in Richtung Parkplatz konnte sie körperlich fast spüren, wie sich der Blick des Fremden in ihren Rücken bohrte.

Am Morgen wollte Adina die erste im Naturbad sein, den Tau auf der Wiese unter ihren Füßen spüren, die Nebelschwaden nach oben steigen sehen. Den Weg hatte sie vorher auf der Karte angeschaut. Er führte über die Brücke, am Jagdschloss und einer Wiese vorbei, zu dem Teich mit einer Imbiss-Einrichtung. Von Weitem sah sie, dass neben der Tafel auf der Brücke ein Mann lehnte. Adina überlegte, ob sie ihn grüßen oder vorbeischleichen sollte, da bemerkte sie erst einen roten Fleck zu seinen Füßen und dann die Schlinge um seinen Hals, mit der er am Gerüst um das Hinweisschild aufgeknüpft war. Kein Mediziner der Welt hätte ihm mehr helfen können. Das erkannte sie sofort, als sie die Einschussstelle bemerkte. Sie fühlte aber dennoch seinen Puls. »Ex«, murmelte sie vor sich hin und wollte ihr Handy zücken. An der großflächigen Tafel, die dem historischen Weg Dresden-Freiberger Chaussee gewidmet war und die Wegweiser Sächsischer Jakobsweg und Heiliger Weg trug, stach ihr ein auffälliger roter Zettel ins Auge, der ziemlich mittig auf der Karte klebte.

»Das passiert, wenn man seine Nase zu tief in Dinge steckt, die einen nichts angehen. Vorsicht, Ihr Nachahmer! Vertreibt Euch Eure Grillen woanders!« »Ach, daher der Name Grillenburg. Der August wollte sich hier seine Grillen, sprich Sorgen vertreiben«, fiel es Adina wie Schuppen von den Augen. Als sie zum Telefon greifen wollte, erkannte sie den Toten. »Das gibt es doch nicht!«, platzte es aus Adina heraus. Sie schaute sich vorsichtig um. Dann rannte sie zurück zu ihrer Bleibe. Erst nachdem die Tür hinter ihr ins Schloss gefallen war, rief sie die Polizei an. Der Ausflug ins Naturbad war ihr vergangen. Sie wartete auf die Beamten, um ihre Zeugenaussage zu machen, denn der Tote hatte gestern mit ihr über die Nazis und seine Beobachtungen gesprochen. Dann fuhr sie zum geografischen Mittelpunkt des Freistaates Sachsen **39** im Tännichtgrund. Ohne Karte und Navi wäre sie erschossen gewesen wie der Mann auf der Brücke. In Naundorf angekommen nahm sie einen etwa einen Kilometer langen Fußweg, der entlang des früheren Bahndamms der Strecke Colmnitz – Klingenberg führte. Sie erblickte die Stele, wegen der sie durch den Wald gewandert war. Aus der Nähe fiel ihr das Schild »Diebeskammer« auf. Leider stand dort nicht, wer in der Felsnase welches Diebesgut versteckt hatte. Da der

Eingang in den Fels jedoch schon vor 100 Jahren zuge-
schüttet worden war, konnten es schlecht die heutigen
Landesherren sein. Ihr Handy zeigte keinen Empfang an,
deshalb notierte sie sich das Wort, um später nachzurecher-
chieren. Auf dem Rückweg hielt sie an einem Dorfgasthof
und orderte eine kalte Platte. Als sie zurück nach Grillenburg fuhr, fielen ihr die vielen Fahrzeuge kurz vor dem
Ortseingang auf. Mit Einbruch der Dunkelheit verstärkte
sich der Verkehr auf Grillenburgs Straßen. Ein Blick aus
dem Fenster, und ihr war alles klar. Im Polizeibericht las
sie am nächsten Morgen: »Bei einer Razzia in Grillenburg
wurden zehn der rechten Szene zugeordnete Verdächtige
im Jägerhaus auf frischer Tat ertappt. Ihnen wird vorgeworfen, ein illegales Waffenlager angelegt zu haben. Die
Tatverdächtigen waren gerade beim Entladen mehrerer
Jeeps, als die Beamten zugriffen. Im Inneren des leer stehenden Gebäudes wurden 130 Langwaffen, 225 Kurzwaf-
fen, 18.500 Schuss Munition, zwölf Dosen mit Treibladung
(Schießpulver), mehrere Maschinengewehre, Magazine
und weitere Teile entdeckt, die zum Teil unter das Kriegs-
waffenkontrollgesetz fallen. Die festgenommenen Personen konnten keinerlei Papiere für die Waffen vorweisen.
Ob sie etwas mit dem Mord an dem 63-jährigen Grillenburger zu tun haben, der am Morgen getötet und aufgeknüpft an der Brücke zum Jagdschloss gefunden wurde,
ist noch nicht bekannt.«

»Donnerwetter«, rief Adina aus. Das hatte der Alte also
gemeint und seine mangelnde Vorsicht mit dem Leben
bezahlt. Adina ging davon aus, dass ihr vom Jägerhaus her
keine Gefahr mehr drohte, deshalb holte sie am Morgen
das Schwimmen im Naturbad nach. Anschließend begab
sie sich auf den Holzweg, der zum Walderlebnis Grillen-

burg gehörte und eigentlich für Kinder konzipiert war. Für den kommenden Tag hatte sie einen Ausflug nach Tharandt vor, zu dem sie wie geplant startete.

Auf dem Parkplatz in Tharandt angekommen, studierte Adina die verschiedenen Wegweiser, von denen ihr besonders der Sekundenweg **40** gefiel, schon wegen seines Namens. Sie hätte den Lehrpfad zur Geschichte der Forstwissenschaften in Tharandt oder andere Wanderrouten wählen können, entschied sich jedoch für einen Besuch des Forstbotanischen Gartens. Dazu nahm sie den steilen Aufgang in Richtung Kirche und dann weiter zur Burgruine und schaute sich das Ruinengelände an.

Adina las den Text einer Tafel drei Mal, ehe es klick machte. »Die Geburt des Fürstensohnes Friedrich August Albert feierten in Liebe und Ehrfurcht gegen den Vater des Vaterlandes auf den Trümmern des stammütterlichen Witwensitzes am 28. Mai 1797 abends die Bürger von Tharandt.« »Man kann es auch kompliziert ausdrücken oder einfach schreiben, dass hier schon damals alles zerstört war«, dachte Adina. Immerhin waren die Reste der Ruine in den vergangenen Jahren gesichert und lauschige Plätzchen zum Sitzen eingerichtet worden. Am Geländer stehend gestattete sich Adina einen ausgiebigen Blick auf den Ort in Richtung Bahnhof und zum Altbau der Forstschule. Vorbei am Schloss kam sie auf einem schmalen Anstieg im Forstbotanischen Garten an.

Gleich neben dem Eingang stand eine Tafel, die an Hans Carl von Carlowitz, den Erfinder der Nachhaltigkeit, erinnerte. Adina staunte schon wieder. Bisher hatte sie geglaubt, das Wort Nachhaltigkeit entstamme einer Neuzeit, in der zumindest ihre Eltern schon auf der Welt waren. Carlowitz lebte jedoch von 1645 bis 1714. Adina fiel ein Zitat aus Goethes Faust ein. »Was du ererbt von deinen Vätern hast, erwirb es, um es zu besitzen. Was man nicht nützt, ist eine schwere Last …« »Warum bürden sich die Menschen so schwere Lasten auf, wo sie doch nur das Wissen ihrer Vorfahren nutzen müssten«, fragte sie sich, während sie den Weg weiter nach oben lief. Im Schweizerhaus holte sie sich einen Parkplan, denn schon kurz nach dem Eingang hatte sie die Vielzahl der Wege verwirrt. Sie wollte quer durch das Gelände zu Cottas Grab, für das sie den Park kurzzeitig verlassen musste. Die Geschichte mit den Eichen um die Grabstätte hatte sie begeistert. Cotta hatte bei bester Gesundheit an seinem 80. Geburtstag 80 Eichen nach Plan gepflanzt. Sie kannte keinen mit einer ähnlichen Aktion.

Vor ihr befand sich ein Pärchen auf dem Weg. Der junge Mann gestikulierte wild mit den Armen. Als sie oben an der Aussichtsplattform ankam, schienen sich die beiden in Luft aufgelöst zu haben. Adina nahm ihre Kamera und schoss ein paar Fotos von Tharandt, das wie auf dem Modellbahn-brett vor ihr lag, diesmal von der anderen Seite aus gese-hen. Als sie durch den Sucher am Felsen hinabschaute, fiel ihr etwas Weißes auf. Adina beugte sich über die Brüstung, um mehr zu erkennen, aber sie hatte weder ein Teleobjek-tiv noch ein Fernglas dabei. »Könnte ein Arm mit Hand sein«, dachte sie sich und: »Du siehst schon Gespenster.«

Am Schweizerhäuschen zurück bestellte sie ein stilles Wasser und kam mit der freundlichen Frau ins Gespräch. »Wenn einer Ihrer Ranger zufällig oben an Cottas Grab ist, soll er doch bitte auf die Aussichtsplattform gehen und auf-merksam nach unten blicken. Es kann sein, ich irre mich, aber ich habe da so etwas wie eine Hand und einen Arm gesehen«, sagte sie und beschrieb die Stelle genauer. Von dem Pärchen erzählte sie nichts. Dafür ließ sie sich den Weg zum nordamerikanischen Teil des Gartens erklären. Dorthin fuhr sie anschließend. Ein großes Schild mit der Aufschrift »Hedwigs Duft-Garten e.V.« reizte sie zu einem Zwischenstopp. Ein Verein will dort eine Art Vorgarten für den Forstbotanischen Garten anlegen, als Ort der Begegnung und Bereicherung für den Kurort Hartha, las sie. »Sieht erfolgversprechend aus. Das sollte man sich in einiger Zeit noch einmal anschauen und dann vielleicht ins Portal aufnehmen«, beschloss Adina und notierte sich die Daten. Im Nordamerika-Teil bestieg sie den Aussichtsturm und lief eine kleine Runde um die Felsen, die sie von oben entdeckt hatte. »Genug Sonne für heute getankt, ich trete den Rückweg an«, legte Adina fest. Sie hatte ohnehin die Zeit vergessen, denn es war bereits 17.30 Uhr, als sie in ihr Auto stieg und in den Ort fuhr, um sich noch etwas zu essen und zu trinken zu besorgen.

Die Hand hatte sie schon wieder vergessen, als sie am Morgen im Frühstücksraum die Zeitung sah. »Vermisster aus der Klinik am Tharandter Wald gefunden«, titelte das Blatt. Adina griff nach der Zeitung und las weiter. »Der vermisste 43-Jährige, der vor vier Tagen die Klinik verließ und nicht zurückkam, wurde am Hang unterhalb des Forstbotanischen Gartens Tharandt tot aufgefunden. Wie der Patient ums Leben kam, soll durch eine Obduktion geklärt werden.« »Bitte lass es einen Unfall gewesen sein und keinen Mord«, flehte Adina. Ob sie jemand erhörte, vermochte sie nicht zu sagen.

Sie bewegte sich zurück ins Zimmer und fuhr ihren Laptop hoch.

Liebe Mia, am besten sag nichts, schreib nichts und vor allem schimpf nicht mit mir. Irgendwie gerate ich immer vom Regen in die Traufe. Ich bin schon wieder über ein Mordopfer gestolpert und beim zweiten Toten weiß man noch nicht, wie er ums Leben kam. Langsam werde ich mir selbst unheimlich. Die gute Nachricht: Ich bin wohlauf. Keine Feindberührung! Noch ein Tag hier, dann bin ich fast schon bei Dir. Ich werde bei der Rückfahrt noch einen Abstecher nach Dresden unternehmen. Ich melde mich. Deine Adina

In ihren Blog schrieb sie:

Ihr Lieben, schon wieder geht eine Woche voller Erlebnisse zu Ende. Wenn Ihr einmal Ruhe und Entspannung kombiniert mit Wissenszuwachs sucht, dann fahrt in den Tharandter Wald. Hier lernt man astronomische Grundlagen beim Wandern und kann sogar die Zeit überlisten. Außerdem ist Nachhaltigkeit, die wir ja sowieso nicht beherrschen, gar keine Erfindung der Gegenwart, sondern eine Forderung aus dem 17. Jahrhundert. Seid schon mal gespannt auf meine Geschichten!

31 Tharandter Wald
Der Tharandter Wald gilt als eines der schönsten Wandergebiete Sachsens. Rund 200 Kilometer ausgeschilderte Wanderwege laden zum Bewegen und Entspannen ein. Viele von ihnen verlaufen teilweise parallel mit Lehr- und Entdeckungspfaden. Der Tharandter Wald soll Künstler der Romantik inspiriert haben und sogar von Goethe und Schiller wegen seiner Schönheit gepriesen worden sein. Im Zentrum des Waldes befindet sich die Rodungsinsel Grillenburg. Der Weg dorthin führt quer durch den Wald.

32 Jagdschloss Grillenburg
Das Jagdschloss Grillenburg liegt mitten im Tharandter Wald. Es entstand im 15. Jahrhundert und wurde mehrfach umgebaut. Der Bau gehört dem Land Sachsen. Das Jagdschloss ist nicht zu verwechseln mit dem auch als Nazi-Villa bezeichneten Neuen Jägerhaus, das während der Nazidiktatur als Gästehaus errichtet und von Gauleiter Mutschmann genutzt wurde. Es befindet sich etwas weiter oben auf dem Grundstück und gehört der Stadt Tharandt. Während meiner Recherchen im Spätsommer 2015 standen beide Gebäude zum Verkauf. Das gesamte Areal, zu dem ein Park und ein Gondelteich gehören, ist frei zugänglich.

33 Walderlebnis Grillenburg
Ihre Kinder haben keine Lust zum Wandern? Dann fahren Sie mit ihnen zum Waldlehrpfad in Grillen-

burg. Der Holzweg mit zehn Stationen am Bachlauf der Triebisch, ein Abenteuerpfad über Bohlen und der Sinnespfad laden zum Entdecken, Fühlen, Klettern, Toben ein. Für die Abenteuer lohnt sich eine Grundausstattung mit Handtuch zum Abtrocknen und Wechselwäsche nach dem Matschen im Bachlauf, Schere, Bindfaden, Becherlupe, Schnitzmesser zum Basteln und Beobachten. Naturmaterialien zum Schiffchen oder Wasserrad bauen finden Sie unterwegs. Vergessen Sie den Picknickkorb nicht. Es gibt mehrere Rastplätze. Parken am Ortseingang und den Wegweisern folgen!

34 Autobahnkirche Wilsdruff

Die ökumenische Autobahnkirche Wilsdruff befindet sich in einer romanischen Hallenkirche, die zu DDR-Zeiten kurz vor dem Abbruch stand, dank des Protestes und der Unterstützung von Bürgern jedoch gerettet wurde. Mit der neuen Funktion begann für das von Verfall bedrohte Gotteshaus eine neue Ära. Der Platz der Stille wird gern von Autofahrern genutzt, die dafür von der A4 Abfahrt Wilsdruff in den Ort hineinfahren und den Wegweisern folgen müssen. www.autobahnkirche.info/kirchen/wilsdruff.html

35 Naturerlebnishof Weidegut Colmnitz

Der Naturerlebnishof Colmnitz entstand durch die Umnutzung eines Weidegutes. Dabei wurde eine Freizeiteinrichtung mit Übernachtungsmöglichkeiten geschaffen. Zum Hof gehören der Bauern- und Kräutergarten, ein Spielplatz sowie ein Tiergehege. Mehrmals im Jahr finden Feste und Märkte statt. Der

Hof eignet sich gut als Ausgangspunkt für die Erkundung des Tharandter Waldes. www.colmnitz-weidegut.de

36 Burgruine Tharandt
Die Burg Tharandt wurde ab 1206 errichtet und erlebte fortan eine wechselvolle Geschichte. Im 13. Jahrhundert war sie zeitweise Residenz des Markgrafen Heinrich des Erlauchten, später wurde sie verpfändet und mit Feuerwaffen zur Verteidigung bestückt. Infolge eines Blitzschlages von 1568 begann der Verfall. Ein Teil der Fenster und Türen wurde im Jagdschloss Grillenburg verbaut, die Dachziegel auf Burg Stolpen. 1579 wurde die Burg zum Abbruch freigegeben. 1993 begannen Sanierungsarbeiten an den noch vorhandenen Teilen. Neben der Burg befindet sich ein romantisches Wohnschloss im Tudorstil, das in privatem Besitz und bewohnt ist.

37 Forstbotanischer Garten Tharandt
Der Forstbotanische Garten mit dem Sächsischen Landesarboretum wurde 1811 vom Begründer der Forstschule Tharandt, Johann Heinrich Cotta, angelegt. Auf 33 Hektar Fläche finden Sie eine Sammlung mit 2000 Gehölzarten, darunter vielen seltenen Gewächsen, die über 200 Jahre alt sind. Deutlich jünger ist der nordamerikanische Teil mit großem Salzsee, Mini-Rockys und Aussichtsturm. Bei Sonnenschein und heißen Temperaturen empfiehlt sich der alte Teil des Gartens mit seinen schattigen Plätzchen, einem Labyrinth und dem Schweizerhaus, kleiner Ausstellung und Museumsshop mit kleinem Café. Kurz hin-

ter dem oberen Ausgang befindet sich Cottas Grab,
das einst 80 Eichen säumten, die am 80. Geburtstag
von Cotta nach Plan gepflanzt wurden. Das Grab
gegenüber gehört dem früheren Direktor der Forst-
akademie, Johann Friedrich Judeich. Auf der Aussichtsplattform oberhalb hat man einen schönen Blick
über Tharandt.

38 Postkutschen- und Postschlittenfahrten
Auf der Dresden-Freiberger Chaussee verkehrten
zwischen 1832 und 1862 Postkutschen, die dabei auch
den Tharandter Wald und Grillenburg querten. In
Erinnerung an die historischen Poststraßen bietet
der 1. Sächsische Postkutschenverein im Waldhof zu
Grillenburg Postkutschen- und schneeunabhängige
Postschlittenfahrten an. Informationen dazu gibt es
unter www.poststrassen-erleben.de

39 Geografischer Mittelpunkt des Freistaates Sachsen
& Diebeskammer
Der geografische Mittelpunkt des Freistaates Sach-
sen befindet im Kurort Hartha, auf der Gemarkung
Grillenburg. Man erreicht ihn am besten über Naun-
dorf und einen kurzen Fußmarsch entlang des ehe-
maligen Bahndamms. Die steinerne Stele wurde am
28. September 1994 aufgestellt, gleich neben der
Diebeskammer. Sie trägt die Aufschrift »Hier ist
der Mittelpunkt des Freistaates Sachsen« und ein
Sachsenwappen. Die Diebeskammer im Tharand-
ter Wald ist eine Hohlkammer in einer Felsnase aus
Porphyr, der quaderartig geschichtet ist. Sie wird
Lips Tullian (Geburt unbekannt, Hinrichtung 1715)

zugeordnet, dem Anführer einer sächsischen Räuberbande namens Schwarze Garde aus dem beginnenden 18. Jahrhundert. Sie soll als Lager für Diebesgut gedient haben, das Tullian und seine Bande vermutlich an der Sächsischen Silberstraße erbeutet haben. Im südlichen Tharandter Wald existiert eine Erhebung namens Lips-Tullian-Felsen. Dort soll sich ein primitiver Unterschlupf befunden haben.

40 Sekundenweg

Der Sekundenweg ist ein etwa sechs Kilometer langer Lehrpfad zwischen dem Bahnhof Tharandt und dem Sportplatz Spechtshausen, der an 13 Stationen astronomisches Wissen auf spielerische Art und im Einklang mit der Natur vermittelt. Unterwegs treffen Sie auf eine Blumen-Sonnenuhr und ein Sonnenkarussell. Die Wanderung lohnt sich auf jeden Fall, denn der erwanderte Zeitunterschied soll genau 15,1 Sekunden betragen. Wer noch mehr zum Thema Zeit wissen will, kann die Uhrentechnische Lehrschau im ehemaligen Gemeindeamt des Kurortes Hartha besichtigen. Bitte informieren Sie sich über die Öffnungszeiten im Internet unter www.kurort-hartha.de oder auf der Seite der Stadt Tharandt unter www.tharandt.de.

PETRA STEPS: DIE OPA-BANDE GREIFT EIN

Adina war nach dem fulminanten Projektstart in Chemnitz und im Osterzgebirge nach Berlin zurückgekehrt. Sie hatte viele Geschichten im Block und war erst einmal eine Weile mit der Aufarbeitung beschäftigt. Außerdem musste sie die Fotos sichten, um bei Bedarf noch einen professionellen Fotografen loszuschicken. Ihr Vertrag sah nicht vor, dass sie alle Fotos selbst schoss, ließ ihr jedoch freie Hand bei der Auswahl. Die vergangene Woche hatte die Reisejournalistin dann mit der Planung ihrer Reise in die Auersbergregion verbracht. Bei den Vorrecherchen waren ihr Themen wie traditionelles Handwerk, Bergbau, Wasser oder Fahrradfahren aufgefallen. Dabei hatte sie schon freundschaftliche Beziehungen zu Wurzelrudi aufgebaut, dem Maskottchen der Region, das vor allem die Kinder ins Herz geschlossen hatten. In Eibenstock schlug sie ihr Quartier in einer Pension mit Gastwirtschaft auf, nicht ganz so mondän wie in Chemnitz und nicht so komfortabel wie in einem normalen Hotel, aber im Grunde mit gleichem Prinzip. Sie konnte abends aus dem Haus gehen, um die Gegend und die Gastronomie zu erkunden, musste aber nicht. Am Sonntagnachmittag war sie angereist. Zwei Wochen wollte sie sich gestatten, um Gefühl für die Gegend zu bekommen und so viel wie möglich zu entdecken. Die Veranstaltungskalender der umliegenden Orte boten nicht die ganze große Weltkultur. Trotzdem hatte sie schon die eine oder andere Perle herausgefischt, für die sie in Berlin ein Vermögen hätte hinblättern oder Monate vorher Karten kaufen müssen.

Ihr erster Gang hatte Adina in das Tourist-Service-Center Eibenstock **41** geführt. Vor der Tür traf sie Wurzelrudi, der sie mit einem freundlichen Lächeln in seine Erlebniswelt **42** einlud. »Rudi, du wirst mein Begleiter«, sagte sie zu dem Waldmännchen mit spitzem Hütchen, Pausbacken, einem strubbeligen Bart und einem Röckchen, das einen Hauch von Herbstwald verströmte. Adina war gar nicht mehr so sicher, ob sie mit dem Handwerk den richtigen Schwerpunkt gewählt hatte. Ihre Phantasie begann ein Programm für die ganze Familie zu entwickeln, mit Spiel und Spaß ohne Grenzen.

Sie öffnete die Tür zur Tourist-Information. Ein älterer Herr begrüßte sie freundlich. »Könnte Wurzelrudis Onkel sein«, war ihr erster Gedanke. »Ich bin zum ersten Mal hier und möchte mich über Ihre Angebote informieren«, sagte sie zu dem Herrn und fügte an: »In ein paar Tagen so viel wie möglich kennenlernen ist meine Devise.« Gezielt fragte der Berater nach. »Interessieren Sie sich mehr für Kultur oder mehr für Natur? Wollen Sie eher aktiv oder passiv sein?« »Am liebsten möchte ich von allem etwas. Und gegen Wissenszuwachs habe ich nichts.« Der Mann kam hinter seinem Tresen hervor und ging zu einem Regal mit Prospekten. »Wenn Winter wäre, würde ich Ihnen die Skiarena Eibenstock oder das Kunsteisstadion Schönheide empfehlen. Aber bis dahin ist noch etwas Zeit. Wie wäre es mit den Badegärten Eibenstock?« **43** »Badegärten – Wasser wäre mir schon lieber«, sagte Adina. Der Herr lachte. »Sie müssen sich dort nicht im Gemüsebeet suhlen. Es gibt mehrere Schwimmbecken und eine üppige Saunalandschaft.« Adina prustete los. »Namen können so verwirrend sein.« Sie nahm den Flyer der Badegärten in die Hand, die sich bald mit weiteren Werbematerialien füllte. »Was halten Sie vom Wandern?« »Wenn es nicht in Kampfwandern ausartet … Ich komme aus Berlin, da gibt es keine Berge. Mir fehlt das Training«, verriet sie ihrem Gesprächspartner. »Der höchste Berg hier in der Region ist der Auersberg mit 1018 Metern **44**. Vom Aussichtsturm aus können Sie den Erzgebirgskamm überblicken und haben einen schönen Blick auf die Talsperre Eibenstock **45**. Wenn Sie es nicht ganz so hoch mögen, empfehle ich Ihnen die Wege um die Talsperren Eibenstock, Sosa und Carlsfeld. Badesachen können Sie zuhause lassen. Das sind alles Trinkwassertalsperren«, stellte er vorsorglich klar und schlug den Kauf einer Wanderkarte vor.

»Eibenstock heißt doch Berg- und Stickereistadt. Was haben Sie zu diesen Themen anzubieten?«, hakte Adina nach. »Die Eibenstocker haben mit ihrer Stickkunst einst den Weltmarkt beherrscht. Bei uns wurde sogar ein Konsulat der USA eröffnet. Die Geschichte der Stickerei erzählt Ihnen unser Stickereimuseum **46**. Berge finden Sie in jeder Himmelsrichtung. Das ›Bergstadt‹ steht aber mehr für den Bergbau, an den zum Beispiel unser Bergbau- und Seifenlehrpfad **47** erinnert«, erfuhr die Journalistin und sammelte weiter fleißig Flyer ein. »Und jetzt erzählen Sie mir noch, was es mit Wurzelrudi auf sich hat«, bat Adina ihren Berater. »Er ist das Maskottchen der Auersberg-Region, seit mehr als zehn Jahren. Damals wurde etwas gesucht, womit sich viele identifizieren können. Inzwischen ist er der Liebling der Kinder. Die fahren nicht nach Eibenstock, sondern zum Wurzelrudi. Sie finden die Figur an vielen Stellen«, klärte der freundliche Herr auf.

Am Montagnachmittag war Adina mit dem Lederhandschuhmacher Rico Wappler aus Hundshübel in dessen Werkstatt verabredet. Sie düste über Schönheide und Stützengrün in den kleinen Ort und streifte dabei die Grenze zum Vogtland. Am Ortseingang von Hundshübel wiesen mehrere Schilder auf interessante Unternehmen hin. Neben dem Handschuhmacher tauchten immer wieder Wegweiser zu einem Schnitzer auf. Adina nahm sich vor, ihn zu besuchen, wenn sie es irgendwie in ihren Zeitplan quetschen konnte. Sie musste ohnehin noch einmal in diese Richtung fahren, denn sie wollte die Gläserne Manufaktur und die Sammlung zur Geschichte der Rasur 48 besichtigen. Von Stützengrün her kommend war ihr das Schild mit der Mühle aufgefallen. Sie überlegte, woher sie es kannte, denn nach einer Mühle sah der Hallenbau an der Straße nicht aus. »Müller« las sie im Vorbeifahren, dann erinnerte sie sich. In den Hackeschen Höfen, einem Berliner Kult-Objekt für Kultur und niveauvolles Einkaufen, befand sich ein Mühle-Store. Sascha hatte dort seine Rasierpinsel gekauft, auf die er schwor, und das Zubehör gleich mit. Die Mühle hatte sie jeden Morgen im Bad beim Zähneputzen angeschaut, mehr oder weniger bewusst. »Ein echter Mann rasiert sich nass«, hörte sie Sascha noch sagen. Eine Assoziation mit dem Erzgebirge hatte sich damals bei ihr nicht eingestellt. Wie auch! Sie wusste zu dieser Zeit ja kaum, wo das Erzgebirge liegt.

Adina gab Gas, denn sie wollte nicht zu spät beim Handschuhhersteller aufschlagen. Sie fuhr nach den Schildern, die den Weg wiesen. Der Inhaber der Manufaktur empfing sie bereits an der Tür. »Wir können leider nicht in die Werkstatt, aber ich weiß ein schönes Fleckchen, an dem wir uns ungestört unterhalten können. Steigen Sie zu mir ins Auto. Ihrs können Sie hier stehenlassen«, sagte er nach der Begrüßung zu einer einigermaßen verblüfften Adina. Sie parkte ihr Auto nahe an der Eingangstür und nahm wahr, dass dort mehrere Fahrzeuge mit auswärtigen Kennzeichen abgestellt waren. Als sie das blau-silberne Polizeifahrzeug entdeckte, schwante ihr nichts Gutes.

Der Handschuhmacher fuhr mit ihr bergauf und hielt auf dem kleinen Parkplatz am Nadlerhaus **49**. Durch das Fenster warf sie einen Blick in die Heimatstube, in der es wie zu Zeiten ihrer Urgroßmutter aussah. Zumindest stellte sie sich das Leben damals so ähnlich vor. Von dem Tagelöhnerhaus aus liefen sie ein paar Schritte weiter in Richtung Bergkuppe. Als sie über den Berg waren, eröffnete sich Adina ein einzigartiger Panoramablick über das Erzgebirge bis zum Keilberg. Sogar die Windräder auf tschechischer Seite und der böhmische Nebel waren gut sichtbar. Vor ihnen lag ein Teil der Talsperre Eibenstock. Adina stieß ein lautes »Wow« aus. »Diese Aussicht zeige ich all meinen Gästen. Ich dachte mir, dass Ihnen das gefällt«, sagte der Handschuhmacher und lud sie an einen ganz besonderen Rastplatz mit einer hölzernen Sitzgruppe ein. »28 Personen finden hier Platz. Wenn sie zammrucken, wie man hier bei uns sagt, sogar noch ein paar mehr. Es ist selten so leer wie heute. Früher sind wir auf dem Hang gerodelt oder Ski gefahren. Da war der Lift noch in Betrieb. Die Puppe auf dem Schlitten erinnert an Erzgebirgswinter mit viel Schnee«, verriet ihr Begleiter und zeigte auf das Gerüst mit der witzigen Dekoration in luftiger Höhe. Dann erzählte er von dem Einbruch in seine Werkstatt. »Genau 99 Paar Handschuhe sind verschwunden, vor allem weiße und zweifarbige mit Weißanteil. Ich habe keine Ahnung, was die Diebe damit anfangen wollen.«»Haben Handschuhe eine Symbolik?«, fragte Adina? Gemeinsam überlegten sie, kamen aber nur auf Schillers Ballade vom Handschuh mit dem berühmten »Den Dank, Dame, begehr ich nicht« und das Sprichwort von den Samthandschuhen, mit denen man jemanden anfassen oder eben nicht anfassen sollte. Und auf Weiß als Unschuldsfarbe. »Wenn Sie wollen, können Sie den Hundshübler Rundweg 50 entlang wandern und anschließend noch einmal bei mir vorbeischauen. Vielleicht habe ich dann schon mehr Informationen. Ich muss jetzt zurück in die Werkstatt.« Adina nickte dem Handschuhmacher freundlich zu und blieb noch eine Weile sitzen. Der Ausblick hatte sie überwältigt. Dann lief sie talwärts an der Hütte des Skiclubs Hundshübel vorbei, bestaunte die zu einem Zaun verarbeiteten Skier und ging weiter auf dem Rundweg um den Ort. Es dauerte nicht lange und sie kam erneut an einen Rastplatz mit Bänken, einem Insektenhotel und mehreren Tafeln. Die attraktiv gestaltete Kneippanlage reizte sie. Adina zog ihre Schuhe und ihre Strümpfe aus. Der kurze Rock erleichterte vieles. »Bewährte Waffen verschrottet man nicht. Das hatte Brigitte Reimann über den Minirock geschrieben. ›Franziska Linkerhand‹ war früher ein Lieblingsbuch meiner Mutter«, fiel ihr ein. Sie watete ein paar Runden durch das kühle, klare Wasser. Anschließend ließ sie Füße und Beine in der Sonne trocknen, zog die Schuhe wieder an und setzte ihren Marsch in Richtung Wohnbebauung fort. Unterwegs traf sie auf eine ältere Dame, die den Weg in entgegengesetzter Richtung eingeschlagen hatte. Sie grüßte und kam mit der Frau ins Gespräch, die von den vielen Angeboten im

Ort schwärmte, von den Handwerkern, von der kleinen Kirche, von der Natur. »Sie können runter zur Talsperre gehen. Früher wurde die Staumauer nur an besonderen Tagen geöffnet, zum Beispiel beim Drei-Talsperren-Marathon. Jetzt kann man immer über die Staumauer laufen, man muss nicht mehr den Hang hochklettern«, lobte die Seniorin die neue Möglichkeit zur Rundwanderung. Der Stolz auf ihre Heimat, auf das schöne Fleckchen Erde, kam mit jedem Wort zum Ausdruck. »Waren Sie schon auf dem Auersberg? Auf dem Weg dorthin kommen Sie durch Wildenthal. Da ist eine wunderschöne Parkanlage **51** mit dem Modell eines Hammerwerks und mit einer Weihnachtspyramide, die das ganze Jahr über steht. Den Wurzelrudi sehen Sie schon von Weitem. Und die Grenzlandschule vom Saafnlob«, schwadronierte die Erzgebirgerin weiter. »Saafnlob? Wer ist das denn?«, unterbrach Adina den Redeschwall. »Der hieß eigentlich Stephan Dietrich, war Lehrer, Heimatdichter und Mundartsprecher. Sein ›Lustiges Buch der Erzgebirger‹ wurde nach der Wende neu aufgelegt. Bei uns hat das fast jeder im Regal. Die Kommunisten hatten ihn nach Mühlberg geschafft und dort im Lager inhaftiert. Später durfte er wieder in einer Schule arbeiten. In seinem Geburtsort Eibenstock steht ein Gedenkstein. Und die Grenzlandschule in Wildenthal ist heute Dorfgemeinschaftshaus«, erfuhr Adina. »Das verstehe ich trotzdem noch nicht ganz: Stephan Dietrich und Saafnlob.« Adina wollte es genau wissen. »Den Namen hatte er von seinem Ururgroßvater. Der war Zinnseifner. Wissen Sie, was das ist?« Adina schüttelte den Kopf. So weit war sie noch nicht in die Geheimnisse des Bergbaus und der Gewinnung von Mineralien vorgedrungen. Diesen Part hatte sie sich für die Gegend um Annaberg aufgespart. »Die haben das Zinn aus den Bächen herausgewaschen, mit ihren Seifengabeln im Wasser stehend. Schauen Sie sich mal die erzgebirgischen Holzfiguren an. Die Zinnseifner tragen hohe Stiefel, die bis über die Knie reichen, und ein Kapuzengewand. Gar nicht mehr vorstellbar heute, dass es so etwas gab.« »Daher kommen wohl die erzgebirgischen Ortsnamen wie ›Seiffen‹?«, wollte Adina wissen. »Ja, auch in Eibenstock steckt ein Stück dieser Geschichte. Die Gabel hieß Seifenstock. Auf dem Stadtwappen sehen Sie eine.« »Das ist ja interessant«, stellte Adina fest. »Wenn Sie in Eibenstock wohnen, können Sie noch den Wasserfall in Blauenthal besichtigen. Das ist der höchstgelegene Wasserfall Sachsens. So etwas wie hier finden Sie in Berlin nicht«, machte die Einheimische Adina klar, nachdem sie erfahren hatte, woher die junge Frau kam. Adina bedankte sich artig für die vielen Tipps. »Sie wissen ja unheimlich viel, aber leider muss ich weiter. Ich will zum Lederhandschuhmacher«, verriet sie. »Ach, bei dem ist doch eingebrochen worden. Haben Sie davon gehört? Die ganze Produktion weg! Gehen Sie auf dem Weg weiter nach oben, dann sehen Sie ein Schild. Es ist nicht sehr weit. Wir haben übrigens auch noch Hausschuhmacher«, teilte die Frau mit. Adina folgte dem Schild und kam bald wieder bei ihrem Auto an. Die Situation in der Werkstatt war unverändert. Die Spurensicherung hatte noch zu tun. Deshalb verabschiedete sich Adina und vereinbarte mit Rico Wappler, wegen eines neuen Termins zu telefonieren. »Aber bitte spätestens in der kommenden Woche«, bat sie. »Sonst bin ich wieder weg.«

Am Abend sortierte sie die Flyer und Prospekte, die

sie in der Tourist-Information mitgenommen hatte, glich sie mit ihren Vorrecherchen ab und legte sinnvolle Routen fest. Bei ihren Touren hatte sie den Auersberg, der unverwechselbar mit seiner klobigen Radarstation grüßte, aus verschiedenen Blickwinkeln gesehen und Lust auf eine Turmbesteigung bekommen. Dieser Ausflug stand ganz oben auf der Prioritätenliste. Von Eibenstock fuhr sie durch das Tal der Großen Bockau nach Wildenthal und überquerte das Gebirgsflüsschen. Wurzelrudi hatte sie auf den Platz aufmerksam gemacht. Sein Ebenbild stand neben der Nachbildung eines Hammerwerks. Erst als sie ein Stück gelaufen war, erinnerte sie sich an die Frau aus Hundshübel, die ihr genau diesen Ort empfohlen hatte. Die parkähnliche Anlage mit großem Spielplatz gefiel ihr. Der Gaststättenname »Schmugglerstub« deutete darauf hin, dass sie sich im grenznahen Raum befand. Von der gegenüberliegenden Seite der Alten Poststraße aus hätte sie den Auersberg über den Schlangenweg erklimmen können, doch das erschien ihr mehr etwas für geübte Wanderer zu sein. Sie fuhr weiter über den kleinen Ort Sauschwemme bis zum Parkplatz unterhalb der Bergkuppe und nahm die letzten Höhenmeter unter die Füße. Dadurch hatte sie zumindest annähernd das Gefühl, Sachsens dritthöchsten Gipfel bestiegen zu haben. Adina löste die Karte für den Turm und begab sich nach oben. Am Blick über die Talsperren Sosa und Eibenstock sowie den umgebenden Wald konnte sie sich kaum sattsehen. Unten angekommen schlenderte sie noch durch den Bergwaldgarten und leistete sich eine Latte Macchiato im Berggasthof. Dann nahm sie auf einer der Bänke mit Talsperrenblick Platz und genoss das Panorama. Nach weiteren Ausflugsorgien und einem Wellnesstag in den Badegärten zog es Adina nach Hundshübel zurück.

Sie wollte das schöne Wetter ausnutzen und die Aussicht von Hundshübel aus genießen, die ihr am ersten Tag so viel Freude bereitet hatte. Als sie den Weg über die Viechzig zur XXL-Sitzgruppe mit Blick auf die Talsperre und den Erzgebirgskamm entlangschlenderte, kam ihr ein Mann entgegen und grüßte sie so, wie sich Wanderer auf der Strecke grüßen. Allerdings trug er statt Rucksack und Outdoorschuhen ein Nadelstreifenjackett und eine Lederaktentasche, was ihn als Wanderer disqualifizierte. Und er hatte eine Zigarre im Mundwinkel. »Da fehlt nur die Melone, dann wäre Egon Olsen perfekt«, war Adinas erster Gedanke. Sie war ein paar Meter weitergegangen, da tauchte ein zweiter Mann auf, der mit seinem karierten Jackett noch weniger in die Landschaft zu passen schien als das Schlittenfahrermodel auf dem Schlitten am ehemaligen Lift. Kurz vor der Öffnung des Ausblicks ins Tals spazierte noch ein ziemlich kleiner, pummliger Mann pfeifend in Richtung Ort. Adina erfasste ein mulmiges Gefühl. »Sieht echt nach Olsenbande aus. Hoffentlich haben die nicht irgendwo einen Koffer mit Sprengstoff stehenlassen«, dachte sie und ging zu der langen Bank, um sich niederzulassen und den Erzgebirgsblick in sich aufzusaugen. Unter dem Tisch lagen ein paar Zettel, die Adina aufhob und interessiert anschaute. Über mehrere Seiten war eine Tabelle ausgedruckt. Sie enthielt genau 99 abgekürzte Namen und dazu weitere Angaben. Fettgedruckt standen Summen, bei jedem Namen eine andere. Adina begann zu lesen:

Ralf R.	7.300 Euro
Thomas B.	10.500 Euro
Bernd S.	8.200 Euro
Matthias H.	10.700 Euro
Uwe E.	6.900 Euro
Michael T.	7.900 Euro
Holger O.	8.600 Euro
Karl-Heinz M.	12.800 Euro
Volker S.	9.300 Euro
...	

Die nächste Spalte füllten hieroglyphenartige Zeichen.
»Mit einem Computer kann man das sicher schnell über-
setzen. Das sieht nach Kontonummern aus«, dachte sich
Adina, nachdem sie die Stellen gezählt und die Anzahl
mit ihrer Kontonummer auf der EC-Karte verglichen
hatte. Einige Zeilen waren durchgestrichen. »99 Namen,
99 Paar Handschuhe, wenn das mal nicht zusammen-
hängt«, schoss es Adina durch den Kopf. Sie rief den
Lederhandschuhmacher an. »Hallo Herr Wappler, hier
spricht Adina Pfefferkorn. Können Sie zur Sitzgruppe
an der Viechzig kommen? Ich glaube, ich habe etwas
für Sie. Bringen Sie am besten Handschuhe mit, damit
wir keine Spuren verwischen. Ich rufe inzwischen die
Polizei«, sagte Adina zu dem einigermaßen überrasch-
ten Handwerksmeister. Über die Leitstelle wurde sie
mit dem Ermittler verbunden, der mit dem Handschuh-
diebstahl betraut war.

Zuerst traf der Handschuhmacher ein, dann kamen
zwei Beamte in Zivil, die es nicht gerade eilig zu haben
schienen. Sie stellten sich als Kommissar Reißner und
Polizeimeister Bochmann vor. Adina teilte ihnen ihre

Beobachtungen mit und zeigte auf die Liste. Während der eine Kommissar die Buchstaben und Zahlen interessiert betrachtete, klärte der Polizeimeister den Handschuhmacher auf. »Drei Paar haben wir schon gefunden. Wissen Sie wo? Bei den gesprengten Geldautomaten in Sosa und Schönheide. Und nach dem Überfall auf die Bank in Johanngeorgenstadt. Die Verpackungen trugen Aufkleber: ›Samthandschuhe – nicht mit uns.‹ Fällt Ihnen dazu vielleicht etwas ein?« »Natürlich nicht. Ich arbeite ausschließlich mit Leder«, antwortete Rico Wappler. »Für Samt gibt es wahrscheinlich keinen Produzenten hier in der Nähe, das ist mehr etwas für China«, sprach Bochmann seine Vermutung aus. Während sie noch debattierten, kam ein Mann in Richtung der Sitzgruppe gelaufen. Adina erschrak kurz, dann gab sie den Beamten zu verstehen, dass genau dieser Typ vor nicht allzu langer Zeit ihren Weg gekreuzt hatte. Der Kommissar beobachtete den Ankömmling aus den Augenwinkeln heraus und raunte seinem Kollegen ein leises »warte noch« zu. Zwischenzeitlich war der Mann nähergekommen. Er trat an die Sitzgruppe heran und wollte die Blätter vom Tisch nehmen. »Ich habe hier etwas vergessen«, sagte er. »Wir hätten auch beinahe etwas vergessen, aber zum Glück haben wir ein paar Handschellen dabei. Umdrehen«, befahlen sie dem Ankömmling, der nicht wusste, wie ihm geschah. »Scheiße«, rief er in dem Moment, in dem er die Situation erfasste. Nachdem die Beamten ihn durchsucht und seinen Ausweis aus der Jacke gezogen hatten, ließen sie ihn auf der Bank Platz nehmen. Adina und der Handschuhmacher waren ein Stück nach hinten gerückt. »Du guck mal, der sieht nicht nur aus wie Egon, der heißt tatsächlich so«, teilte der Polizeimeister seinem Kollegen mit. »Und jetzt mal los. Was soll die Scheiße mit den Handschuhen und den Sprengungen?«, forderte der Kommissar. Es dauerte nicht lange, und Egon erklärte das System auf den Zetteln. »Wir sind nicht die Verbrecher, sondern die Betrogenen. Die Betrüger sitzen an anderer Stelle, einige von ihnen immer noch. 2003 hat der Bundestag ein Gesetz verabschiedet, das Leute mit Betriebsrenten um ihr sauer verdientes Geld bringt. Kein Mensch hat uns damals gesagt, dass wir bei der Auszahlung Kranken- und Pflegeversicherungsbeiträge zahlen müssen, als wir in diese Altersversorgung gelockt wurden. Aus der betrieblichen Altersversorgung wurde eine betrübliche. Die Rentner, allesamt fleißige und sparsame Menschen, wurden geschröpft, um knapp ein Fünftel ihres versprochenen Geldes, genaugenommen um 17,55 Prozent«, schimpfte er und fuhr fort: »Zuerst dachten wir, dass uns das neue Gesetz nicht betrifft. Man kann doch die Spielregeln nicht mitten im Spiel ändern. Aber die Kassen machen vor Altverträgen nicht halt. Die Betriebsrente, so wie sie die Leute auf der Liste abgeschlossen haben, ist ein Sparmodell für Arbeitgeber und ein großer Reibach für Direktversicherer und den Staat. Ich kann Ihnen da etliche Beispiele vorrechnen«, schimpfte er. Der Kommissar überlegte laut. »Die Zahlen sind also die Summen, …« »… um die jeder einzelne von uns geprellt wurde«, vollendete Egon den Satz des Beamten. »99 Leute. Die sind doch bestimmt nicht alle aus dem Erzgebirge?« »Oh doch, aber wir haben Interessenten aus ganz Deutschland über das Internet gefunden. Eine Seite haben wir schon abgearbeitet, im Thüringer Wald. Jeder erhält nur die Summe, die seinem Verlust entspricht. Wir holen uns das Geld von denjenigen, denen es der Staat bei der Bankenkrise in den Rachen gestopft hat. Die Anzahl der Betrogenen wächst fast täglich. Wir haben eine Plattform, auf der sich jeder melden kann. Wer vertrauenswürdig ist, wird in unsere Liste aufgenommen.« »Wenn Sie ›wir‹ sagen, meinen Sie die beiden anderen Typen, die ich vorhin gesehen habe, ja?«, fragte Adina nach. Egon nickte. »Eine Opa-Bande, und Egon ist der Anführer. Das glaubt mir kein Mensch!« Adina lachte laut auf. »Eins ist mir aber immer noch schleierhaft. Warum die Handschuhe?«, wollte der Produzent der edlen Teile wissen. »Wir wollten ein geheimnisvolles Zeichen setzen. Die Handschuhe passen irgendwie zur Region. In Thüringen haben wir bei den Überfällen die Plüschfigur ›Klaus der Kloß‹ hinterlassen, wegen der Thüringer Klöße. Wir haben nur 99 Paar mitgenommen, so viele, wie wir Erzgebirger auf der Liste haben.« Das klang fast schon entschuldigend. »Organisierte Kriminalität, Einbruch, Diebstahl, Sachbeschädigung, das gibt ein paar Jährchen, Opa«, kündigte der Polizeimeister an. Adina tat Egon fast schon leid. »Warum haben Sie nicht gegen die Ungerechtigkeit geklagt?«, wollte sie noch wissen. »Recht haben und Recht bekommen sind in Deutschland zwei ganz verschiedene Dinge. Das werden Sie noch lernen, liebes Frolein«, prophezeite ihr der Rentner.

Adina hatte gar nicht bemerkt, dass die Beamten zwischenzeitlich Verstärkung gerufen hatten. »Und nun werden wir Ihren beiden Freunden einen Besuch abstatten. Namen, Adressen!«, forderte Kommissar Reißner Egon auf, bevor er ihn von seinen Kollegen abführen ließ.

Am Abend fuhr Adina auf der Suche nach einem Restaurant von Eibenstock aus einfach ins Blaue und landete im Rechenhaus 52 direkt am Floßgraben der Zwickauer Mulde. Dort entdeckte sie Flyer, die auf das Laborantendorf Bockau mit eigenem Laborantengarten 53 hinwiesen. Den Besuch vertagte sie jedoch erst einmal.

Auf Mias Frage nach ihrem Befinden verfasste Adina eine Mail.

Liebe Mia, diesmal habe ich der Polizei geholfen, eine Opa-Bande zu schnappen. Eigentlich tat mir der Anführer, der aussah wie Egon Olsen und auch noch Egon hieß, sogar ein bisschen leid. Die Senioren spielten so eine Art Rächer der Betrogenen. Sie wollten Verluste ausgleichen, die Leute aufgrund einer Gesetzesänderung bei ihren Betriebsrenten hatten. Die Krankenkassen durften dabei sogar auf Altverträge zugreifen. Von der Rendite bleibt den meisten nicht viel. Das muss man sich mal vorstellen. Es geht aber auch nicht, dass dafür Geldautomaten gesprengt werden. Die Gegend ist der Hammer! Mein neues Leben gefällt mir zunehmend besser. Nur wenn ich abends allein bin, scheint die Dunkelheit über dem Erzgebirge auf mein Gemüt herunterzufallen. Vorhin beim Abendbrot habe ich Flyer vom Laborantendorf Bockau gleich hier in der Nähe gefunden. Das klingt geheimnisvoll, aber morgen fahre ich erst einmal zurück nach Berlin. Meine Mutter ist sonst sauer, denn ihr Geburtstag ist ihr heilig. Deine Adina

In ihren Blog schrieb sie:

Ihr Lieben, im Erzgebirge leben sie nach Sprichwörtern. Diesmal passen zum Beispiel »Je oller, je doller« oder »Alter schützt vor Torheit nicht.« Was es damit auf sich hat, könnt Ihr in meiner Story über einen Lederhandschuhmacher und einen Olsenbanden-Verschnitt lesen.

Und dann gibt es noch die Geschichte von einem Mann mit einem komischen Namen. Oder habt Ihr schon einmal was vom »Saafnlob« gehört? (Erzgebirger sind bei dieser Frage natürlich ausgeschlossen.) Außerdem habe ich einen neuen Freund. Der sieht ganz drollig aus. Wenn Ihr herkommt, könnt Ihr auf seinen Spuren wandeln. Ihr seht schon: Ich bin voll am Arbeiten. Eure Adina

41 Tourist-Service-Center Eibenstock

Wer neu in der Auersbergregion und in der Gegend an der Grenze zum Vogtland ist, sollte unbedingt als erstes das Tourist-Service-Center Eibenstock aufsuchen, und das nicht nur, weil ein freundlicher Wurzelrudi vor der Tür die Gäste anlächelt. Schon auf dem Platz befinden sich mehrere Hinweistafeln, die eine gute Grundlage für Ausflüge und Wanderungen sind. Die Mitarbeiter in der Tourist-Information halten ein breites Angebot an kostenlosen und zum Teil kostenpflichtigen Materialien für viele Interessensgebiete bereit. Ich habe auf alle Fragen eine kompetente Antwort bekommen. Und ich habe immer viele Fragen. Übrigens: Gut für Wiederholungstäter geeignet!

42 Wurzelrudis Erlebniswelt/Kinderwelt

Zu »Wurzelrudis Erlebniswelt« gehören die Skiarena Eibenstock mit 400-Meter-Doppelschlepplift, Skischulgarten mit Übungsliften und Zauberteppich, Rodelberg, Skiverleih, die 1000 Meter lange Allwetterbobbahn und viele kleinere Attraktionen wie Irrgarten, Abenteuerspielplatz oder Tubingbahn, die sich insbesondere an Familien wenden. Die Angebote werden mit dem Wurzelrudi-Maskottchen beworben.

43 Badegärten Eibenstock

Die Badegärten Eibenstock bieten neben den Schwimmbecken eine große Zahl an Saunen aus aller Welt und die entsprechenden Rituale dazu. Erleben können Sie beispielsweise einen japanischen Saunagarten, die russische Banja, ein indianisches Steinschwitzbad oder ein karelisches Vastaritual mit Birkenzweigmassage. Übernachten ist im angrenzenden Hotel und neuerdings auch in rustikalen Schäferwagen möglich. Außerdem werden Events mit Lasershow und andere Veranstaltungen angeboten.

44 Auersberg mit Aussichtsturm
Der Auersberg ist mit 1018 Metern Sachsens dritthöchster Gipfel. Die Auersbergregion eignet sich gut für Wanderfreunde, die den Gipfel von mehreren Seiten erklimmen und dabei die Naturschönheiten genießen können. Autofahrer haben nur die Südzufahrt, die an einem Parkplatz unterhalb des Gipfels endet. Von Weitem gut sichtbar ist nicht der Aussichtsturm auf dem Berg, sondern die Radarstation unterhalb des Gipfels. Sie wurde 1983 vom damaligen DDR-Ministerium für Staatssicherheit eröffnet. Offiziell nutzt die Deutsche Flugsicherung das Gebäude als sogenannten SREM-Standort, von denen es sechs in Deutschland gibt.

45 Talsperre Eibenstock
Die Talsperre Eibenstock, eine Trinkwassertalsperre mit 84 Millionen Kubikmetern Stauraum, ist die größte ihrer Art in Sachsen. Sie wird auch Erzgebirgsmeer genannt. Gebaut zwischen 1974 und 1987 nimmt sie das Wasser der Zwickauer Mulde auf und versorgt Menschen im Gebiet zwischen Zwickau und Chemnitz mit Trinkwasser. Seit 2014 ist die Mauerkrone der Staumauer für Fußgänger begehbar. Fahr-

räder müssen über die 307 Meter geschoben werden. Damit wurde eine Lücke im Rundwanderweg um das Wasserreservoir geschlossen. Von mehreren Höhen in der Umgebung aus eröffnen sich wunderbare Ausblicke auf die Wasserfläche.

46 Stickereimuseum
Das Stickereimuseum Eibenstock zeigt Exponate der Stickereiindustrie des Ortes. Besucher erleben eine Zeitreise in die Vergangenheit und werden mit der Produktion von Stickereien vom Entwurf bis zum fertigen Produkt vertraut gemacht. Die Stickerei hat Eibenstock zu Weltruhm verholfen, sodass die USA sogar ein Konsulat in dem Erzgebirgsort eröffneten. Außerdem werden Zeugnisse der Bergbaugeschichte, Exponate zur Besiedlung des Erzgebirges sowie eine Sammlung mit Figuren erzgebirgischer Volkskunst präsentiert.

47 Bergbau- und Seifenlehrpfad
Der Bergbau- und Seifenlehrpfad im Wandergebiet Gerstenberg führt über 2,5 Kilometer durch historisches Bergbaugebiet nahe der Talsperre Eibenstock. Unterwegs finden Sie Zeugnisse des Bergbaus wie Stollen, Bingen, ein Lichtloch, Wassergraben oder nachgestaltete Seifenanlagen, die auf Informationstafeln erläutert werden.

48 Gläserne Manufaktur und Sammlung zur Geschichte der Rasur
Der Standort für die Gläserne Manufaktur und eine Art Rasurmuseum der Firma Mühle befindet sich im

Stützengrüner Ortsteil Hundshübel. Die 2000 Ausstellungsstücke sind in einem Frisörsalon der 1930er Jahre untergebracht. Sie bezeugen 200 Jahre Rasurkultur in Gebrauchsgegenständen und Luxus-Accessoires. Führungen durch die Manufaktur und die Sammlung sind wochentags nach Voranmeldung möglich. www.muehle-shaving.com

49 Nadlerhaus
Das um 1750 errichtet Nadlerhaus Hundshübel ist ein ehemaliges erzgebirgisches Tagelöhnerhaus mit komplett eingerichteter Heimatstube und einem Raum zum Feiern. Es wird ehrenamtlich betreut. Aus der Bauzeit stammen zum Beispiel die hölzernen Dachrinnen.

50 Rundweg Hundshübel
Der Rundweg Hundshübel (ca. 4,6 Kilometer) beginnt und endet am Ende der Straße mit dem merkwürdigen Namen »Viechzig«. Der Name soll so viel wie »Das Vieh zieht auf die Weide« bedeuten, denn über den Weg wurden früher die Tiere aus dem Dorf auf die Weide getrieben. Parken Sie am besten am Nadlerhaus (Nr. 49). Nach nur wenigen Metern bergauf eröffnet sich Ihnen einer der schönsten Blicke auf die Talsperre Eibenstock und den Erzgebirgskamm. Bei guter Sicht ist der Keilberg (Klínovec) als höchster Berg des Erzgebirges (1244 Meter) zu sehen. Rechts befindet sich der Auersberg. Die etwa eineinhalbstündige Tour (bei langsamer Wanderung mit Aufenthalten etwas länger) führt vorbei am früheren Skilift und der Hütte des Skiclubs Hundshü-

bel und dann weiter über eine neu angelegte Allee zur Kneippanlage (Handtuch mitnehmen). Von dort geht es vorbei an einer Streuobstwiese mit wunderbarem Blick ins Tal und zum Kamm, und dann zurück in den Ort und zur Viechzig. Der Weg ist auch für Radfahrer geeignet.

51 Parkanlage Wildenthal und Saafnlob-Haus
Wildenthal am Fuße des Auersbergs nennt sich Hammerwerksgemeinde. Daran erinnert eine Parkanlage an der Großen Bockau, in der das funktionierende Modell des früheren Hammerwerks steht. Auf dem Areal befinden sich außerdem ein großer Spielplatz und die ganzjährig ausgestellte Ortpyramide. In Sichtweite liegt die vom Lehrer, Heimatdichter und Mundartsprecher Stephan Dietrich (Saafnlob) gegründete Grenzlandschule, die heute Bürgerhaus ist.

52 Rechenhaus
Der Gasthof Rechenhaus im Zschorlauer Ortsteil Albernau befindet sich am Anfang des im 16. Jahrhundert gebauten Floßgrabens der Zwickauer Mulde zwischen Bockau und Schlema. Derartige Floßgraben wurden zum Transport des Holzes benötigt, das massenweise in den Gruben verbaut wurde. Der Name des historischen Gasthofs geht auf den Rechen, also das Wehr zurück. Im Haus wohnte einst der Floß- und Rechenmeister. 1997 wurde das denkmalgeschützte Haus wieder aufgebaut. Es soll eines der ältesten Gasthäuser Sachsens sein, denn schon der Rechenmeister hatte eine Ausschankgenehmigung.

Im Sommer kann man gut im Biergarten sitzen und bei Ausflügen, Wanderungen oder Radtouren rasten.

53 Laborantendorf Bockau mit Laborantengarten
Im Laborantendorf Bockau dreht sich alles um Wurzeln, Kräuter und Liköre, obwohl heute viele der Schnapshersteller längst nicht mehr am Markt sind. Im Laborantengarten wird ein Teil der Kräuter angebaut, die der Gründer des Erzgebirgsvereins, Dr. Johann August Ernst Köhler, in seinem Buch »Zur Geschichte des ehemaligen Arznei-Laborantenwesens im westlichen Erzgebirge« 1896 aufgeführt hat. Der Laborantenlehrpfad fasst 21 Stationen früherer und teilweise noch produzierender Likörfabriken zusammen, denn die Kräuter wurden am liebsten als Likör genossen.

ROLAND SPRANGER: RESTMÜLL

Wehmut schlich sich bei Adina ein, als auf einem Wegweiser das erste Mal der Name *Schneeberg* auftauchte.

Sie war mit Julian hier gewesen, um den bekannten Schneeberger Weihnachtsmarkt **54** zu besuchen.

Von abertausenden Lichtern erfüllte Erinnerungen. Mit Julian Arm in Arm von einer Weihnachtsbude zur nächsten. Schnee knarzt unter den Stiefeln. Den Kopf in den Nacken legen. Einen ähnlich riesigen Christbaum hatte Adina bisher nur in Hollywood-Filmen gesehen. Gebrannte Mandeln. Glühwein trinken und der Weihnachtspyramide zusehen und lachen und sich küssen.

Das war, bevor Julian seine Arschlochseite aufscheinen ließ. Adina war froh, dass sie einfach an Schneeberg und ihren Erinnerungen vorbeifahren konnte. Sie hatte einen Termin.

Kurz vor Zwölf betrat sie das Museum Uranbergbau **55** in Bad Schlema. An der Kasse saß ein älterer Herr mit Brille und zurückgekämmten, grauen Haaren.

»Hallo, sind Sie Herr Winkler?«

»Ja.«

»Wir sind verabredet. Adina Pfefferkorn.«

»Meine Schicht ist erst in ein paar Minuten zu Ende. Schauen Sie sich doch einfach noch ein wenig um.« Adina schlenderte durch das Museum. Vor einem handbemalten hölzernen Hinweisschild blieb sie stehen.

Klopfzeichen bei Verschüttung!

2x Klopfen: Es mangelt an Luft.

3x Klopfen: Mein Befinden ist schlecht.

Adina knabberte auf der Lippe. Ja, was? 2x oder 3x klopfen?

Nachdem Herr Winkler mit seiner Schicht fertig war, gingen sie in den Außenbereich und lehnten sich an die Räder eines Baggers.

»Haben Sie etwas dagegen, wenn ich unser Gespräch aufzeichne?«

»Überhaupt nicht.«

Bereitwillig erzählte Herr Winkler von seiner mittlerweile jahrzehntelangen Suche nach dem Bernsteinzimmer. Adina kannte die historischen Fakten: Während des Kriegs wurde das Bernsteinzimmer von deutschen Truppen aus dem Katharinenpalast nahe St. Petersburg geraubt und nach Königsberg gebracht. Dort verlor sich die Spur bis zum heutigen Tag.

»Geheimnisumwitterte Transporte von Königsberg nach Sachsen sind belegt«, sagte Herr Winkler. »Große Kisten wurden im Auftrag von SS-Führern ins Erzgebirge gebracht. Nachdem sie versteckt wurden, gab es Erschießungen, um Zeugen zu beseitigen.« Adina hakte nach.

»Sie hatten die Theorie, dass das Bernsteinzimmer unter einem riesigen Hochwasserbehälter nahe des Schachts 371 `56` versteckt ist. Derzeit wird das Bergwerk stillgelegt. Bei dem Abriss des Hochwasserbehälters fand sich kein Schatz.«

»Es gibt viele mögliche Verstecke im Poppenwald `57`. Überhaupt im Erzgebirge.«

»Kennen Sie Indiana Jones?«

»Natürlich. Ich sammle DVDs. Mittlerweile habe ich 9.000 Stück.«

»9.000 Stück?«

»Es sind sogar ein paar mehr. Und ich weiß, worauf Sie mit ihrer Frage hinauswollen. Natürlich muss man vorsichtig sein. Es könnte gefährlich sein. Vielleicht haben die Nazis alles penibel mit Sprengfallen gesichert. Wir werden auf Minen und Drähte achten müssen. Und auf Glasröhrchen oder Ampullen mit Giftgas.«

Adina fuhr sich durch ihre dunklen Locken und lächelte Herrn Winkler übercharmant an.

»Darf ich ein Foto von Ihnen machen?«

Herr Winkler nickte.

Adina wusste: Das wird eine geile Story.

Nach oben blicken in blaues Licht. Wassertropfen auf Plexiglas. Als würde man im Wasser schweben, während man auf dem Boden steht.

Adina trat aus dem Bretterverschlag. »Licht im Dunkel« hieß das Kunstwerk, das während des 3. Kunstparcours im Kurpark Bad Schlema 58 aufgestellt wurde. Schöner Name.

Adina wanderte den Hügel nach unten. Nahe des künstlich angelegten Teichs setzte sie sich auf eine Bank. Um natürlich zu sein, war der Teich irgendwie zu japanisch. Er fügte sich zu schön in die Landschaft. Natürlich war der ganze Kurpark künstlich. Entstanden auf dem Müll des Uranerzbergbaus. Vielleicht saß sie deshalb so gerne hier: Weil man aus der größten Scheiße noch was Schönes machen kann. Wind fuhr durch das Schilf am Ufer des Teichs. Das Geräusch war versöhnlich.

Adina legte den Kopf in den Nacken, und ließ sich ein paar Minuten die Oktobersonne auf ihre Nase scheinen. Als sich Adina wieder aufrichtete, bemerkte sie eine alte Frau, die reglos vor einem Stein mit einer Messingtafel stand. Dann ging sie zum nächsten Stein. Und stand wieder davor. Irgendwie andächtig. Adina griff ihren Rucksack und stand auf. Ihr Jagdinstinkt als Journalistin war geweckt. Am nächsten Stein stellte sich Adina neben sie. Die Frau schaute kurz auf. Traurige Augen, dachte Adina.

Die Frau ging weiter und Adina folgte ihr. Gleichmäßige Schritte nebeneinander. Bis die alte Dame vor einem neuen Stein stehen blieb.

Adina las die Inschrift auf der Messingtafel:

Wismut GmbH

Schacht 7b

Teufe: 278,00 m

Querschnitt: 12,20 m²

Geteuft: 1949

Verwahrt: 1999

Nach einer Weile sagte die alte Frau:

»Mein Hartmut war da unten im Schacht.«

»Ganz schön tief. Hatten Sie keine Angst?«

»Jeden Tag.«

»Lebt Ihr Mann noch?«

»Nein. Der ist schon lange tot.«

Adina lagen ein paar Fragen auf der Zunge. *Wie hält man das aus?*, beispielsweise, aber sie spürte, dass es besser war, nichts zu sagen. Manchmal muss man in dem Job auch einfach mal die Klappe halten.

Die alte Frau ging weiter. Adina folgte ihr, bis sie vor einem Kunstwerk stehen blieb.

»Sieht aus wie ein großes Ei«, sagte die alte Frau. »Für mich ist das keine Kunst.«

Adina schüttelte den Kopf.

»So ein Ei muss man aus Holz erst mal zusammenfügen.«

Die alte Frau nickte.

»Stimmt schon. Da steckt viel Arbeit drin.«

Lächelnd streckte Adina ihre Hand nach vorn.

»Pfefferkorn. Adina Pfefferkorn.«

Vorsichtig nahm die alte Frau die Hand.

»Monika Riedel.«

Noch während des Händeschüttelns fragte Adina: »Ich bin Journalistin und schreibe über die touristischen Vorzüge des Erzgebirges – und über interessante Menschen. Wären Sie mit einem Interview einverstanden?«

»Ach je. Ein Interview? Mit mir? Ich bin doch kein interessanter Mensch. Was wollen Sie denn fragen?«

»Wie man es aushält, wenn der Mann jeden Tag von der Erde verschluckt wird.«

Monika Riedel nickte.

»Kommen Sie zu mir nach Hause. Ich mache einen Kaffee.«

Grau brauner, eigentlich farbloser Putz. Seit der Wende war das Haus sicher nicht gestrichen worden. Frau Riedel zitterte. Sie hatte Mühe, den Schlüssel in das Schloss der Haustür einzuführen. Adina war sich nicht sicher, ob Monika Riedel einfach wegen des Interviews aufgeregt war, oder ob das Zittern auf eine Parkinson-Erkrankung in einem frühen Stadium hindeutete.

Endlich gelang es Frau Riedel die Tür zu öffnen. Dahinter ein dunkler Flur.

»Machen Sie es sich doch schon mal im Wohnzimmer gemütlich, Frau Pfefferkorn. Ich brühe uns inzwischen einen Kaffee auf.«

Als Adina das Wohnzimmer betrat, blieb sie erstaunt stehen.

Eine Zeitreise, dachte sie.

Ein Wohnzimmer, als wäre die DDR wieder auferstanden. Eine in Brauntönen gehaltene Tapete, mit von Ornamenten umrankten Blumen. Das Muster der Sitzecke mit einer Couch und zwei Sesseln sollte zu der Tapete passen, aber es war einfach zu viel Muster, zu viel Ausstattung. Das ganze Wohnzimmer war überfrachtet. Adina setzte sich vorsichtig auf die Couch. Unbequem. Gegenüber stand eine Schrankwand mit Seitenteilen in weißem Schleiflack und einer extrem hässlichen braunen Holzdekorfolie an den Frontteilen.

Der Flachbildschirm in einer Ecke des Zimmers wollte nicht zum Rest passen.

Geräusche aus der Küche. Frau Riedel kochte Wasser. Adina sah sich weiter um. Neben der Couch stand eine Reisetasche. Soll ich oder soll ich nicht?, dachte Adina. Man hat ja ein Berufsethos. Andererseits: Wenn es der Wahrheitsfindung dient.

Sie öffnete den Reißverschluss der Reisetasche. Elektrobauteile, Kupferdraht und mehrere sorgsam in Plastiktüten verpackte Päckchen. Adina holte ihr Smartphone aus der Tasche und machte mehrere Fotos vom Inhalt der Tasche, bevor sie sie wieder verschloss.

Frau Riedel kam mit einem großen Tablett herein und stellte es auf den Couchtisch. Dann schenkte sie Kaffee in zwei Tassen. Wie immer trank Adina ihren schwarz.

»Frau Riedel, wie fühlten Sie sich, wenn Ihr Mann untertage war?«

»Ich hatte jeden Tag Angst, dass er verschüttet wird, aber so ging es allen Bergarbeiterfrauen. Von den anderen Gefahren wussten wir ja nichts. Uran. Strahlenbelastung. Da hatten wir ja keine Ahnung davon. Die Leute haben

ja Pilze auf den Halden gesammelt, weil sie dort besonders gut wuchsen. Warnschilder gab es keine. Die Kinder
haben da gespielt.«

»Wann hat ihr Mann im Bergwerk angefangen?«

»Das war 1960. Er ist hier in Schlema eingefahren.
Damals war er zwanzig Jahre alt.«

Frau Riedel stand auf und holte einen Bilderrahmen aus
einem Regal der Schrankwand. Das Schwarz-Weiß-Foto
eines jungen Manns in Bergmannsmontur.

»Schneidig hat der Hartmut ausgesehen, oder?«

»Ja.«

»Ich habe mich gleich in ihn verliebt. Ein Jahr, nachdem
er bei der Wismut angefangen hatte, haben wir geheiratet. Es
hat alles gepasst. Die Bergarbeiter waren gut bezahlt. Hatten länger Urlaub. Prämien. Und es gab spezielle Geschäfte
für die Kumpels, die besser bestückt waren, als ein norma-
ler »Konsum«. Das sollte uns entschädigen für die Angst.
Davon, dass die Arbeiter da unten ständig radioaktives Gas
und verstrahlten Staub einatmen mussten, davon wussten
wir nichts. Wir hatten ja hier nicht mal Westfernsehen.«

»Jetzt haben Sie aber einen schönen neuen Fernseher.«

»Den hat mir mein Sohn geschenkt. Ich hätte ja lieber
einen mit Röhre gehabt, weil er besser zu den Möbeln
passt, aber es gibt keine Röhre mehr.«

»Wann ist ihr Sohn auf die Welt gekommen?«

»1962. Den Bergarbeitern wurde empfohlen, sich bald-
möglichst drum zu kümmern, falls sie einen Kinderwunsch
haben sollten.«

»Haben Sie noch mehr Kinder?«

»Nein.«

»Gehört die Reisetasche Ihrem Sohn?«

Frau Riedel schaute Adina Pfefferkorn streng an.

»Warum fragen Sie?«

»Ach, nur so. Die Tasche passt nicht zu Ihnen.«

»Er lässt sich immer Arbeit hier. Volker kommt am Wochenende.«

»Wo wohnt er denn?«

»In Karl-Marx-Stadt. Entschuldigung. In Chemnitz.«

»Und was ist Ihr Volker von Beruf?«

»Ingenieur. Mein Hartmut hätte das auch werden können. So klug, wie er war, aber damals …«

Monika Riedel kämpfte mit den Tränen. Eine Zeit lang schwiegen die beiden Frauen.

»Woran ist ihr Mann gestorben?«

»1972 wurde bei ihm Silikose festgestellt. 25 Prozent. Alle zwei Jahre durfte Hartmut zur Kur an die Ostsee. Er bekam immer mehr Medikamente. Mit 53 musste er in die Lungenheilstätte. Von Krebs hat mir keiner der Ärzte etwas gesagt. Ich glaube, Hartmut hat auch nichts davon gewusst. Oder er hat geschwiegen. Das würde ihm ähnlich sehen. Erst als er gestorben war, erfuhr ich, dass er Lungenkrebs hatte.«

Jetzt weinte die alte Frau doch. Einen Moment lang wusste Adina nicht, was sie tun sollte, aber dann stand sie auf und gab Frau Riedel ein Papiertaschentuch.

»Ich würde gerne mit ihrem Sohn sprechen. Meinen Sie, das ließe sich einrichten.«

»Ich sag ihm Bescheid.«

Adina platzierte ihre Visitenkarte gut sichtbar auf den Wohnzimmertisch.

»Danke für den Kaffee.«

Adina rief den einzigen Ingenieur an, mit dem sie bisher vertraut gewesen war. Einigermaßen. Obwohl Julian nichts dafür getan hatte, das Vertrauen zu rechtfertigen.

»Lehmann.«

»Hier ist Adina.«

Stille. Einen Moment war sich Adina nicht sicher, ob die Telefonverbindung noch stand. Dann hörte sie Julian aber wieder. Diesmal war die Stimme deutlich rauer.

»Mit deinem Anruf hätte ich nicht gerechnet.«

»Bild dir bloß nichts darauf ein. Es ist rein beruflich. Ich recherchiere hier und will bloß deinen Rat als Fachmann.«

»Okay.«

»Ich schick dir gleich ein Foto. Schau es dir an und ruf mich zurück.«

Adina verschickte das Foto und wartete. Nach ein paar Minuten klingelt das Telefon.

»Hier ist Julian.«

»Und?«

»Recherchierst du etwas mit islamistischem Hintergrund?«

»Überhaupt nicht. Warum fragst du?«

Julian lachte, aber es hörte sich übermotiviert und unsicher an.

»Das sieht aus, als würde jemand eine Bombe basteln wollen.«

»Okay. Danke.«

»Wart mal, wo bist du überhaupt?«

»Das geht dich nichts an.«

»Na, hör mal. Immerhin hast du mich angerufen.«

»Aber vorher habe ich das GPS ausgemacht.«

Ein grauer Audi mit Chemnitzer Kennzeichen parkte direkt vor dem Eingangstor. Adina machte mit dem Smartphone ein Foto des Nummernschilds. Dann ging sie schnell weiter.

Eine energische Stille drückte sich ihr von den Zuschauerreihen entgegen. Der Waldbühne 59 steckte die Nazi-Architektur in jedem Stein. Als sie auf die Bühne des kolossalen Amphitheaters trat, fühlte sich Adina verloren. Als sei sie nur ein kleiner, unwichtiger Teil von etwas Größerem. Genau das wollten die Erbauer der Bühne erreichen. Und vielleicht war sie es auch: Unbedeutend. Sie hätte Julian nicht anrufen sollen.

Hinter der obersten Zuschauerreihe tauchte eine Gestalt auf. Der Mann sah herunter zu Adina. Sie schaute zurück.

»Frau Pfefferkorn?«, rief der Mann.

»Ja.«

»Kommen Sie hoch.«

»Warum treffen wir uns nicht auf halber Strecke?«

»Die Aussicht. Das müssen Sie sehen.«

Adina wusste: Es sind 174 Stufen. Dreißig Meter Höhenunterschied. Bloß nicht außer Atem oben bei dem fremden Mann ankommen. Es missfiel ihr, dass sie wegen der ungleichmäßigen Stufen die meiste Zeit den Kopf gesenkt halten musste. Ihr schien die Haltung zu demütig, aber möglicherweise wollte sie der Mann genau so sehen. Wie ein Maya, der die Stufen einer Pyramide nach oben steigt, wo der Hohepriester mit einem blutigen Messer wartet. Ich bin kein Opfer, dachte Adina. Ich kann mich wehren.

»Sie haben eine gute Kondition«, sagte der Mann, als Adina die letzte Stufe nahm.

»Gut, dass wir das geklärt haben.«

Der Mann streckte die Hand nach vorne.

»Volker Riedel.«

»Adina Pfefferkorn.«

Beim Händeschütteln suchte er ihren Blick. Er drückte

die Hand ein bisschen fester zu, als es hätte sein müssen, aber Adina drückte zurück.

»Gehen wir ganz nach oben auf die Aussichtsplattform«, sagte Volker Riedel. »Sie werden mit einem einmaligen Panorama belohnt, Frau Pfefferkorn.«

Nach ein paar Metern durch den Wald erreichten sie die oberste Rampe. Tatsächlich führte die Aussicht über den bunten Herbstwald weit hinein ins Land dazu, dass man spontan Lust bekam, mit den Augen loszuwandern.

»Die Nazis haben darauf geachtet, für ihre Thingplätze landschaftlich beeindruckende Stellen zu wählen«, sagte Riedel.

»Haben Sie diesen Ort aus romantischen Überlegungen gewählt? Machen Sie sich keine falschen Hoffnungen.«

Riedel lachte.

»Tatsächlich ist man hier schön ungestört.«

Sollte das eine Drohung sein? Adina antwortete mit ihrem breitesten Lächeln.

»Ich weiß ja von meiner Mutter, warum sie mich sprechen wollen. Wegen des Bergbaus. Der Wismut. Meinem Vater. Da passt der Ort doch ganz gut. Die Nazis haben diesen Ort als Thingplatz errichten lassen. Nach dem Fall des Dritten Reichs wurde die Anlage einfach umbenannt in Großfeierstätte *Wilhelm Pieck* und weiter genutzt. Genau so war es mit der Wismut. Das hier im Erzgebirge abgebaute Uran diente Heisenberg dazu, um an der faschistischen Wunderwaffe zu basteln. Dann kamen die Sowjets, wandelten den Namen in »Sowjetisch-Deutsche-Aktiengesellschaft Wismut« um – und weiter ging's. Nun wurde das Uran für die sozialistischen Atombomben gefördert. Die Kumpels und die Menschen in der Region interessierten nie jemanden. Die Bergarbeiter waren massiver radioaktiver Strahlung ausgesetzt. Man hat ihnen weisgemacht, der Schnaps, den sie zum Sonderpreis bekamen, würde vor einer Staublunge schützen. Apropos Staub: Da haben wir Kinder drin gespielt. In radioaktivem Staub auf den Halden.«

»Sie sind wirklich wütend.«

»Ja, ich bin wirklich wütend.«

»Sind Sie ein Nazi?«

»Dürfen nur Nazis wütend werden?«

»Ist es wegen ihres Vaters?«

»Wegen meines Vaters. Wegen meiner Mutter. Wegen aller anderen. Wegen mir.«

Er beugte sich zu Adina. Sie blieb einfach stehen. Jetzt bloß nicht zurückweichen, dachte sie.

»Ich hab das noch keiner Frau gesagt – und ich bitte sie, nicht darüber zu schreiben. Ich bin unfruchtbar. Wir könnten hier sofort Sex haben, ohne dass sie sich Sorgen über die Empfängnisverhütung machen müssten.«

Adina schaute ihm fest in die Augen.

»Haben Sie vor, eine Bombe zu legen?«

Einen Moment flackerte Überraschung über Volker Riedels Gesicht. Dann grinste er von oben herab.

»Wie kommen Sie denn auf so was?«

Adina zog ihr Handy aus der Tasche und zeigte ihm das Foto, das sie vom Inhalt seiner Reisetasche gemacht hatte.

»Und was soll das beweisen? Sie wissen ja, dass ich Ingenieur bin.«

»Basteln Sie gerade an einer Erfindung?«

»Wenn ich damit fertig bin, erfahren Sie es als Erste.«

Volker lehnte sich mit den Unterarmen auf das Geländer.

»Lassen Sie uns noch ein wenig die Landschaft genießen, Adina.«

Nachdem sie bei der Polizei gewesen war, checkte Adina in Schwarzenberg im Hotel Rathauskeller ein. Sie hatte keinen Appetit. Holte sich nur eine Kleinigkeit beim Bäcker, damit die Zähne etwas zu tun hatten. Mittlerweile war es dunkel geworden. Sie ging durch die malerische kleine Altstadt **60** und eine Runde um das Schloss **61**.

Danach macht sie einen Abstecher in die »Freie Republik Schwarzenberg« **62**, die hier eingedenk des historischen Vorbilds von der Künstlergruppe »Zone« als kultureller Freiraum errichtet worden war.

Erst einmal ein Bier. Am Abend eines solchen Tags hat man dringend eines verdient, fand Adina. Oder zwei. Nachdem Jörg, einer der Betreiber, gehört hatte, dass Adina Journalistin ist, setzte er sich im »Cafe Piano« bereitwillig neben sie. Die beiden stießen mit ihren Bierkrügen an. Schon nach den ersten Schlucken entspannte sich Adina etwas. Jörg erzählt leidenschaftlich von den Projekten der Künstlergruppe. Und der ersten »Freien Republik Schwarzenberg«: Am Ende des 2. Weltkriegs kamen die Besatzer 42 Tage einfach nicht, und die Gegend blieb sich selbst überlassen. Beherzte Männer und Frauen nahmen ihr Schicksal selbst in die Hand.

»Noch ein Bier?«

»Unbedingt.«

Es machte Spaß, sich in der verspielten Kneipe umzusehen. Mittlerweile hatte eine schwangere, junge Frau am Piano Platz genommen. Der Bauch war ganz schön groß. Ihre Finger reichten gerade noch bis zu den Tasten. *Sing* von den Dresden Dolls. Ihre Stimme hatte sogar Ähnlichkeit mit der von Amanda Palmer.

Adina interessierte sich sonst nicht für Fußball. Nicht mal zur WM. Trotzdem stand sie vor dem Haupteingang des Erzgebirgsstadions 63 und beobachtete singende Fans in veilchenlila Trikots.

»Danke, dass Sie die Polizei zu mir geschickt haben.«

Adina fuhr herum. Volker stand direkt hinter ihr. Trotz der Geräuschkulisse hatte er nur ganz leise sprechen müssen.

»Wie Sie sehen bin ich noch ein freier Mann. Natürlich wurde nichts gefunden.«

»Was machen Sie hier?«

»Vielleicht gehe ich einfach zum Fußball. Gepflegte Samstagnachmittag-Unterhaltung. Soweit ich weiß, gibt es noch Karten. Wollen Sie nachprüfen, ob ich einen Sprengstoffgürtel trage?«

»Ich werde Sie nicht abtasten. Sind Sie mir gefolgt?«

»Das war gar nicht nötig. Ich dachte mir schon, dass Sie hier sind. Der Grundgedanke ist ja nicht schlecht: Weiche Ziele. Fernsehkameras. Und den Verein kann ich tatsächlich nicht leiden.«

»Sie mögen es nicht, wenn etwas einfach umbenannt wird.«

»Ja. Vorher war das eine Betriebssportgemeinschaft. BSG Wismut Aue. Nach der Wende wurde der Verein in FC Erzgebirge Aue umbenannt. Die scheiß lila Vereinsfarben haben sie behalten.«

»Sie werden nicht mehr von der Wismut unterstützt. Dem Unternehmen. Die Leute haben es nicht verdient zu sterben.«

»Natürlich nicht. Das sind ja nur Fußball-Fans. Noch heute brüllen sie von den Rängen: *Zwei gekreuzte Hämmer und ein großes W, das ist Wismut Aue, unsere BSG.*«

»Für die Fans ist es ein Traditionsverein.«

»Für mich sind das Idioten. Jetzt entschuldigen Sie mich. Ich habe heute noch viel vor.«

Volker Riedel schob sich durch die entgegenkommenden Fans. Ein Betrunkener mit einer Bierdose rempelte Adina an. Etwas Bier schwappte über ihre Schulter. Plötzlich verstand sie.

Adina klapperte die Gegend ab, in der sie Volker Riedel vermutete. Schließlich sah sie seinen grauen Audi auf einem Wanderparkplatz am Fuß des Poppenwalds stehen. Adina parkte Volker Riedels Limousine so ein, dass der nicht wegfahren konnte. Sie rannte den steilen Waldweg hoch. Eigentlich dachte sie, sie wäre gut in Form, aber es gibt Steigungen, die deine Kondition auslachen. Manchmal rutschte sie auf glitschigen Blättern aus. Dann war sie aus dem Tritt. Aus dem Rhythmus. Nach jedem Ausrutscher wurde es schwerer, wieder Geschwindigkeit aufzunehmen. Sie folgte den Wegweisern zur Prinzenhöhle **64**. Rannte am Forsthaus vorbei. Immer an den Metallgeländern bergab. In den Kurven hielt sie sich daran fest und katapultierte sich mit Anlauf herum.

Volker Riedel stand an einem Holzgeländer vor der Prinzenhöhle und schaute mit einem Fernglas in Richtung des Schachts 371. Der graue Förderturm leuchtete durch die verbliebenen braungelben Blätter des Buchenwalds. Adina riss es die Beine weg. Sie schlitterte über felsigen Untergrund. Aus der Bewegung heraus zog sie sich am Geländer wieder nach oben.

Volker Riedel ließ das Fernglas sinken. Er drehte den Kopf und lächelte ihr entgegen.

»Hallo, Frau Pfefferkorn.«

Adina blieb atemlos vor ihm stehen.

»Ich dachte schon, dass ich Sie hier treffe.«

»Wie sind Sie darauf gekommen?«

»Keine weichen Ziele. Sie wollen ein Zeichen setzen. Die Wismut direkt treffen. Sie wollen auf dem Gelände von Schacht 371 eine Bombe explodieren lassen. Dort, wo ihr Vater unter Tage gearbeitet hat.«

»Es wird Ihnen aber wieder keiner glauben, weil es so absurd ist. Ein Anschlag auf ein stillgelegtes Bergwerk, das von den verbliebenen Arbeitern gerade verschlossen wird. Wissen Sie, wie sich das anhört?«

»Bestimmt gut.«

Adina holte ihr Smartphone aus der Jackentasche.

»Ich benutze mein Handy als Diktiergerät. HD-Qualität.«

Volker zog ein Jagdmesser aus einer Scheide, die unter seiner Outdoorjacke am Gürtel hing.

»Ich benutzte das. Solinger Qualität.«

Du musst entschlossener sein, als er, dachte Adina.

Volker stürzte sich mit dem Messer auf sie. Er versuchte den Angriff von unten zu führen. Adina machte ein paar schnelle Schritte auf Volker zu, wich dem Stich aus. Ihr rechter Unterarm prallte gegen seinen Hals, während sie mit dem linken Arm seinen rechten Arm umklammert hielt, der das Messer führte. Mit dem Knie stieß sie ihm ein paar Mal in den Bauch. Dann drehte sie sich und entwaffnete ihn. Das Messer flog in hohem Bogen davon. Ihr Angreifer starrte sie entsetzt an.

»Krav Maga«, sagte Adina.

Beide ballten ihre Fäuste. Sie prügelten aufeinander ein. Als Volker zurückwich, sprang Adina mit Anlauf gegen seinen Brustkorb. Volker fiel nach hinten und kippte über das Holzgeländer.

Adina sprang sofort hinterher. Schlitterte durch Herbstblätter. Bremste vor dem am Boden liegenden Volker ab.

Seine Augen starrten leblos in den Himmel.

Sein Hinterkopf hatte sich auf einem Felsen in Matsch verwandelt.

Ein Handy klingelte. Adina suchte Volkers leblosen Körper ab. Das Handy war in der Brusttasche der Outdoorjacke. Adina nahm das Gespräch an.

»Ich bin jetzt da, Volker.«

Adina erkannte die Stimme der Anruferin sofort.

Monika Riedel stand vor dem Eingang der Wismut. Schacht 371. An das Bergwerk hatte sie ihren Mann verloren. Der Gedanke daran, dass andere Arbeiter sterben könnten, gefiel ihr nicht, aber durch irgendeinen Schacht musste ihre Wut ja raus, die sich jahrzehntelang angesammelt hatte. Also zurück zum VW Polo und alles tun, wie es ihr Volker aufgetragen hatte.

Als sie sich umdrehte, stand die Journalistin direkt vor ihr.

»Tun Sie es nicht, Frau Riedel.«

Monika Riedel versuchte loszurennen, aber Adina stellte ihr ein Bein.

Die Frau fiel.

Sie konnte nicht aufstehen. Adina lag auf ihr. Umklammerte sie.

Monika schlug um sich.

Adina drückte fester zu.

»Hartmut hätte das nicht gewollt«, flüsterte Adina.
»Hartmut hätte das nicht gewollt.«

Die alte Frau begann zu weinen.

54 Schneeberger Weihnachtsmarkt
Einer der bekanntesten Weihnachtsmärkte Deutschlands, mit einer über zehn Meter hohen Weihnachtspyramide und dem Lichtfest am zweiten Advents-
wochenende. Die Stadt Schneeberg mit ihren
Barockhäusern und zahlreichen Sehenswürdigkeiten, die sich der Vergangenheit als Bergwerksstadt
widmen, ist aber auch sonst einen Besuch wert. Am
Ortausgang Richtung Zwickau kann man viel Spaß
mit einer Radarfalle haben.

55 Museum Uranbergbau Schlema
Das Museum Uranbergbau Schlema hat sich zum Ziel
gesetzt, die Lebens- und Arbeitsbedingungen in der
Uranerzbergbauregion aufzuzeigen.

56 Schacht 371
Der Schacht 371 im Poppenwald bei Hartenstein war
bis zur Wende der tiefste Bergbauschacht Europas.
Das Bergwerk ist mittlerweile stillgelegt und wird
verschlossen. Der Förderturm ist ein weit sichtba-
res Symbol der Bergbaugeschichte. Die bundeseigene
Wismut GmbH engagiert sich bei der Sanierung der
vom Uranbergbau geschädigten Regionen Sachsens
und Thüringens.

57 Poppenwald
Der wildromantische Poppenwald mit seinen Steil-
hängen und zerklüfteten Tälern gehört zu den

schönsten Wäldern des Erzgebirges. Der Misch-Buchenwald lädt insbesondere im Herbst zum Wandern ein. Außerdem ist er ein Eldorado für Schatzsucher: Neben anderen Schätzen wird in tiefen Stollen unter dem Poppenwald auch immer wieder das Bernsteinzimmer vermutet.

58 Kurpark Bad Schlema
Durch die Renaturierung des Bergbaugebiets entstand der attraktiv gestaltete, 18 Hektar große Kurpark in Bad Schlema. Den Besucher erwarten eine Aussichtsplattform mit Sonnensegel, ein Ruhe- und Duftgarten, ein Damwildgehege sowie andere Details, die zum Verweilen einladen. Außergewöhnlich wurde der Kurpark in den letzten Jahren aber vor allem durch die Kunstwerke, die während des »Internationalen Kunstparcours« entstehen und auf dem Gelände ein Jahr ausgestellt werden.

59 Waldbühne Schwarzenberg
An der Waldbühne Schwarzenberg lässt sich deutsche Geschichte verfolgen. Im Dritten Reich wurde sie als Thingplatz geschaffen. Beim Bau wurden 3.000 Kubikmeter Erde und 22.000 Kubikmeter Fels bewegt, um das Bauwerk mit 174 Stufen und 30 Meter Höhe zu errichten. In der DDR diente es als Großfeierstätte. Und nach der Wende als Open-Air-Arena für Konzerte z. B. mit Joe Cocker, Herbert Grönemeyer und Peter Maffay. Der Aufstieg zum höchsten Punkt wird durch eine Aussicht belohnt, die Ihresgleichen sucht.

60 Schwarzenberger Altstadt
Schnucklige Altstadt, mit dem an der Stelle des alten
Rathauses im Jugendstil errichteten Hotel »Ratskeller« als Blickfang. Für akustisch interessierte Besucher gibt es ein Meißner Glockenspiel. Die Stadt
Schwarzenberg hat im 20. Jahrhundert Geschichte
geschrieben, weil sie kurioserweise am Ende des
Zweiten Weltkriegs nicht besetzt wurde. In der Folge
gingen Bürger der Region in einem antifaschistischen
Aktionsausschuss dazu über, ihre Geschicke selbst
zu bestimmen. Leider endete dieser Versuch bereits
nach sechs Wochen, als die rote Armee einrückte. Ste-
fan Heym hat diese historischen Ereignisse in seinem
Roman »Schwarzenberg« verarbeitet.

61 Schloss Schwarzenberg
Sehenswerte Schlossanlage mit einem Museum, das
sich liebevoll der Stadt- und (natürlich) der Berg-
werksgeschichte widmet. In der Nähe des Schlosses
lassen sich die satten 30 Höhenmeter von der Vor-
zur Altstadt bequem mit einem Schrägaufzug bewäl-
tigen.

62 »Freie Republik Schwarzenberg« – Künstlergruppe
»Zone«
Die »Freie Republik Schwarzenberg« wird auch
heute noch von der Künstlergruppe »Zone« auf-
rechterhalten. Zutritt findet man in das sofort ins
Auge stechende, herrlich wilde Anwesen vom Weg
über die Altstadt zum Schloss in der Oberen Schlossstraße. Auf drei Etagen laden der Weinkeller »Zum
Drachen«, die Galerie »Silberstein« und das »Cafe

Piano« zu einem Besuch dieser gastfreundlichen Parallelwelt ein. Die hinter dem Anwesen gelegene »Untere Schlossstraße« wurde mittlerweile komplett in ein »Künstlergässchen« verwandelt. Im Sommer haben die Kneipen auch Außenbetrieb (aber leider erst abends).

63 Erzgebirgsstadion
Der als Betriebssportgemeinschaft gegründete BSG Wismut Aue wurde 1993 in FC Erzgebirge Aue umbenannt. Seine Spielstätte, das derzeit 15.690 Zuschauer fassende Erzgebirgsstadion, ist auf jeden Fall einen Besuch wert, denn außer lautstarker Fan-Kultur gibt es auch was fürs Auge: Das Erzgebirgsstadion gehört sicher zu den landschaftlich besonders schön gelegenen Stadien in Deutschland. Bei einem lahmen 0:0 kann man einfach mal den Blick über die bewaldeten Hügel des Erzgebirges wandern lassen.

64 Prinzenhöhle
Beim Namen der im Poppenwald gelegenen Prinzenhöhle wurde gemogelt, denn eigentlich ist sie keine natürlich Höhle, sondern ein 18 Meter langer Bergwerksstollen. Sie beeindruckt weniger durch ihre Ausmaße, als durch ihre kriminelle Vorgeschichte: Während des »Sächsischen Prinzenraubs« wurde der entführte Prinz Ernst in diesem Felsspalt gefangengehalten. Das mit dem »Prinzen« im Namen stimmt also. Das nahegelegene Forsthaus »Zur Prinzenhöhle« lädt zur Einkehr ein – außerdem hat man von dort eine wunderbare Aussicht auf die Zwickauer Mulde.

PETRA STEPS: VON ALLEN GUTEN
GEISTERN VERLASSEN

»Vergiss die Jugend nicht«, hatte Mia ihre Freundin Adina
in einer ihrer jüngsten Mails gemahnt. Bei den Besprechun-
gen für das Projekt stand diese Zielgruppe immer wieder
zur Debatte. Ihr Kölner Kollege hatte da noch mehr Probleme als sie, denn er war etwas älter und Kinder hatte
er nicht. Das stachelte Adinas Ehrgeiz an. Was lag also
näher, als sich eine Jugendgruppe zu suchen, mit der sie
die Tourismus- und Freizeitangebote testen konnte! Für
die kommende Woche hatte sie sich mit einer Schulklasse
verabredet, die mehrere Tage in der Jugendherberge Ehrenfriedersdorf verbringen wollte. Dass die Probanden Schüler eines Evangelischen Gymnasiums in Berlin waren, ver-
einfachte das Experiment wesentlich, denn so konnte sie
schon vor der Erzgebirgstour Kontakt aufnehmen. Die
Lehrer waren begeistert, dass sie quasi ein Sorglos-Paket
geschnürt bekamen. Für Übernachtung und Verpflegung
sorgte das Team der Jugendherberge, für die Bespaßung
der Schützlinge Adina. Sie war in die Klasse gegangen,
hatte gemeinsam mit den Schülern im Internet nach pas-
senden Zielen geforscht und dann ein Programm für vier
Tage vorgeschlagen. Dabei hatte sie versucht, dem Nachwuchs auch nicht ganz so beliebte Freizeitaktivitäten wie
das Wandern schmackhaft zu machen. Sie versprach, dass
es unterwegs garantiert etwas zu entdecken gibt. So richtig gepackt hatte sie die Fünftklässler mit der Zinngrube
Ehrenfriedersdorf **65**. Das lag jedoch nicht an der geplanten Bergwerksbesichtigung mit Erlebniseffekt, sondern am

Ort des Geschehens – dem Sauberg. Die Berliner Gören kriegten sich gar nicht wieder ein. Von Bergen hatten sie sowieso keine Ahnung, und dass sie endlich einmal Sau sagen durften, ohne dass sie jemand zur Ordnung rief, nutzten sie weidlich aus. Sau – Sauber – Sauberg tönte es im vielstimmigen Chor durch das Klassenzimmer. Adina hatte Mühe, wieder Ruhe herzustellen und den Rest der Vorbereitungen mit den Schülern zu diskutieren. Eine Sorge hatte ihr die Schule abgenommen. Sie ließ die Klasse mit einem Kleinbus reisen, der während des Aufenthalts zur Verfügung stand. Mit dem Thema Personennahverkehr brauchte sich Adina nicht auseinanderzusetzen. »Personennahverkehr, was für ein dämliches Wort. Es hätte das Zeug zum Unwort des Jahres, wenn da nicht immer so wichtige Wörter wie Lügenpresse oder Gutmensch das Rennen machen würden!«, schimpfte sie vor sich hin und erinnerte sich wehmütig an eine andere Art von Personenverkehr, bei der es auch ganz schön nah zuging. Ihre letzte Affäre mit Julian war schon einen Weile her. Und ob sie wieder eine feste Bindung wollte nach der Trennung von Sascha, wusste sie nicht.

Anders als bei ihren bisherigen Reisen organisierte sie nicht die komplette Tour von Berlin aus, sondern fuhr eine Woche vor den Schülern ins Erzgebirge. Sie wollte sich nicht blamieren und besuchte deshalb alle Ziele im Vorfeld. Es wäre ihr gar zu peinlich gewesen, wenn sie den Weg nicht gewusst oder sich unterwegs verirrt hätte. Die Zinngrube Ehrenfriedersdorf war einer ihrer ersten Anlaufpunkte, nachdem sie sich in der Ferienwohnung im Hermergut Mildenau 66 eingerichtet hatte. Als sie am Abend von der A72 her nach Annaberg gefahren war, erkannte sie den angestrahlten Förderturm schon von Weitem. Daran

erinnerte sie sich, als sie ihr Auto über Annaberg in umge-
kehrte Richtung nach Ehrenfriedersdorf lenkte. Zu ihrer
Freude hatte sich für die Führung durch das Besucherbergwerk am Sonntagvormittag nur ein Ehepaar angemeldet,
das genau wie sie null Ahnung vom Bergbau, gepaart mit
einem hohen Maß an Neugier, auszeichnete. Der pensio-
nierte Bergmann, der das Trio durch den Schacht begleitete, hatte seine helle Freude an ihnen. »Lieber wenige interessierte Gäste als eine Horde von Leuten, denen alles egal
ist«, sagte er in der Kaue bei der Verteilung der Schutz-
anzüge, Helme, Kopflampen und Gummistiefel. Adina
kam sich vor wie ein Marsmännchen. Die grüne Farbe im
Gesicht hätte sie bei der Bemerkung zur Interessenlosig-
keit beinahe bekommen, denn in ein paar Tagen musste
sie mit den Schülern hierher. Adina seufzte unhörbar und
stieg hinter dem Pärchen in den Korb, der sie 100 Meter
tief auf Sohle zwei mit einem fast intakten Bergwerk und
nach zweieinhalb Stunden zurück ans Tageslicht brachte.
Bei einer heißen Schokolade in der »Sauberg-Klause« kam
ihr eine zündende Idee, mit der sie die Aufmerksamkeit
der Schüler steigern wollte. Dort hatte sie in der Speisekarte gelesen, dass Gäste das »Sauberg-Diplom« erwerben können. Sie ließ sich die Prüfungspapiere geben und
stellte zehn altersgerechte Fragen für die Schüler zusammen, sozusagen als Motivation. Im Kassengebäude holte
sie sich zwei Hände voll Trommelsteine, mit denen sie
richtige Antworten belohnen wollte. Im Obergeschoss
schaute sie sich die Mineralienausstellung an. Ob sie mit
den Kindern hierher gehen würde, wusste sie noch nicht.

Ihre nächste Station waren die Greifensteine **67**. Adina
stellte ihr Auto auf dem Parkplatz am Kletterwald **68** ab.
Den Kletterwald ließ sie rechts liegen. Hierfür hatte sie

bereits von Berlin aus einen Termin vereinbart. Klettern stand bei den Schülern hoch im Kurs. Den Kletterwald hatten sie ganz selbständig gefunden. Adina lief einige 100 Meter. Kaum war sie an der Tourist-Information vorbei, eröffnete sich ihr ein Blick auf die markante Felsformation, an deren rechter Seite sich die Freilichtbühne befand. Die Freiluftsaison mit den Greifenstein-Festspielen war bereits zu Ende gegangen, Winnetou und Old Shatterhand pflegten ihre Freundschaft in anderen Rollen auf der Bühne des Annaberger Eduard-von-Winterstein-Theaters. Adina überlegte, ob der im erzgebirgischen Hohenstein-Ernstthal geborene Winnetou-Erfinder Karl May eine Aufführung seines Werkes hier erlebt haben konnte. Immerhin gab es schon 1846 erste Versuche, die Naturbühne zu bespielen. »Damals stand aber wohl eher ein Erzgebirgsheld im Mittelpunkt«, dachte Adina. Sie hatte gelesen, dass die Geschichte vom Stülpner Karl seit 1931 in acht verschiedenen Fassungen aufgeführt wurde. »Mit Geschichte wird das nicht mehr viel zu tun haben, mehr mit Legende«, war sie sicher. Stülpner, der vor über 250 Jahren gelebt hatte, wurde »der Robin Hood des Erzgebirges« genannt. Sie hatte sich mit seiner Biografie auseinandergesetzt, weil sie ihren Schülern an der Stülpner-Höhle 69 keinen Quatsch erzählen wollte.

Adina passierte die Granitfelsen in Richtung Wald. Die Höhle war nur eine nette Zugabe. Sie wollte mit den Schülern den Waldgeisterweg 70 im Greifensteinwald laufen. Die rund zwei Kilometer würden die Fünftklässler mit Sicherheit nicht überfordern, glaubte Adina, zumal überall Holzskulpturen der Waldgeisterfamilie auf sie warteten. Als weitere Station der jugendfreundlichen Erzgebirgs-Tour stand der Greifenbachstauweiher auf dem

Plan. Nach einem kurzen Spaziergang sollten die Schüler im Haus der Steine 71 mit den Grundlagen des Edelsteinschleifens vertraut gemacht werden. Da Baden im Stausee aufgrund der Temperaturen nicht mehr möglich war, hatten ihre Schützlinge sich das Freizeitbad Greifensteine 72 in Geyer ausgesucht. 2,5 Stunden Gemeinschaftsplantschen mit Rutschen und Wellenbad wollte sie den Schülern genehmigen, wenn sie auf dem Rundwanderweg an der Binge Geyer 73 und der anschließenden Besichtigung des Lotterhofes 74 sowie des Wachturmes 75 in Geyer keinen Unsinn verzapften. Adina war froh, dass ihr Chef die Idee mit den jugendlichen Probanden grandios fand und Geld für Kletterwald, Schleifkurs, Bad und Bergwerk locker gemacht hatte. Da kamen schnell etliche Euro zusammen. Das bisschen Museumseintritt hatten die Lehrer dann in den Preis für die Eltern kalkuliert. Und der Aufenthalt in der freien Natur war ohnehin gratis.

Heute war es so weit. Adinas Probanden verharrten bereits in schöpferischer Erwartungshaltung am fast leeren Parkplatz, als sie ihren Wagen abstellte. Nachdem sie die Gruppe erreicht hatte, begrüßten sich alle wie alte Bekannte. Da es an alternativen Schulen üblich war, die Lehrer zu duzen, hatte Adina dieser Regelung schon in Berlin zugestimmt. Für die Kinder folgte eine kurze Belehrung, die auch den Umgang mit Tieren und Pflanzen oder dem eigenen Müll beinhaltete. Adina hatte in der letzten Woche jede Menge Pilze im Wald gesehen, die Erzgebirger und Vogtländer Schwamme nannten. Einige leider herausgerissen oder zertreten. Sie wollte vermeiden, dass ihre Gruppe ähnliche Spuren der Zerstörung hinterließ.

Die meisten der Berliner Gören hatte
nen wie die Greifensteine noch nie gese
hier, guck mal da. Die Aufregung war gro
ihren Höhepunkt an der Stülpner-Höhl
über den Wildschütz auf. Damit jeder in di
schauen konnte, hatte sie mehrere Taschenlampen im
Gepäck. Das kam bei den Kindern gut an. Was sichtbar
wurde, war eher enttäuschend, denn alles stand unter Wasser. In Holz geschnitzte Figuren begleiteten die Gruppe
von nun an. Zuerst war es der Stülpner mit seinem Gewehr,
dann ein Wildschwein. Nach einem Kilometer Waldweg
tauchte der erste Waldgeist mit lustigen Glupschaugen
und Schnauzbart auf. Ein schwarz-weißes Eichhörnchen
floh vor der einfallenden Bande ins Unterholz. Adina sah
ihm nach und erblickte einen gut gefüllten »Schwammekorb«, jedoch keinen Besitzer dazu. Das machte sie stut-
zig. Kein »Schwammejäger« ließ seine Beute unbeobachtet irgendwo stehen! Adina ging ein paar Schritte auf die
Lichtung zu. Vorher gab sie den Betreuern zu verstehen,
dass sie mit der Gruppe bis zum nächsten Waldgeist vor-
laufen sollten. Sie wollte nachkommen.

Als Adina den Blick in Richtung Weg hob, entdeckte
sie einen Mann, der in merkwürdiger Pose am Boden lag.
Sie beschleunigte ihren Schritt und war kurz darauf bei
einem älteren Herrn, der ziemlich tot aussah. Um das zu
erkennen, waren keine medizinischen Fachkenntnisse notwendig. Der Schädel war zerschmettert, Blut sickerte in
den weichen Waldboden. In der rechten Hand, die samt
Arm verdreht nach außen gebogen war, hielt er einen Spa-
zierstock fest umklammert. Wie in Trance zog Adina ihr
Handy aus der Hosentasche und wählte den Notruf, während sie sich von dem Toten weg in Richtung Dickicht

gte. Ihre Ahnung war richtig gewesen. Dort kroch
rade ein zweiter Senior den Weg entlang.

Die Einsatzzentrale meldete sich nach dem zweiten
Klingeln. »Hier Adina Pfefferkorn. Ich bin in der Nähe
der Greifensteine und habe eine Leiche sowie einen Verletzten gefunden.« »Können Sie mir Ihren Standort etwas
näher beschreiben? Was für Verletzungen hat der Mann?«,
fragte der Einsatzleiter nach. »Vorhin ist er noch auf dem
Weg gekrochen, jetzt liegt er still am Wegesrand. Moment,
ich laufe zu ihm ... Das sieht nach einer ziemlich heftigen
Schlägerei aus«, antwortete Adina. »Ich habe Ihr Handy
geortet. Bleiben Sie in der Nähe, ich schicke Krankenwagen und Polizei. Haben Sie Ahnung von erster Hilfe?«,
tönte es aus dem Telefon, während sie sich über den Verletzten beugte. »Na was man als Autofahrer so braucht«,
antwortete Adina.

»Fassen Sie mich nicht an, ich kann alleine ...«, schleuderte ihr der Mann auf dem Weg entgegen. »Da überschät-
zen Sie sich wohl ein bisschen«, erwiderte Adina trocken.
Außerdem habe ich bereits Hilfe gerufen, und die Polizei. Der Mann wollte sich erheben, sackte aber wieder auf
den Waldweg zurück. Adina war klar, dass er hier nicht
wegkam, sie jedoch nichts für ihn tun konnte. Mit Blick
auf den sich windenden Herrn rief sie die Lehrerin ihrer
Schulklasse an. »Hier ist etwas passiert. Ich muss auf die
Polizei warten. Lauft immer den Weg mit dem grünen
Balken entlang. Wir treffen uns dann beim Kletterwald.«

Adina versuchte mit dem Verletzten ein Gespräch aufzunehmen und dabei herauszufinden, was passiert war.
Einigen Minuten beharrlichen Schweigens folgten die ersten Worte. »Dieser Schwammeräuber, der hat sich an meinen Pilzen vergangen!«, presste der Mann heraus. »Ich

war vor zwei Tagen hier und habe die Schwammebabys mit Stöckchen markiert. Die waren doch noch nicht reif zum Mitnehmen. Und heute früh – alle weg, im Korb von diesem Wilderer, diesem depperten! Dann will der mir eine dachteln mit seinem Skistock. Da habe ich einen Knüppel aufgehoben und nur einmal hingehauen. Ich war früher Bergmann, da ist man nicht zimperlich.« Adina konnte nicht glauben, was sie gehört hatte. »In Berlin gibt es manchmal Schlägereien um freie Parkplätze. Aber dass sich jemand wegen Pilzen umbringt, wo doch der Wald voll davon ist, so etwas habe ich noch nie gehört«, erwiderte sie. »Haben Sie eine Ahnung! Hier ist es wie früher beim Berggeschrey oder im Goldgräberfieber. Jeder steckt sein Revier ab. Unter Tage konnte da auch nicht einfach ein Fremder kommen und für sich in die Tasche arbeiten.« Adina schüttelte den Kopf. Die Verbindung zwischen Bergbau und Pilzesammeln war ihr neu.

Inzwischen bog am Waldweg hinter den Basaltfelsen ein Krankenwagen um die Ecke. Adina lief in die Mitte des Weges und wedelte mit den Armen. Der Forstweg war gut befestigt, sodass das Fahrzeug ohne Probleme zu dem Verletzten fahren konnte. Der Notarzt war vorsorglich in den Krankenwagen eingestiegen. Adina zeigte ihm noch den Toten, doch der winkte gleich ab. »Das ist ein Fall für die Polizei und den Bestatter«, sagte er und wandte sich dem Mann am Wegrand zu. »Na Opa, bisschen viel vorgenommen?«, sprach er ihn an. Der am Boden liegende Mann schnaubte, antwortete jedoch nicht. »Sieht nach Oberschenkelfraktur und Beckenbruch aus. Und was haben wir denn da? Einen Schlag auf die Schulter bekommen? Also auch noch Schulterfraktur. Und die Platzwunde am Kopf – die muss auf jeden Fall genäht werden. Trotzdem geht es

Ihnen besser als Ihrem Kumpel …« Der Notarzt hatte den Satz noch nicht ganz beendet, da schrie der Alte auf. Das Wort Kumpel, das eigentlich Bergleute meinte, wollte er für seinen Konkurrenten nicht gelten lassen. »Räuber, Wilderer, Bastard«, rief er mit krächzender Stimme.

Adina sah aus Richtung der Felsformationen einen ganzen Trupp Männer heraneilen und atmete erleichtert auf, als sie zwei Uniformen ausmachte. Ihr Anführer, ein Mann in Zivil, stellte sich als Kriminalhauptkommissar Lars-Oliver Uhlig von der Polizeidirektion Annaberg vor. »Donnerwetter, haben die attraktive Beamte«, schoss es Adina durch den Kopf, nachdem sie der Kripo-Beamte einen Kick zu lange angeschaut hatte. Getreu ihrem Motto »Erst die Arbeit, dann das Vergnügen« gab sie Auskunft zu ihren Beobachtungen und beantwortete die Fragen von Oli, wie sie ihn in Gedanken nannte. Die Spurensicherung hatte inzwischen mit ihrer Arbeit begonnen. »Ich müsste zurück zu meinen Kindern. Wir waren auf dem Waldgeisterweg, als mir der verlassene Schwammekorb auffiel und ich dachte, dass vielleicht jemand Hilfe benötigt. Jetzt sind sie bestimmt schon am Kletterwald. Brauchen Sie mich noch?«, fragte Adina den Kommissar und sah, wie sein Lächeln gefror. »Ich bin mit Schülern aus Berlin unterwegs«, fügte sie schnell hinzu. Der Schatten der Enttäuschung wich einem verschmitzten Lächeln. Ihr Kopfkino spielte ihr schon wieder einen Streich, aber warum stellte sie auch so zweideutige Fragen! »Sie sind noch eine Weile im Erzgebirge?« »Ja, die ganze Woche. Ich kümmere mich um Fünftklässler, die touristische Angebote testen«, antwortete Adina. »Vielleicht können wir heute Abend zusammen essen? Ich möchte Sie einladen. Hier ist meine Visitenkarte. Ihre Angaben habe ich ja. Ich schicke

Ihnen eine Nachricht mit Treffpunkt und Uhrzeit. Was für eine Küche bevorzugen Sie?« »Herrschaftszeiten, der legt ein Tempo vor«, dachte Adina und fühlte sich geehrt. »Ja, heute Abend habe ich frei. Ich würde gern die traditionelle erzgebirgische Küche noch ein wenig kennenlernen. Ich war schon in vielen Gaststätten, aber die Gerichte, die ich in Erzgebirgskochbüchern entdeckt habe, standen dort kaum auf der Karte«, beklagte sie sich ein wenig. »Da werden wir etwas finden«, versprach der Kommissar und verabschiedete sich. Adina lief an der Stülpner-Höhle vorbei zu den Basaltfelsen, bemerkte dabei den »Geldkeller in den Greifsteinen« samt seiner bitteren Legende, für die sie jetzt keine Zeit hatte, und landete wie von unsichtbaren Schwingen getragen am Kletterwald, wo ihre Schüler gerade angekommen waren. Sie hatten sich natürlich verfranst und waren einen Umweg gelaufen. Die Erklärung zu ihrem Verschwinden hielt Adina knapp. »Einem Mann war schlecht geworden. Ich musste auf den Arzt warten«, kürzte sie den Vorfall ab. Schon nach der Ausstattung mit Sicherheitsgurten, spätestens ab dem zweiten Kletterelement, hatten die Schüler ihre Abwesenheit schon wieder vergessen.

Die Nachricht von Lars-Oliver kam prompt. Adina verabschiedete sich von den Kindern bis zum Treff auf dem Sauberg am nächsten Morgen, denn da standen Zinngrube und Steinschleifen auf dem Plan. Dass sie schon ein bisschen hibbelig war, merkten die Kinder nicht. In ihrer Ferienwohnung warf sich Adina auf das Bett und wollte eine halbe Stunde ruhen, bevor sie sich für das Treffen am Abend zurecht machte. Doch sie kam nicht zur Ruhe. Nach dem Duschen schminkte sie sich sorgfältig, wählte ein Kleid aus gebatiktem Stoff zu ihren blauen Stiefeletten aus und fuhr zur »Sauberg-Klause«. Lars-Oliver stand bereits am Eingang, als sie auf den Parkplatz einbog. Sie traute sich nicht, ihn flüchtig zu umarmen, wie sie es von Begegnungen in Berlin her kannte. »Schön, dass Sie gekommen sind«, flötete er ihr zu. Es war das letzte »Sie«, dass sie an dem Abend zu hören bekam, denn ohne dabei aufdringlich zu wirken behielt Lars-Oliver dieses rasante Tempo bei, das sie schon am Vormittag überrascht hatte. Adinas Herz hüpfte, als sie die Speisekarte las. Sie bestellte sich einen Buttermilchgetz'n mit Blaubeeren und als Nachtisch Vogelbeerpunsch-Parfait, das hier »gefrorener Bergmann« hieß. Oli, wie sie ihn in Gedanken und jetzt auch im realen Leben nannte, nahm »Sauberg-Brocken«, eine Pilz-Hackfleisch-Variation an Bratkartoffeln. »Der alte Knabe hat übrigens gestanden, noch bevor sie ihm die Knochen zusammengeflickt haben. Ich schätze, das läuft auf Notwehr hinaus. Der andere soll ihn zuerst malträtiert haben und etwas anderes werden wir ihm nicht beweisen können«, brachte Oli das Gespräch auf die Geschehnisse des Vormittags. Dann philosophierten sie eine Weile über die wachsende Kriminalität im Alter. »Wem sagst du das«, seufzte Adina. Lars-Oliver wurde hellhörig. »Du stolperst wohl öfter über Kriminalfälle?«, fragte er Adina. »Das kann man so sagen«, lautete Adinas Antwort, der ein paar Andeutungen zu ihren Erlebnissen in Chemnitz und zur Opa-Bande von Hundshübel folgten. Die Ereignisse im Osterzgebirge erwähnte sie nicht. Gegen 22 Uhr schlug Adina vor aufzubrechen, denn sie musste sich noch auf den kommenden Tag vorbereiten. »Sehen wir uns noch einmal, bevor du abreist?«, schmachtete Oli sie an. »Vielleicht. Und wenn nicht, dann spätestens beim Schwammeräuber-Prozess«, schmachtete Adina zurück. So leicht wollte sie es ihm dann doch nicht machen. Schnell huschte sie an ihm vorbei zu ihrem Auto, stieg ein und startete noch vor Oli in Richtung Annaberg.

Der nächste Tag verlief ohne Zwischenfälle. Der Bergmann, der die Gruppe betreute, verstand es, die Schüler zu begeistern und nicht zu überfordern. Im Haus der Steine schafften sich die Jungs beim Schleifen, während die Mädchen Schmuckstücke kreierten. Bei der Auswertung in der Jugendherberge wurde klar, dass die Mädchen im Bergwerk besser aufgepasst hatten als ihre männlichen Alterskollegen. Adina verteilte trotzdem Trommelsteine an alle. Am Abend ertappte sich Adina beim permanenten Blick auf ihr Handy, doch Oli meldete sich nicht. Der Mittwoch führte sie und ihre Probanden nach Geyer. Dem Rundwanderweg um den Bingekrater folgte die Besichtigung des Wachturmes. Die Schüler konnten sich von dem funktionsfähigen Modell der Binge kaum trennen. Immer wieder drückten sie den Knopf. Adina überlegte, ob das nur bei Kindern aus der Hauptstadt so war, oder ob die Bergleute bei ihrer Arbeit im Bergwerk auch den Nachwuchs im ländlich geprägten Raum faszinieren konnten. Die Persönlichkeit des Baumeisters Hieronymus Lotter handelte sie in der Lotterstube ab, den Lotterhof betrachteten sie nur von außen. Der Förderverein Kulturmeile Geyer, dem das Anwesen gehört, steckte voll in den Bauarbeiten. Für den Nachwuchs eignete sich das Haus deshalb weniger. Als Adina die Gruppe ins Freizeitbad Greifensteine verabschiedete, bemerkte sie eine Nachricht auf ihrem Handy. »Vergesst die Bewertungsbögen nicht«, erinnerte sie die Schüler an die Aufgabe, die mit dem Aufenthalt im Erzgebirge verbunden war. Dann schaltete sie das Display ihres

Handys ein. »Sehen wir uns heute? Oli.« Adina seufzte. Sie dachte an Sascha und an Julian, an ihre Niederlagen und die Gefühle danach. »Ich bin morgen in Annaberg. Oder ruf mich an«, schrieb sie zurück. »Du kannst in meine Dienststelle kommen und gleich Deine Zeugenaussage unterschreiben. Wir haben einen schicken Kaffeeautomaten«, versuchte Lars-Oliver Adina zu locken. Inzwischen hatte sie ihre Bedenken über Bord geworfen. »Und heute?« »Fein! Ich führe Dich in die Welt der erzgebirgischen Spezialitäten ein«, kam prompt als Antwort. »Einführen?« Adina zuckte zusammen. »Ruf mich bitte an, das Schreiben nervt«, tippte sie ins Handy. Sie vereinbarten, dass Oli sie an der Ferienwohnung abholte und sie gemeinsam zum »Schieböckeressen« fuhren. Von dieser erzgebirgischen Käsespezialität hatte Adina schon gehört. Und sie war neugierig. Der Abend in der Erzgebirgsstube verlief harmonisch. Der Schieböcker schmeckte ihr, obwohl er mit Kümmel gewürzt war, und das kühle Erzgebirgsbier passte perfekt dazu. Oli hatte sie zu ihrer Arbeit befragt, ganz behutsam, sodass sie sich nicht wie in einem Verhör fühlte. Sie hatten viel gelacht und festgestellt, dass ihre Meinung zu wichtigen Dingen des Lebens fast identisch war. Das Thema Beziehungen hatten sie dabei komplett ausgeklammert. Oli brachte sie zurück zu ihrer Ferienwohnung, umarmte sie vorsichtig und verabredete sich mit ihr für Donnerstag 11.30 Uhr. Um diese Zeit wusste sie ihre Schüler gut versorgt im Museum.

Den Freitagvormittag verbrachte sie mit den Probanden im Schloss Schlettau **76** . Den Programmpunkt hatten sie schnell noch eingeschoben, weil es in Berlin nicht so viele Schlösser und Burgen gab. Für die Kinder war die Besichtigung des einstigen Adelssitzes ein Abenteuer mit vielen Aha-Effekten. Während der Rückfahrt verkündete Adina eine besondere Überraschung. Sie hielten am Greifenbachstauweiher, wo sie ein Abenteuerprojekt mit Hüttenbau und Schatzsuche für die Gruppe gebucht hatte, dank Sponsoring durch ihren Chef. In der Jugendherberge folgte eine Gesprächsrunde mit ersten Einschätzungen, dann wurde Abschied gefeiert. Den Samstag hatte Adina für einen anderen Abschied freigehalten, doch ihr Kriminalhauptkommissar hatte Dienst. Die Leiche bei den Greifensteinen war nicht der einzige Fall, der ihn beschäftigte. Und nicht alle ließen sich so schnell klären. »Wir bleiben in Kontakt. Spätestens zum Weihnachtsmarkt bin ich wieder da. Vielleicht schon früher«, schrieb Adina auf Whatsapp, räumte ihre Klamotten ins Auto und düste in Richtung Berlin.

Mia hatte sich während der Woche nur einmal per Mail gemeldet. Und sie hatte die Sache mit dem Geld für das Abschlussprojekt geklärt. »Gute Mia. Ich werde dich als erstes besuchen, wenn ich in Berlin bin«, sagte Adina zu sich selbst.

In ihren Blog schrieb sie:

Kinder können anstrengend sein, aber es war unheimlich spannend, mit den Fünftklässlern das Gebiet um die Greifensteine zu entdecken. Da sag noch mal einer, unsere Jugend interessiert nichts. Man muss es nur ordentlich aufbereiten. Ich bin schon gespannt auf die Erlebnisberichte der Berliner Gören. Im Wald bin ich auf rabiate Senioren getroffen. Das heißt, der eine war schon nichts mehr zum Treffen, nur noch zum Abtransportieren. Stellt Euch vor, die schlagen sich hier wegen ein paar Pilzen die Köpfe ein, nicht wegen so wichtigen Dingen wie Frauen oder Parkplätzen. Storys sind das, ich kann Euch sagen! Und dann habe ich noch ein Geheimnis, das ich vielleicht irgendwann lüfte. Ich bin selbst gespannt, wie das ausgeht. Bis bald. Eure Adina

65 Zinngrube Ehrenfriedersdorf
In der Zinngrube Ehrenfriedersdorf erfährt der Besucher aus erster Hand, wie der DDR-Zinnbergbau
im Sauberg funktioniert hat und warum er nach der
Wende eingestellt wurde. Noch haben Sie Gelegenheit, von echten Bergmännern durch die für touristische und therapeutische Zwecke gestaltete Sohle zwei
geführt zu werden. Dafür werden neben den touristischen Führungen (1,5 Stunden) auch Erlebnisfüh-
rungen (2,5 Stunden) angeboten. Nach der Seilfahrt
legen Sie ein Stück des Weges mit der Grubenbahn
zurück. Sie besichtigen dabei den Raum, in dem die
Mettenschichten stattfinden, gehen vor Ort, wo Sie
die schwere Arbeit der Bergleute am Bohrgerät nach-
fühlen können, hören die ohrenbetäubenden Geräusche eines Bunkerladers bei der Arbeit oder erfahren, wie das Sprengen unter Tage funktionierte. Ganz
nebenbei können Sie über die Zahlen staunen, die
den Vortrag illustrieren. Zwei Beispiele: Inklusive
Altbergbau gehen 330 Kilometer Strecke durch sieben Etagen. Eine Tonne Zinn kostete in der BRD
7000 DM, der Abbau in Ehrenfriedersdorf zur gleichen Zeit 80.000. Für Kinder gibt es Sonderveranstal-
tungen wie Kindergeburtstage, bei denen der Berg-
geist seine Spuren hinterlässt. Seit 1997 existiert ein
Heilstollen mit fast komplett staub- und pollenfreier
Luft. Außerdem werden Nordic Walking-Kurse im
Bergwerk angeboten. Der Besuch lässt sich gut mit
der Mineralienausstellung im Kassengebäude ver-

knüpfen. Die Zinngrube gehört zum Industriemuseum Chemnitz.

66 Hermergut Mildenau

Das Hermergut in Mildenau öffnet mehrmals im Jahr den Obst- und Skulpturengarten, die Museums-Scheune mit der Ausstellung »Früher bei uns« oder bietet Sonderausstellungen, Dorfkino und andere Veranstaltungen mit Bewirtung in der kleinen Kneipe. Über die aktuellen Angebote wird auf der Website informiert. www.hermergut.de

67 Greifensteine mit Naturbühne

Als Greifensteine (früher Greifenstein) werden sieben Felsformationen aus Granit bezeichnet, die teilweise begehbar sind. Der höchste Felsen hat eine Höhe von 731 Meter über NN. Früher gehörten noch mehr Felsen zu der Gruppe nahe Ehrenfriedersdorf und Geyer. Sechs wurden jedoch als Steinbruch abgetragen. Das Naturtheater wird seit 1952 regelmäßig bespielt, aktuell vom Eduard-von-Winterstein-Theater Annaberg. Erste Versuche des Theaterspielens vor der Felskulisse gab es schon 1846.

68 Erlebniskletterwald Greifensteine

Der Erlebniskletterwald Greifensteine befindet sich direkt am Parkplatz Greifensteinstraße. Er ist von April bis November geöffnet. Eingebettet in eine wunderschöne Natur bietet er neun Parcours mit 72 Elementen, darunter bis zu 90 Meter lange Seilbahnfahrten. Für Anfänger ist der Entdeckerparcours in einer Höhe von einem bis vier Metern geeignet. Die übrigen Elemente sind in einer Höhe bis zu 13 Metern angebracht. Für Kinder gibt es Altersbeschränkungen, bei Gruppen ist eine Einverständniserklärung notwendig. Informieren Sie sich am besten unter www.kletterwald-greifensteine.de

69 Stülpner-Höhle
In der Höhle im Wald unterhalb der Greifensteine soll sich der erzgebirgische Volksheld, Wilderer, Wildschütz Karl Stülpner (1762 bis 1841) ab und zu versteckt haben. Die Vertiefung im Berg gehört zum Altbergbau. Die Geschichte Stülpners fand in verschiedenen Inszenierungen auf der Naturbühne ein begeistertes Publikum.

70 Waldgeisterweg
Der Waldgeisterweg im Wald unterhalb der Greifensteine ist etwa zwei Kilometer lang und soll noch erweitert werden. Am Weg stehen lustige Holzskulpturen wie »Wilder Mann«, »Schlofmütz« oder »Hunigbär«. Die Waldgeisterfamilie vermehrt sich permanent. Sie lädt vor allem Familien mit Kindern zu Waldspaziergängen ein.

71 Greifenbachstauweiher (Geyerscher Teich) mit Haus der Steine
Der Greifenbachstauweiher ist die älteste Talsperre in Sachsen und ein beliebtes Urlaubs- und Naherholungsgebiet mit Sandstränden, Liegewiesen und Wasserrutschen sowie einem Campingpark. Im Haus der Steine kann unter fachkundiger Anleitung Schmuck hergestellt werden. Wer sich nicht selbst beim Steine-

schleifen schaffen will, kann hier Produkte aus den verschiedensten Edelsteinen und Mineralien erwerben. Wanderern sei der Röhrgrabenweg vom Greifenbachstauweiher aus durch den Greifensteinwald zum Sauberg empfohlen. Der Weg führt entlang eines künstlichen Wassergrabens aus dem 14. Jahrhundert, der wegen seines geringen Höhenunterschiedes als ingenieurtechnische Meisterleistung in damaliger Zeit gilt. Unterwegs trifft man auf verschiedene historische Bergbauzeugnisse.

72 Freizeitbad Greifensteine
Im Freizeitbad Greifensteine können Sie Badespaß erleben, zum Beispiel im Wellenbad. Dazu gibt es einen Saunabereich mit finnischer Sauna und Wellness-Angeboten.

73 Binge Geyer
Bingen oder Pingen sind Vertiefungen, die durch den Bergbau entstanden sind. Die Binge in Geyer ist ein Beispiel für den Raubbau an der Natur und die anschließende Rache derselben. Eigentlich ist ja keine Binge mehr vorhanden, auch wenn sich Geyer Bingestadt nennt, sondern nur ein sehr beeindruckender Bingekrater. 1704 und 1803 brach der Fels infolge des Bergbaus ein. Zwei verschüttete Bergleute ruhen heute noch dort.
Vom Parkplatz gegenüber dem ehemaligen Huthaus aus kann man über die Straße gehen und auf den Rundweg einbiegen, der um das Bergbau- und Naturdenkmal herumführt. Kurz vor dem Ende der Runde trifft man auf eine Treppe, die zum Naturlehrpfad am

Fuße des Kraters führt (Begehen auf eigene Gefahr). Die Bergbrüderschaft und Gästeführer bieten thematische Führungen an, zum Beispiel eine Kinderführung mit dem Bingegeist.

74 Lotterhof Geyer
Der Lotterhof in Geyer wurde 1566 vom kurfürstlich-sächsischen Bürgermeister (Leipzig), Baumeister (z.B. Moritzbastei und Alte Waage Leipzig, teilweise Augustusburg) und Kaufmann Hieronymus Lotter errichtet. Lotter verstarb 1580 im Lotterhof und ist in der benachbarten St. Laurentiuskirche beigesetzt. Der Renaissance-Bau bildet mit Kirche und Wachturm ein architektonisch sehenswertes Ensemble. Er gehört dem Verein Kulturmeile Geyer e.V. und wird nach und nach ausgebaut. Im Erdgeschoss befinden sich Gewölberäume, die vermietet werden. Die Vereinsmitglieder freuen sich über interessierte Besucher, vor allem am Tag des offenen Denkmals oder bei anderen Aktivitäten. www.kulturmeile-geyer-tannenberg.de

75 Turmmuseum im Wachturm Geyer
Der Wachturm Geyer beherbergt ein Heimatmuseum in Turmzimmern über sieben Etagen. Die Exponate widmen sich dem erzgebirgischen Handwerk, dem Bergbau und der Natur. Der achteckige Aufsatz des 42 Meter hohen Turms wurde von Hieronymus Lotter errichtet. An ihn wird in der Lotterstube erinnert. Zu sehen ist ein mechanisches Funktionsmodell des Geyersberges mit der Binge. Von der Heimatstube aus hat man einen schönen Ausblick über den Ort bis zum Keil- und Fichtelberg. Die beiden Glocken, die

1951 ihren Platz in der Glockenstube fanden, tragen die Aufschrift Frieden und Einheit. Die »Einheit«, an die damals offenbar noch viele glaubten, wiegt 1.560 Kilogramm, der »Frieden« ist mit 1.020 Kilogramm etwas leichter. Der Wachturm ist über einen Laubengang mit der St. Laurentiuskirche verbunden.

76 Schloss Schlettau
Schloss Schlettau war früher eine Burg und im 14. Jahrhundert Adelssitz der Schönburger. Heute soll dort noch ein Ritter spuken, der eines nicht natürlichen Todes gestorben sein soll. Das Schloss, vereint Stilelemente der verschiedensten Epochen. 2006 wurde es saniert und für vielfältige Nutzungen wie Schauwerkstatt, Museum, Ausstellung, Konzerte, Trauzimmer und Gaststätte freigegeben. Im Zentrum für Wald- und Wildgeschichte, das im Haus untergebracht ist, erfahren Sie vieles über die Tier- und Pflanzenwelt des Erzgebirges sowie über die Jagd im Wandel der Zeit. Eine Posamentenwerkstatt gewährt Einblicke in das alte erzgebirgische Handwerk, mit dem kunstvolle Schmuckelemente wie Borten oder Zierbänder hergestellt werden. Besonders spannend ist es am dritten Oktoberwochenende beim Erzgebirgischen Handwerkertag, wenn Kunsthandwerker ihre Arbeit erklären. Dann haben auch andere Werkstätten geöffnet. www.schloss-schlettau.de

PETRA STEPS: GESTÄNDNIS AM SCHRECKENBERG

»Du glaubst nicht, was ich alles erlebt habe. Die Kinder waren so toll. Und die Polizei in Annaberg, besonders dieser Kriminalhauptkommissar Uhlig«, quoll es aus Adina heraus, nachdem sie Mia aus deren Büro abgeholt hatte. Gemeinsam fuhren sie in Adinas Wohnung in Berlin Mitte, stellten das Gepäck ab und gingen anschließend in ihr Stammcafé. »Los, erzähl!«, forderte Mia ihre Freundin auf. »Wie sieht er aus?« Adina stutzte, dann musste sie lachen. »Ausgesprochen gut, groß, schlank, dunkelhaarig, braune Augen, die bisweilen schwarz aufblitzen. Ich glaube, da haben einmal ein paar durchziehende Truppen Halt gemacht und mindestens einer der Rekruten hat seinen Samen verloren. Das können nicht nur Erzgebirgsgene sein.« Mia kicherte. »Klingt nach schwer verliebt, wie bei Julian damals …« »Erwähne den Namen bitte nicht mehr. Du weißt doch, wie das endete. Mit Oli, das ist ganz anders.« »Du nennst ihn schon Oli. Wie heißt er richtig?«, hakte Mia nach und schwieg sofort, weil die Kellnerin an den Tisch kam. »Eine heiße Schokolade für mich«, bestellte Adina. Mia nahm eine Latte Macchiato. »Er heißt Lars-Oliver, aber so spricht man doch keinen Mann an! Wir waren zwei Mal zusammen essen. Mehr nicht. Und kennengelernt haben wir uns im Wald bei den Greifensteinen.« »Im Wald?« Mia lächelte süffisant. »Nein, nicht was du denkst. Ich musste doch die Polizei rufen, als ich den Pilzsucher und seinen Totschläger fand. Oli hat die Ermittlungen geleitet.« Adina berichtete von dem kriminellen Zwischenfall, bevor sie auf das Abenteuer Schulklasse einging. »Du, das war richtig, richtig gut. Ich glaube, ich bekomme da ein wunderbares Ergebnis. Wir haben das volle Programm durchgezogen und sogar noch was draufgepackt. Warum guckst du so komisch?« Mia hatte während Adinas Bericht das Gesicht verzogen. »Das wird deine Konkurrenz nicht freuen. Er kommt mit dem Thema Jugend überhaupt nicht zurecht. Deshalb hat Markus das Geld für dich locker gemacht. Er hat außerdem etwas von einem Meeting gesagt. Du sollst dem Herrn ein kleinwenig auf die Sprünge helfen«, verriet Mia. Mit Konkurrenz meinte Mia den Kölner, der wie ihre Freundin am Tourismusportal arbeitete. »Mist!« schnauzte Adina. »Ich wollte so schnell wie möglich ins Erzgebirge zurück. Quatschrunden brauche ich gerade überhaupt nicht.« »Also doch verliebt«, stellte Mia mehr fest, als dass sie fragte. Adina seufzte. »Ich weiß nicht. Vielleicht hat es sich ja bald wieder erledigt, so wie mit Julian. Oder es dauert länger, so wie mit Sascha. Ich tauge bestimmt gar nicht für eine Partnerschaft.« Mia prustete los. »Wegen zwei Kerlen, die nicht zu dir gepasst haben, musst du nicht gleich an der Männerwelt zweifeln. Hab nur Geduld, du kommst ans Ziel. Für jede Blume wächst ein Stiel«, zog sie Adina mit einem Kinderspruch auf. Sie lachten beide. »Du, ich bin ein wenig müde. Wir können morgen zusammen essen gehen«, schlug Adina vor. Mia winkte der Kellnerin und zahlte für beide. »Morgen kannst du ja einen ausgeben, auf Ooollliii und auf das Erzgebirge«, schlug sie vor.

In ihre Wohnung zurückgekehrt, packte Adina den Laptop aus und rief die Datei mit ihren Vorplanungen auf. Dann faltete sie die Freizeitkarte Erzgebirge auseinander. Automatisch schielte sie auf die Gegend um Annaberg, wo sie Oli verortet wusste, und verglich die Karte mit ihren Reisezielen. Sie hatte das Projekt im Vorfeld über ihren Blog bekannt gemacht und aufgerufen, interessante Orte vorzuschlagen. Die Resonanz war umwerfend gewesen. Doch schon damals hatte sie bemerkt, dass sich vieles auf das mittlere und obere Erzgebirge konzentrierte. Und da lag nun mal Annaberg. Dorthin wollte sie unbedingt in der Vorweihnachtszeit, die Stadt schied also aus. Adina durchforstete ihre Liste: Frohnauer Hammer **77**, Markus-Röhling-Stollen **78**, Schreckenberg … »Genau das ist es!« Sie pfiff eine Melodie, die sie bei »Radio Erzgebirge« gehört hatte. Dann fing sie an zu singen. »Glück auf, Glück auf, die Adina kommt …« und schickte ihrer Version vom Steigerlied der Bergleute eine Lachsalve hinterher. »Ja, die Adina kommt. Bald«, versprach sie sich selbst und setzte sich eine Frist von maximal drei Tagen für die Reisevorbereitung. »Schreiben kann ich vor Ort, wenn es sein muss. Markus wird das sicher verstehen«, hoffte sie. Dann widmete sie sich so profanen Dingen wie dem Wäschewaschen, denn nach zwei Wochen Erzgebirge war ihr Repertoire an Dessous im wahrsten Sinne des Wortes ausgereizt. Das Sockenfach glänzte durch gähnende Leere. Todmüde, aber voller Pläne, fiel Adina am Abend ins Bett.

Noch waren die Schmetterlinge im Bauch nur Puppen, doch Adina fühlte sich wie von Flügeln getragen, als sie ihr Auto belud und gen Süden düste. Wie schon bei ihrer Greifensteine-Tour hatte sie wieder im Hermergut Mildenau Station gemacht. Ihr Vermieter war zwar einigermaßen erstaunt, dass sie nach drei Tagen schon wieder bei ihm aufschlagen wollte, aber die Wohnung war frei und Adina eine pflegeleichte Mieterin. »Ich freue mich auf dich. Melde dich, wenn du angekommen bist«, hatte Oli auf ihre Whatsapp-Nachricht geantwortet. Sie wollte ihn noch ein wenig zappeln lassen und vor dem ersten Rendezvous einen Teil des Besichtigungsprogramms absolvieren. Die Abzweigung nach Frohnau hatte sie schon gesehen, als sie auf der B 95 den Berg hoch in Richtung Annaberg abbog und dann weiter nach Mildenau fuhr. Das schaffte sie locker ohne Navi, so oft war sie schon hier gewesen.

Die erste Station ihres Besichtigungsprogramms hieß »Frohnauer Hammer«. Hier hatte sie sich angemeldet. »Sie sind also die Journalistin aus Berlin. Na da kommen Sie mal mit«, empfing sie ein freundlicher Herr und führte sie durch das technische Denkmal, das seit dem 15. Jahrhundert verschiedenen Zwecken diente. »Wir haben hier Technik, wie sie im 17. Jahrhundert zum Schmieden verwendet wurde«, erklärte der Museumsmitarbeiter. »Wahnsinn, was man mit Wasserkraft alles betreiben kann«, sagte sie angesichts der Hämmer, von denen bei der Vorführung nur der kleine mit 100 Kilogramm in Gang gesetzt wurde. Noch besser als die technischen Details gefiel ihr die Volkskunstgalerie im Hammerherrenhaus, die zur Besichtigungstour dazugehörte. »Eine clevere Idee, die Technik mit Klöppelkunst zu verbinden. Da kann Mann Frau zum Mitgehen überzeugen, selbst wenn sie nicht so viel von Technik versteht, und umgekehrt natürlich«, erklärte Adina der Dame, die sich als »An Schmied sei Fraa« (dem Schmied seine Frau) vorgestellt und ihr die Klöppelkunst gezeigt hatte. In ihr Notizbuch schrieb Adina: »Schmied, Klöpplerin – Geschlechterrollen bei der Berufswahl aus verschiedenen Blickwinkeln«. Und natürlich wollte sie vom »Hammer-Hansl« berichten, der mit Filzhut, vielen Abzeichen, Lederschürze und Akkordeon zum Original des Frohnauer Hammers geworden war. Adina bedauerte, dass sie ihn nicht mehr kennenlernen konnte, denn er war 2007 gestorben.

Vom Frohnauer Hammer aus fuhr Adina die Sehmatal-straße einfach weiter und gelangte so zum Markus-Röhling-Stolln. Hier wollte sie erst einmal inkognito recherchieren, denn das Erzgebirge hatte viele Bergwerke, unter denen sie ohne Zwang auswählen wollte. Mit einer Anmeldung als Journalistin hätte sie eine Erwartungshaltung provoziert, die sie vielleicht nicht hätte erfüllen können. Und sie wollte keinen enttäuschen. Adina löste eine Karte für die Befahrung, nahm sich in der Kaue einen Helm und suchte sich einen Sitzplatz in der gelben Grubenbahn, die für die Teilnehmer an der Führung bereitstand. Ein Bergmann stellte sich vor. Er setzte die kleine gelbe Lok in Gang, dann donnerte der offene Zug 630 Meter weit in den Berg hinein. »1492 hat Daniel Knappe am Schreckenberg das erste Silber gefunden und damit das ›Berggeschrey‹ ausgelöst. Die Bergleute strömten her. Häuser wurden gebaut. 1496 entstand Neustadt, das 1501 in Annaberg umbenannt wurde«, schilderte der Bergmann die Anfänge des Bergbaus in der Region und der daraus resultierenden Besiedlung. »Jetzt kommt ein bisschen Musik heraus, so laut wie Diskomusik«, kündigte er bei der Vorführung des Bohrhammers an. Nicht ganz so melodisch klang die Demonstration der Sprengung. »Bei uns im Bergwerk kann sogar geheiratet werden. Nicht hier, sondern im früheren Munitionsbunker. Wir übernehmen aber nur zwei Jahre Garantie. Entsorgung ist im Endlager möglich.« Die Gruppe erfasste ein kollektives Lachen. Einer fragte, wo sich das Endlager befindet. »Weiter hinten. Da gehen wir noch hin«, bekam er zu hören. Immer wieder machte der Kumpel auf das Thema Schachtentwässerung aufmerksam.

»Eines der beiden Wasserräder hatte einen Durchmesser von 10,80 Metern, das andere maß neun Meter. Wir haben das kleinere nachgebaut«, sagte er und setzte das riesige Teil in Gang. »Sie schreiben wohl alles mit!«, sprach der Bergmann Adina an, während der Rest der Führungsteilnehmer mit offenen Mündern über das rotierende Rad staunte. Alle hatten die Augen nach oben gewandt. Da sich der Kumpel sofort wieder der Gruppe zuwandte, sah Adina keinen Anlass für eine Antwort. Stattdessen lehnte sie sich weit über die Brüstung und schaute ins Wasser. Ein Gesicht, jung und schön, von blonden langen Haaren umrahmt, schaute zurück. Adina zuckte zusammen und versuchte, mehr zu erkennen. Unter dem Holzpodest konnte sie einen weiblichen Körper ausmachen. Es traf sich gut, dass der Bergmann die Gruppe ein paar Meter zurückschickte und sich als letzter in Bewegung setzte. Die Leute liefen an ihr vorbei, Adina hielt den Kumpel am Ärmel fest, deutete mit dem linken Zeigefinger auf den Lippen ein »Pst« an und zeigte mit dem rechten auf ihre Entdeckung. Ein halblautes »Ach du Scheiße« entschlüpfte dem Bergmann. »Endlagerung?«, erwiderte Adina.

Dem Bergmann gelang es, die Gruppe aus dem Besucherbergwerk zu bringen, ohne dass jemand etwas von der Frau unter Wasser bemerkt hatte. Die nachfolgende Führung wurde gestoppt. »Wegen technischen Defekts heute keine Besichtigung möglich«, lasen Neuankömmlinge schon an der Zufahrt zum Bergwerk. »Kommen Sie mit ins Büro«, forderte der Kumpel Adina auf. Via Anruf in der Rettungsleitstelle wurde das Vollprogramm in Gang gesetzt. Adina übergab ihre Visitenkarte. »Ich gehe ein Stück den Berg hoch. Ich brauche jetzt einfach nur frische Luft.«

Nahe dem Mundloch entdeckte Adina ein Schild mit dem Hinweis zum früheren Pferdegöpel, dem Huthaus und der Schmiede **79** auf dem Schreckenberg. Sie marschierte los, immer noch das Gesicht der toten Frau vor Augen. Sie wollte andere Bilder sehen. Die Schautafeln zu heimischen Tieren und Pflanzen konnten sie nicht ablenken. Dann tauchte der Gebäudekomplex oberhalb des Schachtes auf. Adina las die Öffnungszeiten. Leider war nur am Wochenende geöffnet. An der Bergschmiede studierte sie die Karte und war froh, dass sie nach der Leichenschau im Bergwerk weder Hunger noch Appetit hatte. Zielstrebig lief sie weiter in Richtung Bergkuppe und erblickte die künstliche Ruine **80**, die nur im unteren Teil begehbar war. Adina genoss die wunderbare Aussicht auf Annaberg. Die St. Annenkirche thronte hoch über der Stadt. Links davon begrenzte der Pöhlberg mit seinem weißen Aussichtsturm den Blick. Adina richtete ihre Augen auf das Gelände unterhalb der Ruine. Nur wenige Meter von ihr entfernt saß ein junger Mann auf einer Bank, zusammengekauert wie ein Häufchen Elend, den Kopf in die Hände gestützt. Es fiel ihr schwer, den Blick von der herbstlich gefärbten Landschaft zu lassen, doch sie musste immer wieder zu der Bank schauen. Eine Weile überlegte sie, ob sie sich dem Mann nähern sollte. Da hörte sie, wie er laut aufschluchzte. »Benötigen Sie Hilfe?«, fragte Adina den Fremden auf der Bank, nachdem sie bis auf zwei Meter herangekommen war. »Mir kann keiner helfen. Julia ist tot und mein Leben nichts mehr wert«, wimmerte er unter Tränen. Adina erschrak. »Julia, ist das etwa die Tote unten im Stolln, an der Endlagerstelle?« »Sie haben sie schon entdeckt. Na dann dauert es ja nicht mehr lange und man wird wissen, wer ihr

Mörder ist.« Adina holte tief Luft. Diese Offenbarung hatte sie gerade nicht erwartet. Der Mann bemerkte ihren ratlosen Gesichtsausdruck, dann brach es aus ihm heraus wie aus einer geöffneten Schleuse. »Wir waren so glücklich. Vor eineinhalb Jahren haben wir geheiratet, unten im Markus Röhling, mit Familie, rotem Teppich, allem Drum und Dran. Vor vier Wochen kam ihre Jugendliebe von einer Weltreise zurück und ich war nicht mehr interessant. Alexander, der große Abenteurer, Alexander, mit dem sie über alles reden konnte, Alexander, der …« Der junge Mann hielt inne. »Ich bin übrigens Jonas, eigentlich der Friedliebende, doch damit ist es vorbei, genauso wie mit Jonas und Julia. Der Tod hat uns geschieden, bevor es ein Richter tun musste.« Jonas lachte hysterisch auf, Adina bekam es mit der Angst zu tun, blieb aber äußerlich ruhig. Sie wollte ihn nicht unnötig reizen, denn sie wusste nicht, wie er reagieren würde. Immerhin hatte er ihr einen Mord gestanden. Sie war also Mitwisserin. »Würden Sie das vor der Polizei wiederholen?«, fragte Adina, nachdem sie ein paar Schritte Sicherheitsabstand gewonnen hatte. »Natürlich«, antwortete Jonas fast schon sanftmütig. Adina bewegte sich zurück in Richtung Ruine und zückte ihr Handy.

»Warum hast du nicht angerufen? Du wolltest dich doch melden, wenn du da bist. Dir geht es bestimmt gut?«, schnaubte der Kriminalhauptkommissar ungehalten ins Telefon. »Ich rufe ja jetzt an, sonst hättest du mich nicht in der Leitung. Darf ich dir das später erklären, ja? Komm bitte zur Ruine auf dem Schreckenberg. Und bringe am besten Verstärkung mit. Hier wartet jemand auf seine Festnahme«, antwortete Adina, um eine fest klingende Stimme bemüht. »Der Mann von der Wasserleiche im Markus-Röhling-Stolln? Wir sind gerade hier. Du hast Glück, dass ich nicht im Schacht bin, sonst hättest du mich nicht erreicht.« »Genau, der Ex-Mann. Bis dass der Tod euch scheidet. Nun ist er geschieden, obwohl er genau das nicht wollte. Er hat mir alles erzählt und möchte sein Geständnis vor der Polizei wiederholen. Kommst du?«, fragte Adina verunsichert nach. »Natürlich, was hast du denn gedacht? Ich möchte doch meine neue Kollegin treffen …« »Lars-Oliver, du weißt genau …«, setzte Adina zu einer Erwiderung an. »Schon gut. Bis gleich. Wir brauchen keine zehn Minuten«, versicherte Oli.

Der Streifenwagen war bis unmittelbar an die Ruine gefahren. Oli hatte sein Auto am Parkplatz abgestellt, um die letzten Meter nach oben zu laufen. Adina sah ihn schon von Weitem kommen. Sie hatte den Eindruck, dass er sich auf ihre Begegnung vorbereiten wollte, hielt den Fußmarsch bergauf jedoch als vollkommen ungeeignet dafür. Ein kurzatmiges Donnerwetter wirkt lächerlich. Sein Ärger schien verflogen zu sein, als er vor ihr stand und sie zaghaft umarmte. Unisono holten beide tief Luft. Oli sprach kurz mit seinen Kollegen, die bestätigten, was Adina bereits am Telefon gesagt hatte. Der Ex ließ sich widerspruchslos zum Auto führen. »Ich danke dir. Das ist schon der zweite unnatürliche Todesfall, für den du uns die Aufklärung lieferst. Eigentlich sollte ich sauer sein, aber du ersparst mir eine Menge Arbeit«, sagte Oli. Adina öffnete den Mund und wollte antworten, doch Oli legte ihr zwei Finger über die Lippen. »Ist schon gut. Ich freue mich wahnsinnig, dich zu sehen.« Sie setzten sich auf die Steine am Fuße der künstlichen Ruine und Adina berichtete, was sich zugetragen hatte. »Ich muss dich natürlich wegen der Zeugenaussage ins Revier bestellen. Das hat zwar Zeit bis

Morgen, aber ich möchte ungern so lange warten. 17 Uhr am Hermergut?« »Was wollen wir ...?« Oli ließ Adina nicht aussprechen. »Lass dich einfach überraschen. Wo steht dein Auto?« »Auf dem Parkplatz am Markus-Röhling-Stolln.« »Komm, ich nehm dich mit hinunter«, bot Markus an, doch Adina schüttelte den Kopf. »Ich möchte noch ein wenig frische Luft atmen. Lass mich laufen.« Oli marschierte mit Adina die kurze Strecke bis zu seinem Auto und verabschiedete sich mit einem freundlichen »Bis dann«. Vor dem Einsteigen blickte er Adina lange an.

Pünktlich um 17 Uhr fuhr Oli in Mildenau vor. Adina hatte am Fenster gestanden und beobachtet, wie er sein Auto einparkte. Sie schloss die Tür, eilte den Hang hinunter und stieg zu ihm in den Wagen. Er fuhr die lange Dorfstraße bergab und dann fast geradeaus in Richtung Mauersberg. Adina hatte keine Ahnung, wohin die Spritztour gehen sollte. »Was ist das für ein Museum?«, fragte sie, als sie den Schriftzug an dem Häuschen im Ortskern las. »Das Mauersberger-Museum 81. Es ist den Brüdern Rudolf und Erhard Mauersberger gewidmet. Schon mal gehört?« Adina überlegte einen Moment. »Nicht wirklich, zumindest fällt mir nichts dazu ein.« »Der bekanntere war Rudolf, der Kreuzkantor. Kreuz-Chor Dresden sagt dir doch bestimmt etwas. Sein Bruder war Thomaskantor in Leipzig. Das Museum solltest du dir unbedingt anschauen. Die Frau am Einlass kennt jemanden, der dir die Kreuzkapelle 82 auf dem Friedhof aufsperrt, wenn du dich dafür interessierst. Die ließ Mauersberger von 1949 bis 1953 errichten, im Stil der alten Mauersberger Wehrkirche«, klärte Oli sie auf. »Mauersberger in Mauersberg, was für ein Zufall! Aber zu dieser Zeit in der DDR ein Kirchenneubau? Das hätte ich nicht gedacht«, stellte Adina fest und versicherte Oli, dass sie sich das Museum nicht entgehen lassen werde.

Bei der steilen, kurvenreichen Straße hatte Adina mehrmals den Atem angehalten. »Du kannst ruhig Luft holen, ich kenne die Strecke. Meine Eltern wohnen in Wolkenstein. Ich bin hier groß geworden«, sagte Oli. Adina blies die Wangen auf. »Keine Angst, wir fahren nicht zu ihnen«, beruhigte Oli seine Beifahrerin, »ich habe ein anderes Ziel.« »Was ist denn das?«, erkundigte sich Adina, als sie im Tal angekommen waren und ein roter Zug vor ihr auftauchte. »Das Wolkensteiner Zughotel 83 . Hier kannst du übernachten, mit etwas Glück im Regierungsabteil. Den Wagen haben Präsidenten und sogar Erich Honecker benutzt, er ist historisch. Leider fährt hier keine Schmalspurbahn mehr«, erklärte Oli. »Haben sie die Strecke eingestellt, weil sie zu wenig genutzt wurde?«, fragte Adina nach. »Viel schlimmer, Adina. Das Streckensterben ging langsam vor sich. Mein Großvater hat mir erzählt, dass hier alles ziemlich marode war und größere Reparaturen für den Erhalt notwendig gewesen wären. Zuletzt transportierte die Preßnitztalbahn 84 nur noch Kühlschränke vom Werk in Niederschmiedeberg aus. Die Erzgebirger kämpften für den Erhalt der Strecke, doch gegen die Behörden hatten sie keine Chance. In einer Nacht- und Nebelaktion wurden Brücken abgebaut, damit hatte sich das Thema erledigt. Die Russen sollen mit Hubschraubern geholfen haben.« »Ich habe hier im Erzgebirge von vielen Bahnstrecken gehört, die stillgelegt wurden. Dann gibt es die Preßnitztalbahn also auch nicht mehr.« »Das stimmt so nicht ganz. Es wurde ein Stück Strecke wiederbelebt, das von einer Museumsbahn befahren wird, zwischen Steinbach und Jöhstadt. Wenn du willst, können wir am Wochenende eine Zugfahrt unternehmen und den Weg zurücklaufen. Aber jetzt fahren wir erst einmal ins Schloss. Das hast du vor Begeisterung für den Zug total übersehen. Schau!«, forderte sie Oli auf. Ein lautes »Wow« entfuhr ihr beim Blick auf den Bergsporn, der dem Schloss Wolkenstein 85 als Fundament dient. Oli fuhr einen Berg hinauf. Vom Parkplatz aus waren es nur wenige Meter bis zum Schloss. »Voilà«, sagte Oli und hielt Adina die Tür zur Erlebnisgaststätte »Zum Grenadier« auf. Blitzartig tauchte Adina ein in die Atmosphäre des napoleonischen Zeitalters. »Vielleicht waren es Napoleons Truppen, die hier durchzogen und für frisches Blut sorgten«, fiel ihr mit einem Seitenblick auf Oli ein.

Am Samstag stand sie bereits vor der Tür, als sie Olis Auto erblickte. Sie lief den kleinen Abhang hinunter zum Parkplatz und schwang sich auf den Beifahrersitz, ehe Oli sich abschnallen und aussteigen konnte. »Guten Morgen! Was für ein Wetter! Das kann nur gut werden«, lächelte sie ihn an. »Wir fahren jetzt nach Jöhstadt, das ist nur ein Katzensprung. Dort steigen wir in die Preßnitztalbahn. Der Zug startet kurz nach zehn und ist gegen drei viertel elf in Steinbach. Dann laufen wir die acht Kilometer durch das Preßnitz- und Schwarzwassertal zurück. Unterwegs werden wir irgendwo Rast machen«, klärte Oli sie über seine Pläne für den Tag auf.

Adina schoss ein paar Fotos vom Bahnhof und von verschiedenen Wegweisern. Dann fotografierte sie den Zug und stieg hinter Oli ein. Die Dampflok zuckelte mit zwei Wagen und einem lauten Pfiff pünktlich los. Für die Fahrgäste eröffneten sich nach kurzer Zeit wunderbare Ausblicke in ein Tal, dass sich die Preßnitz geschaffen hat. Einen großen Teil der Strecke fuhren sie neben dem Erzgebirgsflüsschen her. »Schau mal die vielen Farben, wie gemalt«, machte Adina Oli auf die Farbenpracht des Herbstes aufmerksam. Immer wieder fragte sie: Was ist das da drüben, was dort oben, was da links ... »Du wirst es dann aus der Nähe sehen«, versprach Oli. In Steinbach stiegen sie aus und nahmen den Wanderweg nach Jöhstadt entlang des Flusses. »Das ist hier ja eher ein stehendes Gewässer und kein Fluss«, stellte Adina fest. »Warte, bis wir hinter dem Wehr sind, dann siehst du ein klares Fließgewässer, in dem sich Forellen tummeln«, versicherte Oli. Sie waren an der Brücke über die Preßnitz angelangt, als ein Signal ertönte. Adina konnte gerade noch die Kamera in Position bringen und den Dampfzug auf der Rückfahrt fotografieren. Dann entdeckte sie etwas anderes: »Raststätte Am Wildbach« **86** war auf dem Schild zu lesen, das ein bisschen an eine Dampferanlegestelle erinnerte. Sie standen vor einer gut gepflegten Anlage mit einem erzgebirgstypischen Häuschen. Ruhebänke, eine lustig gestaltete Quelle, ein Wetterstein, ein Springbrunnen und viele andere Extras luden ein, einen Blick mehr als gewöhnlich auf das Gelände zu werfen. Im Biergarten saßen einige Radfahrer und dösten in der wärmenden Oktobersonne vor sich hin. »Hast du Lust?«, fragte Oli und zeigte auf einen freien Tisch. Adina ließ sich nicht zwei Mal bitten. Der Wirt brachte die Karte. Oli entschied sich für die Wildknacker mit Sauerkraut, Adina für einen überbackenen Ziegenkäse mit Salatvariationen. »Das sind unsere Spezialitäten. Wenn Sie Ziegen mögen, dann müssen Sie unbedingt im Sommer zum Steinbacher Ziegentreffen kommen«, sagte der Wirt, als er die Bestellung aufnahm. »Ziegentreffen? Die haben wir in Berlin auch. Jeden Donnerstag bei Aldi, wenn sich die Kunden auf die Sonderangebote stürzen und sich die

Sachen förmlich aus den Händen reißen. Das Gemecker müssen Sie hören«, lachte Adina. »Aber im Ernst: Was muss man sich unter einem Ziegentreffen vorstellen?« »Es gibt verschiedene Wettbewerbe und natürlich Produkte aus Ziegenmilch. Einer der Höhepunkte ist der historische Ziegenumzug. Die Ziegen reisen aus dem ganzen Erzgebirge an. Die Wahl der schönsten Ziege darf man sich nicht entgehen lassen«, schwärmte der Wirt. Adina verkniff sich die Frage, ob zwei- oder vierbeinige Ziegen um den Titel rangen. Sie hatte längst angebissen. Die Sache mit den Ziegen musste sie noch einmal genauer unter die Lupe nehmen. Dazu ließ sich eine wunderbar mehrdeutige Story für ihr Reiseportal schreiben, vielleicht unter der Überschrift »Meckern unbedingt erwünscht«. Nachdem Adina ihr Radler und Oli sein frisch gezapftes Bier getrunken hatte, zahlten sie. Oli hatte darauf bestanden, die Rechnung zu übernehmen. »Beim nächsten Mal ich«, legte Adina fest. Der Unterton in ihrer Stimme duldete keinen Widerspruch und Oli versuchte gar nicht erst zu diskutieren. Sie setzten ihren Weg fort und lasen die nummerierten Schilder, auf denen Besonderheiten am Wegesrand erläutert wurden. »Schau, das Mundloch heißt ›Friedliebende Nachbarschaft‹. Da könnte man doch alle zänkischen Nachbarn solange einsperren, bis sie sich wieder vertragen«, schlug Adina vor. »Und als Beamter wegen Freiheitsberaubung in den Knast gehen«, konterte Oli. Die Journalistin bestaunte die Felsen an den Hängen der Preßnitz, die sich zwischen Steinen entlang schlängelte. »Das Flüsschen war nicht immer so friedlich, wie es jetzt aussieht. 1955 hat ein Starkregen ein Hochwasser verursacht. Bei der zwei Meter hohen Flutwelle starben sieben Menschen. Man kann sich das nur schwer vorstellen. Die

Überschwemmungen beschädigten auch die Bahnlinie. Sie waren einer der Gründe für die Einstellung des Zugverkehrs«, erinnerte Oli sie an das Gespräch, das sie am Wolkensteiner Bahnhof geführt hatten. Inzwischen waren sie am Andreas-Gegentrum-Stolln 87 angekommen. Oli schaute Adina an und sie verstand wortlos, was er sie fragen wollte. »Eigentlich habe ich nach der Aktion am Schreckenberg nicht schon wieder Lust auf Bergbau«, verzögerte sie eine Entscheidung. »Verstehe ich vollkommen, aber das hier ist ganz anders. Und im Erzgebirge kommst du um Bergbau sowieso nicht herum«, versicherte Oli und lief auf die Besucherkaue zwischen Preßnitz und Mühlgraben zu. »Wie kann man bei zwei Personen überstimmt werden?«, fragte sich Adina, während Oli die Eintrittskarten kaufte.

Der Weg in den Stollen war tatsächlich bedeutend kürzer als die Markus-Röhling-Tour. Der Bergmann, der die Gruppe anführte, schwärmte von der Großen Mettenschicht, die jedes Jahr am Samstag vor dem zweiten Advent veranstaltet wird. »Dann ziehen die Bergleute mit ihren historischen Uniformen ins Revier ein und die ›Häuerglocke‹ wird geläutet. Zu den Ansprachen erklingen bergmännische Weisen«, pries er die Veranstaltung an. Adina witterte schon wieder eine Story. »Im Erzgebirge liegen die interessanten Geschichten förmlich auf der Straße«, sagte sie zu Oli. Er lachte. »Na dann hast du ja noch ewig hier zu tun.«

Nach der Ankunft in Jöhstadt besichtigten sie die Ausstellungs- und Fahrzeughalle 88 der Preßnitztalbahn, bevor sie zum Parkplatz am Bahnhof zurückkehrten. Oli schaute zu Adina. »Der Tag ist noch jung …«, setzte er an. »Du, nimm's mir bitte nicht übel. Ich muss noch einiges aufschreiben. Bei der grandiosen Reizüberflutung hier kann man gar nicht alles behalten«, erteilte sie ihm eine sanfte Abfuhr. Während der Rückfahrt war es sehr still im Auto. Adina tat ihre Entscheidung schon wieder leid, aber irgendwie ging ihr das alles zu schnell. »Sehen wir uns morgen?«, fragte sie beim Aussteigen in versöhnlichem Ton. »Ich habe bis 16 Uhr Dienst. Zum Abendessen?« »Gern. Wir können uns unterwegs treffen. Ich will noch den Hirtstein 89 besichtigen. Dort ist doch bestimmt etwas Passendes in der Nähe. Am Montag muss ich nach Berlin zurück. Der Chef hat ein Meeting angesetzt, so was zum Quasseln. Ruf mich nach Dienstschluss an und ich sage dir, wo wir uns treffen.« Oli nahm Adina in den Arm und drückte ihr ein Küsschen rechts und ein Küsschen links auf die Wange.

In ihrer Ferienwohnung angekommen, schrieb sie eine Mail.

Liebe Mia, ich habe wieder eine Leiche gefunden und Oli war der Ermittler. Heute sind wir gewandert. Was soll ich machen? Mir geht das alles viel zu schnell. Deine Adina

Die Antwort kam prompt:

Liebe Adina, wie, schon wieder? Wenn Amor seine Pfeile schießt, kannst Du nicht viel machen. Lass es einfach rankommen. Liebe ist keine Krankheit. Deine Mia

Adina sortierte ihre Aufzeichnungen und setzte noch ein paar Stichpunkte dazu. Dann begann sie ihren Blog zu schreiben:

Hallo Leute, ich melde mich aus der Gegend um Annaberg. Das glaubt Ihr nicht. Ich habe schon wieder eine Leiche gefunden. Diesmal im Schreckenberg. Ja, der heißt wirklich so. Dort wurde 1492 das erste Silber gefunden. Kommt Euch das Jahr bekannt vor? Genau, da soll Kolumbus Amerika entdeckt haben. Und ich entdecke jetzt das Erzgebirge. Übrigens werden hier touristische Einrichtungen im Gleichstellungsverfahren konzipiert. Und fürs Meckern gibt es jedes Jahr einen Pokal. Nur eins verstehe ich nicht: Wieso lassen die Erzgebirger sich ihre Flüsschen durch Wasserkraftanlagen kaputt machen, die kaum Strom erzeugen? Die Pressnitz ist hier streckenweise ein stehendes Gewässer und kein Wildbach. Erst hinter dem Wehr sieht sie nach Gebirgsfluss aus. Ansonsten traumhafte Landschaft, leckeres Essen, immer wieder neue Dinge außer denen, auf die mich die Erzgebirger hier im Blog schon aufmerksam gemacht haben. Es gibt doch noch Neues! Freut Euch also auf meine Geschichten! Und: Die Überraschung ist 1,90 Meter groß und ich weiß noch nicht, was ich mit ihr anfangen soll. Meine Freundin Mia meint »rankommen lassen«. Eure Adina

77 Frohnauer Hammer
Der Frohnauer Hammer erhielt 1907 die Anerken-
nung als erstes technisches Denkmal in Sachsen. Aus
einer mittelalterlichen Getreidemühle wurde hier
1621 ein Hammerwerk, in dem Werkzeuge für den
Bergbau und die Landwirtschaft geschmiedet wurden. Bei einer Führung wird die Arbeit mit Technik
aus dem 17. Jahrhundert demonstriert. Im Gebäude-
ensemble befinden sich auch eine Klöppelausstellung
und eine Gaststätte.

78 Markus-Röhling-Stolln
Ins Besucherbergwerk in Frohnau fahren Sie etwa
630 Meter mit der Grubenbahn und können anschließend den Erklärungen echter Bergmänner des Ver-
eins Altbergbau Markus-Röhling-Stolln lauschen. Die
Zeitzeugnisse, die ihnen dabei präsentiert werden, stehen vor allem mit dem Silber- und Kobaltbergbau in
Verbindung. Eine große Rolle spielt die Wasserent-
sorgung. Zur Demonstration des Prozesses wurde
ein hölzernes Wasserrad originalgetreu nachgebaut.
www.roehling-stolln.de

79 Pferdegöpel, Huthaus und Schmiede
Pferdegöpel, Huthaus und Schmiede am Schreckenberg
gehören zum Denkmalkomplex »Markus-Röhling-
Treibeschacht«. Der Pferdegöpel ist eine Nachbildung
des Gebäudes von 1785 mit dem pyramidenförmigen Göpelstuhl und dem sogenannten Treibehaus. Die

mit Pferden betriebene Fördereinrichtung diente dem Transport des Erzes. Im Huthaus hat ein geologisches Büro seinen Sitz. Die frühere Bergschmiede dient als Gastraum. Das Ensemble ist vom Markus-Röhling-Stolln aus gut zu Fuß zu erreichen.

80 Schreckenberg mit künstlicher Ruine
Der Legende nach fand Daniel Knappe 1492 am Schreckenberg das erste Silber und löste damit das »Berggeschrey« aus, in dessen Folge die Stadt Annaberg entstand. Das Terrain umfasst nach Schätzungen 500 Kilometer Stollen in unterschiedlichen Tiefen. Der Berg selbst hat eine Höhe von 649 Metern über NN. Auf seinem Gipfel steht eine künstliche Burgruine mit Resten von Burgmauern und einem Turm, die im 19. Jahrhundert errichtet wurde. Von dort blickt man nach Annaberg-Buchholz und zum Pöhlberg.

81 Mauersberger-Museum
Das Mauersberger-Museum präsentiert das Andenken an zwei Söhne des Ortes: den Kreuzkantor Rudolph Mauersberger und den Thomaskantor Erhard Mauersberger. Im Mittelpunkt der Ausstellung stehen das Leben und Wirken der Brüder und damit vor allem das Thema Musik. Sehenswert ist dabei ein Modell des Ortes, das der Kreuzkantor selbst gebaut hat. Darüber hinaus gibt es Sonderausstellungen und Veranstaltungen. Beeindruckendes Exponat für mich ist eine geschnitzte Lampe mit den Abbildern von Kruzianern, die beim Bombenangriff auf Dresden ums Leben kamen.

82 Kreuzkapelle Mauersberg

Die Kreuzkapelle auf dem Mauersberger Friedhof wurde im Stil der alten Wehrkirche gebaut, die dem Kircheneubau im Ort weichen musste. Lediglich der Wehrgang wurde nach innen verlegt. Der 1953 geweihte Bau geht auf eine Stiftung des damaligen Kreuzkantors Rudolph Mauersberger zurück, der aus dem Ort stammt. Die Glocke der alten Kirche aus dem Jahr 1571 wurde wieder eingebaut. Sehenswert ist der Orgelprospekt mit den zu Engeln stilisierten Kruzianern.

83 Wolkensteiner Zughotel

Das Wolkensteiner Zughotel steht auf dem Bahnhof unterhalb des Schlossfelsens. In mehreren Zügen werden 62 Übernachtungsplätze angeboten, von der Ferienwohnung über das Galerieappartment bis zur Suite im früheren Regierungsabteil. Ein Restaurant und eine Terrasse ergänzen das Angebot.

84 Preßnitztalbahn

Die Preßnitztalbahn fuhr ab dem 1. Juni 1892 von Wolkenstein nach Jöhstadt. Durch einen Starkregen im Jahr 1955 und das daraus folgende Hochwasser im Schwarzwassertal wurden Teile des Bahnkörpers beschädigt. Die DDR schaffte es nicht, die Strecke in Schuss zu halten, deshalb folgte die schrittweise Stilllegung und die Demontage der Anlage. Um Bürgeraktionen im Zusammenhang mit der endgültigen Stilllegung zuvorzukommen, wurden 1986 in einer Nacht- und Nebelaktion Brücken demontiert.

Eisenbahnfreunde haben nach der Wende mit der Museumsbahn zwischen Steinbach und Jöhstadt einen Teil der Traditionsstrecke wiederbelebt. Entlang der Strecke führt ein idyllischer Wanderweg. In Schmalzgrube können Sie von diesem Weg abbiegen und einen Abstecher zur Preßnitztalsperre unternehmen. Der Stausee liegt auf tschechischem Gebiet – Ausweis nicht vergessen!

85 Schloss Wolkenstein

Das Schloss Wolkenstein thront hoch über der Zschopau auf einem 80 Meter hohen Felssporn. Das Ensemble vereint Zeugnisse aus mehreren Jahrhunderten. Der älteste Teil stammt aus dem 14. Jahrhundert. Im Museum sind Exponate zur Stadtgeschichte zu sehen, darunter auch eine Ausstellung zur Gerichtsbarkeit in der ehemaligen Folterkammer. Wer sich von der teilweise schaurigen Geschichte nicht abhalten lässt, kann im Trauzimmer heiraten. Für Feiern eignet sich die Erlebnisgaststätte »Zum Grenadier«.

86 Raststätte »Am Wildbach«

Die Raststätte »Am Wildbach« befindet sich direkt an der Museumsstrecke der Preßnitztalbahn mit Haltepunkt Wildbach, unweit von Steinbach. Der Bau geht auf eine Initiative von Steinbacher Heimatfreunden des Kulturbundes zurück, die dort einen Springbrunnen und das Modell eines Hammerwerks errichteten. Für das vollkommene Glück fehlte nur noch eine Art Versorgung. Das Häuschen wurde in 9.430 freiwilligen Arbeitsstunden gebaut. Heute bietet die Gaststätte Platz für 50 Personen sowie eine Sommerterrasse. Der Springbrunnen, ein drehbares Hexenhaus, ein Wetterstein und andere Attraktionen sorgen für

Kurzweil. Beim Wildbachwirt Mario Eberlein darf auch kräftig gemeckert werden – zum alljährlichen Steinbacher Ziegentreffen.

87 Andreas-Gegentrum-Stolln
Am Andreas-Gegentrum-Stolln im Schwarzwassertal zwischen Steinbach und Schmalzgrube findet einmal im Jahr die Große Mettenschicht statt, bei der zum Läuten der Häuerglocke Bergleute in historischen Uniformen ins Grubenrevier einziehen. Führungen und Mettenschichten im Stollen sind auf Anmeldung möglich.

88 Ausstellungs- und Fahrzeughalle
Die Ausstellungs- und Fahrzeughalle der Preßnitz-talbahn im Jöhstadter Ortsteil Schlössel wurde 2005 eröffnet. In der Halle finden auch Modellbahnaus-stellungen statt. Besucher können bequem mit der Preßnitztalbahn bis zur Halle am Haltepunkt Schlös-sel fahren.

89 Hirtstein
Vom Bahnhof Steinbach aus ist es nicht weit nach Satzung und zum 890 Meter hohen Hirtstein, einem verloschenen Vulkan und höchstem Berg im mittle-ren Erzgebirge. Er ist vor allem durch den Basalt-fächer bekannt, der als europäisches Naturdenkmal eingestuft wurde. Ausgeströmte Lava hat eine etwa 15 Meter hohe Struktur erzeugt, die als Palmwedel bezeichnet wird. Über die Notwendigkeit der Wind-räder auf dem Berg lässt sich streiten. Auf dem Gipfel lädt die Hirtsteinbaude zur Einkehr ein. Nach Stein-

bach gelangt man zum Beispiel von Jöhstadt aus mit der Preßnitztalbahn. Der Wanderweg auf den Hirtstein ist 6,5 Kilometer lang.

PETRA STEPS: WILD(ERER)SUPPE
À LA HIPPMANN

»So eine Zeitverschwendung«, schimpfte Adina, während sie die Tür zum Büro ihrer Agentur schloss. Ihre Freundin Mia hatte vor dem Haus auf sie gewartet. »Wegen diesem Mist bin ich vorzeitig nach Berlin zurückgefahren. Dabei ist das Erzgebirge gerade jetzt im Herbst so schön.« »Wer sagt, dass Arbeit immer schön sein muss? Oder ist es etwas ganz anderes, das dich dorthin lockt?«, zog Mia sie auf. Adina seufzte. So ganz unrecht hatte ihre Freundin da nicht. »Mein Herr Kollege aus den gebrauchten Bundesländern kommt mit Kindern und Jugendlichen nicht zurecht, ergo nicht mit Familien, also fast mit allen. Und deshalb musste ich zu diesem Meeting nach Berlin kommen. Kann man für so etwas eigentlich Schmerzensgeld verlangen? Oder Entschädigung? Ich bin doch nicht die Arbeitsbeschaffungsmaßnahme für Kollegen, die ihrer Aufgabe nicht gewachsen sind«, griff Adina das Thema wieder auf. »Der bekommt genauso viel Geld wie ich. Bestimmt noch mehr an Spesen, weil er ja die ach so teuren Orte bereist und ich nur in der Pampa unterwegs bin, für ihn jedenfalls. Ich glaube, dem fehlt einfach das Herzblut. Und ohne Leidenschaft kann man keine glaubwürdigen Geschichten schreiben. Ein klassischer Fall von Fehlbesetzung«, machte Adina ihrem Ärger Luft. »Sei ein bisschen vorsichtig, auch mit deiner Leidenschaft. Journalismus verträgt nicht zu viel davon. Und sei nicht so ungerecht. Markus glaubt zwar an dich, aber du bist die Neue. Dein Kollege arbeitet schon länger für die Agentur, bisher halt an anderen Projekten, die ihm vielleicht besser lagen. Markus hat dir sogar Ausfallhonorar gezahlt, als du im Krankenhaus lagst. Das hätte er nicht tun müssen«, versuchte Mia die Situation zu entspannen, während die beiden in ihr Stamm-Café liefen. »Ich habe ihm jedenfalls eine Lektion in Verkaufspsychologie erteilt. Wenn ich jemandem etwas verkaufen will, muss ich zielgruppenorientiert arbeiten. Und ich darf nicht menschenscheu sein. Ich muss auf die Kunden oder in dem Fall Nutzer unseres Tourismus-Portals eingehen. Aber das weißt du ja alles, du hast ja etwas Ähnliches studiert wie ich«, stellte Adina klar, während sie den Milchschaum ihrer Latte Macchiato durch den Strohhalm zu saugen versuchte. »Wie lange bleibst du in Berlin?«, fragte Mia. Adina hob den Kopf. »Ich weiß nicht, so kurz wie möglich. Der Herbst ist einfach großartig in dieser waldreichen Gegend. In diesem Jahr haben die meisten Bäume noch ihre Blätter, obwohl es dort im Gebirge schon geschneit hat. Aber das war wohl mehr eine Episode. Der Frost reichte nicht bis in den Boden, denn es gibt ja noch viele Pilze.« Adina wendete sich dem Sandwich zu, das die Kellnerin gerade vor sie hingestellt hatte.

»Also: Wann fährst du?« »Frag mich am besten morgen. Dann sehe ich hoffentlich klarer. Heute muss ich erst einmal meinen Ärger hinunterspülen. Komm, wir nehmen einen Drink. Oder: Ich habe eine bessere Idee. Lass uns zu mir gehen. Ich habe Schnaps aus dem Erzgebirge mitgebracht. Dort gibt es jede Menge Produzenten. Man benötigt viel Zeit, um sich durchzuprobieren. Schnapstester ist vielleicht meine berufliche Zukunft, wenn ich mit dem Projekt fertig bin. Aber damit wird man wohl nie fertig. Die Daten müssen ja gepflegt werden, sonst kommen so dilettantisch präsentierte Angebote heraus wie

letztens in Chemnitz. Stell dir vor: Dort warb eine Bro-
schüre mit Gaststätten, die zu den angegebenen Zeiten gar
nicht geöffnet hatten. Die Verfasser kamen dann auf die
aberwitzige Idee, dass durch ihre Werbung mit Sicherheit
mehr Gäste in Lokale strömen. Das sei Grund für zusätz-
liche Öffnungszeiten.« »Echt? Aberwitzige Idee! Wer einmal vor verschlossener Tür stand, obwohl ihm eine offene
versprochen wurde, kommt nie wieder!«, warf Mia ein.
»Das meine ich auch. Also los, Saft und Wasser habe ich
zuhause, und Schnaps ohne Ende.« Adina zahlte die Rechnung und die beiden nahmen den kürzesten Weg zu Adinas Wohnung. »Setz dich schon mal, ich fahre gleich auf.
Ich habe verschiedene Kostproben aus einem Laden mit
Regionalware mitgebracht.« Adina ging auf den Balkon
und kam mit einem Korb voller Flaschen zurück. »Hier,
schau: ›Eskimops‹, ein Kräuterlikör mit Koriander, Nel-
ken, Kardamon, Zimt, Zitrone und Jamaica-Rum aus der
Grenzwald-Destillation Crottendorf. ›Grubenfeuer‹ mit
Kräutern und Früchten aus dem Hause Hermann Uhlig
Schlettau – den muss man in Brennpfännchen servieren.
›Lauterer Luft‹ aus der Lautergold-Manufaktur in Lauter.
Mit dem Zeugs hat mein Großvater meine Oma rumge-
kriegt. ›Dachlack‹ nannte er das. Soll nach Kaffee schme-
cken. Ich glaube, da braucht man Sahne dazu. Kennst du
›Echt Bockauer Wilde Sau‹? Die haben echt Humor bei
ihren Schnapsnamen.« Bevor Mia antworten konnte, hatte
Adina ihre Präsentation bereits fortgesetzt. »Guck mal das
hier: ›Achsöl‹ aus Neudorf. ›Eine Dampflok nicht mehr
läuft, wenn der Heizer Schmieröl säuft‹, steht darauf. Reim
dich oder ich fress dich. Likörherstellung Sonntag in …«
Adina drehte die Flasche und suchte nach dem Ort. »Neudorf. Das ist doch das Suppenland, gleich beim Fichtelberg.

Dort fährt die Fichtelbergbahn 90 durch. In der Gegend bin ich nächste Woche sowieso«, blickte Adina voraus. »Da kann ich selbst vorbeischauen. Vielleicht bieten die Führungen an.« »Das ist ja wie in einer Destille hier. Das kleine Erzgebirge und so viele Schnapsmarken. Hast du eine Ahnung, warum die so viel Alkohol produzieren? Ich gehe davon aus, dass die ihn verkaufen, oder?«, fragte Mia. »Gute Fragen. Du weißt doch: Kein Alkohol ist auch keine Lösung. Aber ich glaube, die Antwort hat etwas mit dem rauen Gebirgsklima zu tun.« Adina dachte kurz nach. »Ich hab gehört, dass es dort nur zwei Jahreszeiten gibt. Entweder es ist Winter oder es wird Winter. Der Schnee Anfang Oktober war schon ein gutes Beispiel. Zum Glück blieb das Zeugs nicht liegen. Ich hatte ja noch Sommerreifen auf dem Auto.« Für Mia klang die Erklärung plausibel. »Klar, Kälte und Alkohol, das passt immer. Huch, ist mir gerade kalt …« Die beiden Freundinnen begannen mit ihrer Schnapsverkostung.

Als Adina am nächsten Vormittag aufwachte, wusste sie nicht mehr, wie sie ins Bett gekommen war. Dass Mia gegen 23 Uhr reichlich betüdelt nach Hause gegangen war, erfuhr sie von ihrer Freundin am Telefon. Der Grund für ihre weichen Knie wurde beim Anblick der leeren Flaschen in der Küche offensichtlich. Sie begann aufzuräumen und über ihren Tag nachzudenken. Der große Reißer würde das heute nicht werden, darüber war sie sich im Klaren. Adina startete den Laptop. »Sie haben 37 neue Mails«, stand auf dem Desktop. Und das allein bei dem Postfach, das sie ihrem Projekt zugeteilt hatte. »Die Sache scheint langsam Fahrt aufzunehmen. Die stille Post der Erzgebirger funktioniert also«, dachte sich Adina und begann zu lesen. »Unser Museum eignet sich hervorragend ...« Adina fragte sich, was den Absender so sicher mache und beschloss, sich das anzuschauen – inkognito natürlich. »Wir bieten Ihnen und Ihrem Begleiter einen Gutschein für ein Viergänge-Menü in der V.I.P.-Lounge unseres Restaurants.« Hoppla, das klang nach Bestechung. Und hier: Der Newsletter des Tourismusverbandes Erzgebirge. »Wir empfehlen für Ihren Aufenthalt im Erzgebirge die Erzgebirgscard. Sie können sie vor Ihrer Reise online kaufen.« Das war doch mal was. Adina schlug die Internetseite »Erzgebirge-Tourismus« auf und studierte die Angebote. »Mist. Postversand. Das wird zu knapp. Dann eben vor Ort.« Sie blätterte die Verkaufsstellen durch. »Ah, im Suppenmuseum **91** haben sie welche«, freute sie sich. Adina las, was noch so in ihr Mailfach gepurzelt war. Da, eine Mail von Oli. »Du hast vergessen, Deine Zeugenaussage zu unterschreiben. Kommst Du bitte gleich bei mir vorbei, wenn Du wieder in der Nähe bist?« Ups, ein Wink mit dem Zaunpfahl. Diesmal wollte er auf Nummer sicher gehen und nicht wieder zufällig von ihrem Aufenthalt erfahren. »Ach Oli, was soll das bloß werden mit uns?«, seufzte sie und beschloss, ihn noch eine Weile zappeln zu lassen.

Adina gab »Neudorf« ins Internet ein. »Puh, was die alles haben«, staunte sie über die vielen Einträge. Als erstes erfuhr sie, dass Neudorf wie Sehma ein Ortsteil der Gemeinde Sehmatal war. »Pressnitztal, Schwarzwassertal, Oberwiesenthal, Sehmatal – wer kann sich die Täler alle merken?«, staunte sie und begann, ihre Liste für das Besuchsprogramm zusammenzustellen. Das Neudorfer Suppenmuseum wirbt mit dem Titel Suppenland und dem Slogan »Ein heißer Ausflugstipp«. »Na heiß sollte eine Suppe schon sein. Aha, das erste und einzige Suppenmuseum Deutschlands. Ob die Suppen ausstellen? Quatsch, das Thüringer Bratwurstmuseum zeigt auch keine vergammelten Bratwürste und ein Zitronenfalter faltet keine Zitronen«, führte sie ihren leicht abstrusen Gedankengang fort. »Weihrichkarz'l 92 , was ist denn das?«, fragte sie sich beim nächsten Eintrag, den die Suchmaschine lieferte. »Oh, Räucherkerzen in der Schauwerkstatt selbst herstellen. In der schwarzen Pampe matschen, das ist doch was für alle Generationen. Das Kind im Manne, und in mancher Frau … Und die Fichtelbergbahn fährt von Cranzahl kommend direkt an der Werkstatt vorbei«, freute sich Adina schon jetzt auf das Bimmelbahngeräusch und den wabernden Dampf aus dem Schornstein der Dampflok. Kurze Zeit später hatte sie genug Stichpunkte für mehrere Tage zusammen. Sie druckte sich den Fahrplan der Fichtelbergbahn aus und schaute sich die Empfehlungen an. Gleich nach Neudorf kam der Haltepunkt Vierenstraße. »Diese Station dient häufig als Ausgangspunkt für Wanderungen im Fichtelberggebiet«, las sie und überlegte, ob die Wanderschuhe noch im Auto waren. Sie hatte sich vor ihrer Erzgebirgstour extra ein Paar Luxus-Boots gekauft, das ihr schon gute Dienste erwiesen hatte. »Was ist das denn? Doch nicht etwa Sehnsucht!«, schalt sich Adina in Gedanken, als aus der Bauchgegend ein komisches Gefühl nach oben stieg. Vor ihren Augen erschienen nach und nach die schönsten Bilder ihrer jüngsten Erzgebirgswanderung, vermischt mit dem Gesicht von Oli. Hoch motiviert begann sie die Geschichten dieser Tour zu schreiben und ihr Portal mit nützlichen Tipps zu füllen. Als die erste Story fertig war, gab sie sich genau zwei Tage für die Textproduktion. Am Morgen des dritten Tages startete ihr Auto in Richtung Mildenau.

Im Suppenmuseum war ziemlich viel Betrieb, denn Thüringer und Sachsen hatten Herbstferien. Die Suppenangebote waren heiß begehrt. »Bekomme ich noch etwas, wenn ich von der Ausstellungsbesichtigung zurück bin?«, erkundigte sich Adina beim Kauf ihrer Erzgebirgscard an der Museumskasse. »Klar, wir haben genug da. Fünf Siegersuppen sind heute im Angebot«, antwortete ihr die freundliche Frau. »Siegersuppen?«, hakte Adina nach. »Sie müssen am Sonntag wiederkommen, zur Suppenkirmes. Da krönen wir die Suppenkönigin. Nach dem Festgottesdienst geht es los, dort beim Kaiserhof, nur ein paar Meter von hier entfernt. 25 Suppen sind diesmal angemeldet. Sie werden von einer Jury verkostet und bewertet. Und die Suppentopfziehmeisterschaft ist Spaß par excellence«, klärte die Mitarbeiterin auf. Der Funke der Begeisterung war längst übergesprungen. Während der Besichtigung des Museums mit allerlei Alltagsgegenständen überlegte sich Adina bereits die Säulen ihrer Geschichte und schrieb ein paar Ideen in ihr Buch. Dann genehmigte sie sich die preisgekrönte Möhren-Orangen-Cremesuppe. Am Tisch kam sie mit einem Chemnitzer ins Gespräch, der ihr einen Tagesausflug empfahl. »Stellen Sie Ihr Auto am Bahnhof Vierenstraße ab und fahren Sie mit der Fichtelbergbahn bis zur Endhaltestelle Oberwiesenthal. Vom Bahnhof Oberwiesenthal aus sind es etwa zehn Minuten bis zur Talstation der Fichtelberg-Schwebebahn 93 , die Sie auf den Gipfel bringt. Im Fichtelberghaus 94 setzen Sie sich am besten in die Arthur-Schramm-Stube. Nach einer Stärkung und einem Blick vom Aussichtsturm laufen Sie über den Reitsteig zum Haltepunkt Vierenstraße zurück«, erklärte er. »Arthur Schramm? Wer ist das denn?«, wollte Adina wissen. »Das schauen Sie sich am besten selbst an. Ich sag nur: Wenn die Frauen verwelken, verduften die Männer«, ließ sie der Fremde vollkommen im Trüben fischen. »Am besten, Sie starten gleich morgen früh mit der ersten Bahn. Das Wetter soll gut werden. Mit etwas Glück können Sie die Schneekoppe im tschechischen Riesengebirge sehen, es sei denn, der böhmische Nebel versperrt die Sicht«, fügte er hinzu und verabschiedete sich. Als Adina aus dem Fenster blickte, sah sie, wie er sich auf sein am Haus geparktes Fahrrad schwang und davonfuhr.

Vom Suppenmuseum aus überquerte sie die Straße zum Weihrichkarz'l gleich gegenüber. Ihre Erzgebirgscard genehmigte ihr eine kostenlose Kurzführung. Während sie zusammen mit ein paar weiteren Besuchern auf einen Mitarbeiter wartete, verließ eine Gruppe die Werkstatt. Die schwarzen Hände deuteten darauf hin, dass die Familien das Angebot mit dem Kreieren von Räucherkerzen wahrgenommen hatten. Vergeblich versuchten sie mit Bürste und Wasser, die Überreste der schwarzen Masse unter ihren Fingernägeln wegzubekommen. Nach der Führung stieg Adina die Stufen zum Ladengeschäft hinauf und staunte über die Vielfalt an Räuchermännern aus Holz. Sie sprang ein Räucherherd aus Metall an, den der Räucherkerzenproduzent selbst entwickelt hat. »Den stelle ich neben meinen Computer, als meine Interpretation des Slogans ›Frau an den Herd‹, der immer wieder in diversen Diskussionsrunden hochkocht«, nahm sie sich vor. Am Abend rauchte das Ofenrohr und der Kaffeetopf dampfte, zwischen Laptop und dem Stapel an Broschüren und Büchern, die Adina zum Erzgebirge gesammelt hatte und die ihr als Nachschlagewerk dienten.

Nach dem Frühstück fuhr sie mit dem Auto in Richtung Neudorf. Die Fichtelbergbahn kam superpünktlich am

Haltepunkt Vierenstraße an und startete 10.22 Uhr nach Oberwiesenthal. Während der Fahrt konnte Adina die Landschaft genießen. Das war besser, als den teils lauten, teils sinnfreien Gesprächen zu lauschen, die einige Fahrgäste im Waggon führten. Neben der Bahnlinie verlief der »Erlebnispfad Bimmelbahn«, auf dem einige Fotografen in Position standen. »Ha, der Traktor ist besser geputzt als das Auto. Die Erzgebirgsmänner schätzen die Prioritäten richtig ein«, fiel ihr auf, als sie an einem Gehöft vorbeifuhren. In Niederschlag wartete der Gegenzug, bis sie im Bahnhof angekommen waren. »Heute transportiert die Bahn Touristen. Früher waren die Bergleute die treuesten Fahrgäste«, erzählte ein Mann im Abteil neben ihr. Die Lok schnaufte weiter, vorbei an Industriebrachen, einem Riesenbergmann als Werbefigur und Alpakas auf einer Wiese. Als der Schanzenkomplex sichtbar wurde, rüsteten sich die ersten Mitfahrer für den Ausstieg. Vom Bahnhof Oberwiesenthal begab sich eine Völkerwanderung in Richtung Schwebebahn, vorbei an Werbetafeln für eine Skischule und Fichtelchens Kinderland 95 . »Eine Skischule für Kinder, das wäre was für mich als blutigen Anfänger. Und die Straße hier heißt auch ›Vierenstraße‹, genau wie der Bahnhof, wo mein Auto steht. Die muss ja ewig lang sein.« Adina wunderte sich, denn immerhin hatte sie eine knapp vierzigminütige Fahrzeit hinter sich.

Wie empfohlen, nahm sie in der Arthur-Schramm-Stube Platz, direkt unter dem Spruch, den sie im Suppenmuseum gehört hatte. Adina las an der Wand viele Zitate im Stile von »An einem Bahndamm stand ein Sauerampfer. Er sah nur Züge, niemals Dampfer. Oh, du armer Sauerampfer.« Oder: »Im Wald da stand ein Ofenrohr. Nun stellt Euch mal die Hitze vor.« Etwas makabrer klang: »Rumpeldipumpel, weg war der Kumpel. Schaufel drauf, Glück auf.« Der Spruch »Griene Kließ un Schwammebrie, oh Arzgebirg, wie bist du schie« gab den Ausschlag für ihre Bestellung: Klöße mit Pilzsoße. Als sie mit der Kellnerin darüber sprach, lachte die. »Ja, der Arthur Schramm, ein echter Erzgebirger. Er hat Lieder geschrieben. Aber die ganz bekannten sind von Anton Günther. Der hat die Liedpostkarten erfunden. Es gibt einen Anton-Günther-Wanderweg 96, den können Sie laufen.« Für heute hatte Adina jedoch ein anderes Ziel vor sich, denn sie musste ja wieder zu ihrem Auto zurück. Nach dem Mittagessen stieg sie die 148 Stufen zum Turm hinauf. Der Blick war nicht berauschend, vor allem nicht in Richtung Böhmen. Auf der anderen Seite glitzerte der Spiegel des Oberbeckens vom Pumpspeicherwerk Markersbach. »Oh, der Auersberg. Und der bunte Schornstein vom Chemnitzer Heizwerk«, freute sich Adina, als sie bekannte Objekte ausmachen konnte. Nach dem Abstieg fragte sie an der Rezeption, ob sie die Erzgebirgsbilder-Ausstellung der Inhaberfamilie Meinel im Restaurant »Das Guck« anschauen dürfe. Eine freundliche Mitarbeiterin sperrte die Räume auf, die eigentlich erst am Abend wieder für Gäste geöffnet wurden. Adina bedankte sich und begab sich nach der Besichtigung gut gelaunt in Richtung Reitsteig.

»Ich bin am Schwarzen Teich unterhalb des Fichtelbergs. Gerade als ich mich auf die Bank am Rastplatz gesetzt hatte, ist hier ein komischer Kerl mit einem Monsterroller vorbeigerast. Es sah aus wie ein Wilderer«, flüsterte Adina in ihr Handy. »Bleib um Himmels willen, wo du bist. Und mach mir keinen Unsinn. In welche Richtung ist er gefahren?«, hakte Oli nach. »Nach unten, schätze ich, Richtung Vierenstraße. Dort steht mein Auto. Aber so genau kenne ich mich hier im Wald nicht aus.« »Meine liebe Adina, das Gebiet solltest du erst einmal meiden. Ich ruf dich an, wenn die Luft rein ist. Der Kerl ist bewaffnet. Bitte sei vernünftig. Hat er dich gesehen?«, fragte der Kriminalhauptkommissar mit besorgter Stimme.

»Ok, ok, ich unternehme noch einen Abstecher zum Hochmoor Siebensäure. Ich habe vorhin einen Wegweiser dorthin gesehen. Wenn ich unten ankomme, ist hoffentlich alles vorbei. Nein, ich glaube nicht, dass er mich gesehen hat.« … »Ja, ich habe eine Karte dabei.« Adina schaute sich vorsichtig um. Keine Menschenseele. Der Weg war kaum frequentiert. Schon während ihrer Wanderung hatte sie nur ein Ehepaar getroffen. Sie hörte die Waldarbeiter, die Bäume fällten und in gleichmäßige Stücke zerlegten. Mehrere Stammpyramiden säumten den Weg zum Schwarzen Teich. Adina ärgerte sich über den geschändeten Zustand der Waldflächen, der von den Harvestern, speziellen Holzerntemaschinen, hinterlassen wurde. Sie holte einen alten Reiseführer aus dem Rucksack, den sie extra für diese Tour mitgebracht hatte, da sie nicht wusste, ob ihr Navi mit der Wanderwegskarte hier funktionierte. Sie las: »Am 9. August 1931 wurde der Wilderer Hubert Hippmann an die Pförtelsstraße, kurz vor der Joachimsthaler Straße, gelockt und etwa einen Kilometer nordwestlich des Schwarzen Teiches durch Kriminalkommissar Häußler und seine Gendarmen erschossen.« Adina dachte kurz nach und nahm dann ihre Karte. »Das ist doch ganz in der Nähe. Wenn ich den Zschopauweg nach unten gehe und ein paar Meter nach links, komme ich an die Stelle. Ist zwar ein kleiner Umweg, aber ich soll doch eh im Wald bleiben«, dachte sie sich, entdeckte dann aber eine kürzere

Strecke über Grenzflügel und den Ausrückeweg, der in die Joachimsthaler Straße mündete. Im Vorbeigehen grüßte sie die Waldarbeiter, die sie zwar wahrnahmen, wegen ihres Lärms aber nicht hörten. Als sie die Joachimsthaler Straße etwa zur Hälfte passiert hatte, knackte es hinter ihr. »Bleib stehen, dann passiert dir nichts«, hörte sie eine tiefe Stimme schnarren. Zwei Hände packten sie und zogen sie ins Gebüsch. Bevor Adina schreien konnte, roch sie etwas, das sie an ihre Blinddarm-OP erinnerte. Als sie wieder aufwachte, kniete Oli neben ihr, eine Träne im rechten Auge. Der Notarzt beugte sich über sie und sagte »Das wird wieder, keine Angst. Seien Sie froh, dass es so ausgegangen ist. Der da hatte weniger Glück.« Er zeigte in Richtung des gegenüberliegenden Waldes. Adina richte sich vorsichtig auf, immer noch benommen. Oli führte ihr einen Becher mit heißem Tee an die Lippen und drückte ihr einen Kuss auf die Stirn. »Ich hatte solche Angst um dich«, hauchte er ihr ins Ohr. »Was war denn eigentlich los?« »Du bist einem Ganoven in die Arme gelaufen, den wir schon seit langem beobachten. Er wandelt hier auf den Spuren von Hubert Hippmann, nur etwas moderner. Sei froh, dass die Waldarbeiter dir hinterhergeschaut haben. Sie haben bemerkt, wie er dich in den Wald gezerrt hat.« »Was ist mit ihm?«, fragte Adina nach. »Er ist seinem großen Vorbild gefolgt. In die ewigen Jagdgründe. Das wird zwar eine aufwendige Untersuchung geben. Aber was wäre die Alternative gewesen? Adina als Geisel? Niemals hätte ich zugelassen, dass dir etwas passiert. Ich hatte eh schon panische Angst, so wie du am Boden lagst. Als er die Leute auf sich zukommen sah, ist er weggelaufen und vermutlich über seine eigene Sprengfalle gestolpert. Er hatte hier sein Lager, für Drogen aus Böhmens Giftküchen, für unerlaubt getötetes Wild, für geschmuggelte Zigaretten und vieles mehr. Ein Kollege von mir und einer der Waldarbeiter wurden durch die Detonation verletzt. Sie sind auf dem Weg ins Krankenhaus.« Adina begann trotz Decke zu frieren. »Hilf mir beim Aufstehen. Und dann bringe mich am besten nach Mildenau«, bat sie. »Du musst erst zum Durchchecken ins Krankenhaus. Wir haben dich schon in der Notaufnahme angemeldet. Wenn alles in Ordnung ist, kannst du nach Hause«, versprach Oli. »Wo steht dein Auto?« »Auf dem Parkplatz am Haltepunkt Vierenstraße«, antwortete Adina. »Achja, hattest du ja am Telefon gesagt. Gut, wir bringen dich runter und ich fahre dich mit deinem Auto zum Arzt.« Für Adina klang das nach Widerspruch zwecklos, deshalb diskutierte sie gar nicht erst. Während der Fahrt erfuhr sie, dass sowohl die tschechische Polizei als auch die deutschen Beamten den Hippmann-Verschnitt schon lange im Visier hatten. Eine gemeinsame Soko trug den Namen des Wilderers. Bei der Wellenschaukel sollte der Zugriff durch Olis Kollegen erfolgen, doch der Tatverdächtige war seinen Verfolgern entwischt und hatte sich vor dem Fichtelberghaus einen der Monsterroller geschnappt, mit denen eine Jugendgruppe gerade auf Tour gehen wollte.

»Ich kann nichts feststellen. Wenn Ihnen schlecht wird oder Sie irgendwelche anderen gesundheitlichen Probleme haben, rufen Sie bitte sofort den Notdienst. Und bitte keine körperlichen Anstrengungen«, sagte die Ärztin im Annaberger Krankenhaus zu Adina. Die fühlte sich unversehrt, nur etwas matt. Oli fuhr sie nach der Untersuchung ins Hermergut, wo sie sich auf dem Sofa lang machte. Er hätte sie am liebsten gestreichelt, erst über den Kopf, dann am Hals und an noch ganz anderen Stellen, doch die Beherrschung siegte. »Ein Beamter hat sich in solchen Situationen im Griff. Alles andere wäre so etwas wie Ausnutzen einer hilflosen Lage«, redete er sich ein. »Erzählst du mir noch etwas von Hubert Hippmann?«, fragte Adina leise. »Hippmann kam aus Böhmen, wo er 1881 geboren wurde. Durch einen Unfall im Sägewerk hatte er seinen rechten Arm verloren. Frau und Kinder lebten von ihm getrennt. Obwohl einarmig, war er ein guter Schütze, der selten danebenschoss. Er soll den linken Arm als Auflage für sein Gewehr genutzt haben«, schilderte Oli seine Kenntnisse. »Trotzdem wurde er dort beim Schwarzen Teich umgebracht?«, unterbrach sie ihn. »Ja, denn man hatte einen Kriminalkommissar aus Berlin auf ihn angesetzt, der sich als Freund und Wildererkollege ausgab. Die Einheimischen waren des Treibens der Hippmann-Bande nicht mehr Herr geworden. Die Wilderer machten den Wald unsicher und die Teiche. Allerdings sollen Gastwirte und Fleischer auf beiden Seiten des Erzgebirges gute Abnehmer gewesen sein«, setzte Oli seine Erzählung fort. »Also Verrat und Gier, wie so oft«, stellte Adina fest. »Und bei dem modernen Hippmann?« »Meine Kollegen haben ein größeres Versteck entdeckt. Allerdings müssen erst die Sprengstoffexperten ran, falls es noch mehr Fallen gibt als die eine, die explodiert ist. Vorgeworfen wird ihm jedenfalls, jede Menge Metamphetamine wie Crystal und Tausende Stangen Zigaretten über die Grenze gebracht zu haben. Da werden wohl in den kommenden Tagen einige Abhängige Probleme haben, bis sich wieder ein neuer Hippmann-Verschnitt findet. Gewildert haben soll er auch.« Olis Stimme klang ein wenig resigniert. Aus seiner Berufspraxis wusste er, dass Verbrecher schneller nachwachsen als Polizisten.

Er blieb bei ihr, bis Adina ihn bat, sie allein zu lassen, weil sie schlafen wollte. »Mein Kollege kommt gleich, um mich zurück an den Tatort zu bringen. Ich habe ihn angerufen. Jetzt musst du nicht nur die Akte vom Leichenfund im Schreckenberg unterschreiben. Wir brauchen eine neue Zeugenaussage. Ich rufe dich morgen an, ja? Wir holen dich ab, wenn du nicht selbst fahren willst.« »Aber bitte nicht vor zehn. Ich bin es nicht gewohnt, so früh aufzustehen. Und nach der Tortur heute erst recht nicht«, bat Adina.

»Kommst du am Sonntag mit nach Neudorf zur Suppenkirmes im Suppenland?«, fragte Adina den Kriminalhauptkommissar ihres Vertrauens, als sie ihre Zeugenaussage gemacht hatte. »Eine gute Idee, ich habe eh frei und wollte dir einen Ausflug vorschlagen«, antwortete Oli. Vom Revier aus fuhr sie ins Krankenhaus und besuchte den verletzten Waldarbeiter, um sich zu bedanken. Olis Kollege lag noch in der Intensivstation. Bei ihm wollte sie später vorbeischauen. Den nächsten Tag verbrachte sie in Mildenau und versuchte, ein wenig am Computer zu arbeiten. Als erstes schrieb sie eine Mail an Mia:

Liebe Mia, ich weiß gar nicht, wie ich Dir das erklären soll. Gestern wurde ich von einem Schmuggler und Wilderer weggefangen. Waldarbeiter und Olis Kollege haben mich gerettet. Dabei wollte ich nur wandern gehen. Aber mach Dir keine Sorgen. Es ist nichts passiert. Am Sonntag fahre ich mit Oli zur Suppenkirmes. Deine Adina

Am Sonntagvormittag holte Oli sie ab. »Wir haben noch etwas Zeit. Da können wir Neudorf von hinten anfahren und du siehst noch etwas von der Landschaft. Bei deiner

Tagestour hattest du ja keine Gelegenheit mehr«, sagte er und düste über Königswalde und Bärenstein 98 nach Hammerunterwiesenthal und von dort nach Neudorf.

»Kannst du bitte anhalten, das muss ich mir anschauen«, rief Adina ihrem Begleiter zu, als sie Kretscham-Rothensehma passierten. »Eine Mini-Cheops-Pyramide 99, mitten auf einer Wiese, das gibt's doch nicht.« Adina schüttelte ihre dunklen Locken. »Doch, im Erzgebirge musst du auf alles gefasst sein. Ein paar Kostproben hast du ja schon bekommen. Die Sache hier ist allerdings schon etwas Besonderes, zumal nicht so viel darüber bekannt ist«, begann Oli über die Geschichte der Steinpyramide zu referieren, während sie den kurzen Fußweg zu dem vier Meter hohen Bauwerk liefen.

»Komisch, die Urne des Vaters durfte nicht beerdigt werden. Aber vielleicht beerdigen sie heute hier ihre Suppen, die misslungen sind«, scherzte Adina angesichts von drei Töpfen, die auf dem Boden der Pyramide standen. »Na wenn das nicht wieder Material für eine Geschichte ist. Du tappst ja sozusagen von einer Story in die nächste«, schüttelte Oli den Kopf. Dann fuhren sie geradewegs zum Suppenwettstreit. »Leider können wir heute nur 22 Suppen verkosten. Drei sind auf seltsame Weise verschwunden«, verkündete die Jury-Chefin und begann mit dem Procedere. Adina stupste Oli an. »Drei Suppentöpfe sind verschwunden, Oli, hast du das gehört. Ich glaube, ich weiß, wo die stehen.« Oli stöhnte. »Du willst doch nicht schon wieder in die Schlagzeilen? ›Journalistin aus Berlin entdeckt Suppenversteck‹. Aber sicher hast du Recht, das mit den Töpfen in der Pyramide ausgerechnet zur Suppenkirmes sieht nicht nach Zufall aus.« Oli diskutierte noch eine Weile mit Adina, bis die aufstand und sich in Richtung der Veranstalter bewegte.

»Die Chefin will das prüfen lassen«, sagte sie nach ihrer Rückkehr. Dann schaute sich das Pärchen wie die vielen anderen Gäste auf dem Festgelände um. Adina kaufte sich einen riesigen Suppenlöffel aus Holz. »Was willst du damit machen? Deine Verfolger in die Flucht schlagen?«, neckte Oli seine Begleiterin, doch Adina lachte nur. »Dafür habe ich doch meinen ganz privaten Personenschutz.« Sie drehte sich weg und ärgerte sich wegen ihres unüberlegten Geplappers. Warum konnte sie nicht einfach die Klappe halten! Im Kaiserhof lief derweil das Suppentassenziehen, ein Gaudi-wettbewerb, ähnlich dem Tauziehen, mit einer überdimensionalen Suppentasse und nur im Duell.

Der Höhepunkt des Nachmittages war die Verkündung der Gewinner des Suppenwettbewerbs. »Wir haben diesmal keine Suppenkönigin, sondern einen Suppenkönig. Gewonnen hat Toni Deichselhirsch aus dem Neudorfer Ortsteil Kretscham-Rothensehma!« Adina tippte Oli an. »Wo die Pyramide steht. Was für ein Zufall!« Die Juryvorsitzende sprach weiter. »Seine ›Wildsuppe à la Hippmann‹ lag eindeutig vorn. Leider konnte die Vorjahressiegerin ihren Titel nicht verteidigen. Ihre Suppe kam auf wundersame Weise abhanden. Und die der beiden Siegerinnen aus den Jahren zuvor ebenfalls. Wir haben die Töpfe übrigens gefunden. Sie standen in der Pyramide.« Ein Raunen ging durch die Menge. Erste Buhrufe und Proteste wurden laut. »Unlauterer Wettbewerb«, »Schiebung«, »abgekartertes Spiel« waren noch die harmlosesten Begriffe, die Adina aus der Geräuschkulisse herausfilterte. »Na hoffentlich sind die Zutaten für die Suppe wenigstens legal beschafft und stammen nicht vom Hippmann-Verschnitt. Sonst ist es eine Wilderersuppe à la Hippmann und keine Wildsuppe«, flüsterte Oli Adina zu.

Sie beschlossen, sich vom Trubel zurückzuziehen und unterwegs noch eine Kleinigkeit zu essen. Bei dieser Gelegenheit erfuhr Oli, dass Adina noch Oberwiesenthal unsicher machen wollte und am Dienstag einen Termin im Luftschlachtmuseum *Kovářská* **100** hatte. »Morgen habe ich Spätdienst. Am Dienstag könnten wir uns zum Essen treffen. Was hältst du von Oberwiesenthal? Jens Weißflog hat dort ein Apartmenthotel mit Restaurant **101**. Auf der Terrasse können wir bei den Temperaturen zwar nicht mehr sitzen, aber am Kamin oder mit Blick zum Fichtelberghaus ist es gemütlich. Und vorher könnten wir in der Schwimmhalle des Panorama Hotels eine Runde schwimmen. Das ist nicht weit entfernt«, schlug Oli vor und erntete ein zustimmendes Nicken. Dann brachte er Adina zurück nach Mildenau. Beim Abschied im Auto hielt er ihre Hand einen Moment länger als notwendig und blickte sie dabei an. Adina schlug die Augen nieder und hauchte ein »Tschüss«, bevor sie den Weg nach oben lief. Sein Seufzen hörte sie nicht mehr.

In ihren Blog schrieb sie nach dem Oberwiesenthal-Ausflug am Abschiedstag:
Es wird immer verrückter. Erst fängt mich ein moderner Wilderer weg, nahe an der Stelle, wo sein Vorbild starb. Dann finde ich die Suppen, die vor der Verkostung beim Wettbewerb um die Suppenkönigin verschwunden waren. Dass die Siegersuppe ausgerechnet nach dem Wilderer benannt ist – also ich glaube nicht an Zufall. Wildfremde Leute helfen mir und geben Tipps. Habt Ihr schon einmal etwas von einer Luftschlacht im Erzgebirge gehört? Oder von Arthur Schramm? Und Jens Weißflog stand an der Rezeption, als ich das Restaurant in seinem Hotel

besuchte. Ansonsten ist traumhaftes Wanderwetter. Die Natur verwöhnt mich in den schönsten Farben und die Geschichten purzeln quasi vom Himmel, man muss sie nur noch aufschreiben. Meine Überraschung: Unverändert. Vielleicht beim nächsten Mal mehr.

90 Fichtelbergbahn
Die Fichtelbergbahn ist eine Kleinbahn, die vom
Spurwechselbahnhof Cranzahl nach Oberwiesenthal
fährt. Sie ist ein beliebtes Fotomotiv. An der Strecke
liegen interessante Ziele wie Neudorf mit Suppenmuseum und Weihrichkarz'l. In Cranzahl kann das
Räuchermann-Museum besichtigt werden. Die Stationen Vierenstraße oder Kretscham-Rothensehma
eignen sich als Ausgangspunkt für Wanderungen. In
Oberwiesenthal sind die verschiedensten Aktivitäten
möglich, im Winter vor allem Skifahren, im Sommer
Wandern, Radfahren und vieles mehr.

91 Suppenmuseum Neudorf
Den Namen »Suppendorf« verdankt Neudorf der
Legende vom Katz'n-Hans. Der hauste am Katzen-
felsen und wollte eines Tages im Dorf betteln. Von
den Neudorfern bekam er nur Suppe aufgetischt.
Auf dem Rückweg soll es ihm von der vielen Suppe
schlecht geworden sein. »Neudorf huh, huh, huh – is
Suppndorf bist du«, seien seine Worte gewesen, aus
denen die Akteure von heute ein passendes Konzept
mit Deutschlands einzigem Suppenmuseum, Suppenkirmes und mehr geschnitzt haben. Im Museum
wird erzgebirgischer Alltag anhand von Küchenein-
richtungen, Geschirr und Mobiliar lebendig, von der
Sage bis zur Gegenwart. Dazu erfährt man vieles über
die Löffelherstellung oder kann eine Sammlung von
Suppenterrinen bestaunen. Im Museumsshop sind

Suppenrezepte, das Kochbuch »Arzgebirgischer Suppentopp« oder Kochutensilien erhältlich. Die Siegersuppen des jährlichen Suppenwettbewerbs werden in der »Gaststub zr Bimmelbahn« unweit vom Museum im Eisenbahnabteil kredenzt.

92 Schauwerkstatt »Zum Weihrichkarz'l«
»Weihrichkarz'l« heißt eigentlich nur »Weihrauchkerzen« und steht für die pyramidenförmigen Räucherkerzen, wie sie im Erzgebirge für ungezählte Räuchermann-Modelle benötigt werden. In Neudorf hat das Unternehmen von Jürgen Huss einen Dreiseithof direkt unter der Bahnlinie ausgebaut. Dort warten Schauwerkstatt, Ladengeschäft, die Parkanlage mit Kräutergarten und viele Dekorationen auf Gäste, die sich für die Räucherkerzenherstellung interessieren oder selbst Hand anlegen wollen (mit Anmeldung). Die kleinen Filme vom Weihrichkarz'l als Trickfilmfigur sind inzwischen Kult. Anders als die Schnitzer und Drechsler stellt Jürgen Huss Räucherkerzenofen aus Metall her, die an Omas Küchenherd oder frühere Badeöfen erinnern. Japaner sollen die Miniatur-Herde aus Neudorf sogar zum Kochen benutzen.

93 Fichtelberg-Schwebebahn
Die Fichtelberg-Schwebebahn ist die älteste Seilschwebebahn Deutschlands. Sie wurde 1924 in Betrieb genommen. Vor einigen Jahren sollte sie durch eine moderne Anlage ersetzt werden. Die Diskussion um das Projekt führte zur Entscheidung, die alte Dame 2012 einer Generalüberholung zu unter-

ziehen. So haben die Fahrgäste Alt und Jung in einem. Zwischen Tal- und Bergstation überwindet die Bahn auf 1.175 Metern einen Höhenunterschied von 303 Metern. Sie fährt ganz ruhig, nur an den Masten ruckelt es ein wenig.

94 Fichtelberghaus mit der Arthur-Schramm-Stube
Oberwiesenthal ist Deutschlands höchstgelegene Stadt. Wer noch ein wenig höher hinaus will, dem sei das Fichtelberghaus mit Hotel und Restaurant auf dem Berggipfel empfohlen. Nach 148 Stufen können Sie bei guter Sicht vom Turm des Hauses aus ein atemberaubendes Panorama weit über das Erzgebirge hinaus genießen. Etwas weiter unten finden Sie im Restaurant »Das Guck« eine bemerkenswerte Kunstsammlung des Erzgebirges, die der Inhaberfamilie Meinel gehört. Nicht ganz so kunstvoll, aber dafür lustig, sind die Zitate, die an der Wand der Arthur-Schramm-Stube stehen. Sie stammen mehrheitlich vom erzgebirgischen Original und Heimatdichter Arthur Schramm (1895 bis 1994), der in Annaberg zuhause war.

95 Fichtelchens Kinderland
Fichtelchens Kinderland ist der Sammelbegriff für Spiel, Spaß und Kinderbetreuung im Kurort Oberwiesenthal. Je nach Saison wartet »Fichtelchens Winterland« oder »Fichtelchens Sommerland« auf die kleinen Gäste. Zum Winterland gehört eine Skischule mit Zauberteppich und die Wildtierpiste. Im Sommer stehen eine Tubingbahn und das SIX-CUP-Spielfeld zur Verfügung. Außerdem lädt das Maskottchen auf

»Fichtelchens Erlebnispfad« im Wald ein und hält weitere Angebote bereit.

96 Anton-Günther-Wanderweg
Der Anton-Günther-Wanderweg ist ein Rundwanderweg, der auf 49 Kilometern Länge durch den Freistaat Sachsen und die Tschechische Republik führt. Start- und Zielpunkt ist Oberwiesenthal. Mit dem Fichtelberg (1.214 Meter) und dem Keilberg/Klínovec (1.244 Meter) werden die beiden höchsten Berge des Erzgebirges passiert. Einer der Hauptorte ist Gottesgab/Boží Dar, wo der Heimatdichter, Sänger und Erfinder der Liedpostkarten 1876 geboren ist und 1937 Suizid beging. Dort befinden sich das Grab, das frühere Wohnhaus und auch ein Denkmal. Die Lieder von Anton Günther werden heute noch gesungen, darunter beispielsweise »Arzgebirg, wie bist du schie«, »Feierobnd« oder »Wu de Wälder haamlich rauschen«. Sein Titel »De fallische Politik« klingt hochaktuell, dabei ist er von 1920. Beste Zeit zum Wandern ist von Anfang Mai bis Ende Oktober. An Anton Günther wird in vielen Orten erinnert, mit Gaststätten, Straßennamen oder auf dem Liederweg in Geyer. Anton Günther wird auch in der Ausstellung Wiesenthaler K3 in Oberwiesenthal gewürdigt, und in der Königlichen Münze St. Joachimsthal/Jáchymov (außerhalb des Wanderweges).

97 Monsterroller
Zwischen 1. Mai und 31. Oktober kann die Fichtelbergregion auf ausgewiesenen Wegen mit dem Monsterroller befahren werden. Die giftgrünen Roller mit

ihren überdimensionalen Rädern werden vom »Scott Testcenter« im Sporthotel, direkt neben der Talstation der Schwebebahn, ausgeliehen. Auf dem Fichtelberg-Plateau kann man häufig Gruppen beim Start zur Talfahrt sehen. Die Rollerfahrten sollen sich gut als kollektives Erlebnis für Familien, Vereine oder Unternehmen eignen.

98 Bärenstein mit Bärensteinturm
Bärenstein ist sowohl Ortsname als auch Name für den Berg (898 Meter), auf dem der Bärensteinturm (27 Meter) und das Unterkunftshaus mit Hotel und Restaurant stehen. Der Ort liegt direkt an der tschechischen Grenze und verfügt über einen Grenzübergang.

99 Cheops-Pyramide Kretscham-Rothensehma
An der Staatsstraße S 266 steht mitten auf einer Wiese eine etwa vier Meter hohe Stein-Pyramide im Stil der Cheops-Pyramide. Der Geschichts- und Erdkunde lehrer Hugo Eberwein hat sie im Überschwang der Reiseeindrücke einer Ägyptenreise 1916 errichten lassen. Er wollte dort die Urne seines Vaters bestatten lassen, erhielt dafür aber keine Genehmigung. 2006 haben Schüler der Jenaplanschule Markersbach die Geschichte der Pyramide und der Familie Eberwein erforscht. Dabei fanden sie heraus, dass mit Oberförster Simon Eberwein (1550 bis 1625) einer der Vorfahren Hugo Eberweins im Dresdener Fürstenzug aus Meißner Porzellan am Residenzschloss verewigt ist.

Luftschlachtmuseum *Kovářská*

Das Luftschlachtmuseum *Kovářská* ist der Luftschlacht gewidmet, die am 11. September 1944 über dem Erzgebirge tobte. Es wurde am 13. September 1997 in einer früheren Schule im böhmischen Kovářská/Schmiedeberg eröffnet. Dazu waren viele Veteranen erstmals wieder an den Ort des Geschehens zurückgekehrt. Am Tag der Schlacht waren 108 US-amerikanische Flieger von der Ostküste Englands aus in Richtung Deutschland/Tschechoslowakei gestartet. Die Bombergruppe traf zwischen Annaberg und dem Fichtelberg auf eine Gruppe Aufklärer des »Jagdgeschwaders 4« der deutschen Wehrmacht. Über 50 Flugzeuge zerschellten am Boden, 79 Piloten und Bordschützen verloren ihr Leben im Erzgebirge.

Im Museum erhalten die Beteiligten beider Nationen ein Gesicht, indem Einzelschicksale anschaulich dargestellt werden. In mühevoller Kleinarbeit hat ein Team um Museumsleiter Jan Zidarský historische Fotografien, Dokumente, Uniformen und persönliche Gegenstände zusammengetragen sowie Veteranen und Hinterbliebene ausfindig gemacht. Ausgestellt sind im Erzgebirge gefundene Flugzeugtrümmer und technische Exponate. Dioramen, Modelle und umfangreiche Ausführungen zum Luftkrieg tragen zur Veranschaulichung bei. Erinnerungen von Zeitzeugen machen die Dramatik deutlich, zum Beispiel die Beschreibung eines Schülers, der miterlebte, wie ein Flugzeugteil auf das Dach der Schule stürzte. Auch heute treffen sich noch Veteranen oder deren Nachfahrern aus den einst verfeindeten Lagern im Museum, um sich zu erinnern und um über die Sinnlosigkeit von Kriegen zu diskutieren.

101 Jens Weißflog Apartmenthotel
Es gibt Restaurants, da kocht der Chef selbst. Im »Jens Weißflog Apartmenthotel« Oberwiesenthal können Sie den Chef an der Rezeption treffen, wenn Sie einchecken oder Fragen zum Aufenthalt haben. Ein Besuch lohnt sich auch sonst, denn im Foyer finden Sie eine ganze Reihe von Erinnerungen an die aktive Laufbahn des erfolgreichen Wintersportlers. Und auf der Speisekarte im Restaurant sind die Gerichte in Beziehung zu den Wettbewerbsorten und den Erfolgen gesetzt. Tiroler Geröstel erinnert zum Beispiel an die Weltmeisterschaft 1985 in Seefeld, Norwegischer Lachs an den Weltcup Oslo 1989.

CHRISTOPH KRUMBIEGEL: GROBE SCHNITZER

Über all die Jahrhunderte hat sich dieses Gebirge seine Bewohner zurechtgeschliffen. Immer wieder lockte es Abenteurer aus allen Ländereien mit seinen Schätzen in die kalten und kaum fruchtbaren Täler, immer wieder versprach es diesen ein besseres Leben und ließ seine Quellen dennoch versiegen. Hieb um Hieb gruben sich die Bergmänner dann in der Dunkelheit der Stollen einer schalen Hoffnung entgegen, nur um sie am Ende der Schicht im tauben Gestein zu begraben. Aber die Gewalt und Willkür der Geschichte vermochte die Menschen dieser Berge dennoch nicht zu brechen. Die Zeit schmiedete sich hier ein eisernes Volk, gottesfürchtig und demütig gegenüber den Zwängen der Natur, zäh, schlau und erfinderisch, und in jedem Augenblick bereit, die eigene Zukunft mit Kopf und Herz gleichermaßen zu verteidigen.

Adina zählte den sechzehnten Reisebus. Allein beim Zähneputzen waren es drei gewesen. Da hatten sie diese Begegnungen noch beunruhigt, weil die Busse so nah am Badezimmerfenster der kleinen Pension vorbeigeglitten, dass der Spiegelschrank klapperte. Beim Anziehen waren es noch einmal drei gewesen, jeder einzelne hatte das kleine Schlafzimmer mit der niedrigen Decke für einen langen Augenblick verdunkelt. Das war nicht zu ignorieren gewesen. So ging es weiter. Während des ersten Kaffees zwei, einer beim Frühstücksei, einer beim fummeligen Öffnen der Portionsbutter, zwei, als sie versuchte, ein verirrtes Leinsamen-

Körnchen in ihrem Mundraum zu stellen und vier weitere beim obligatorischen Morgenplausch mit der Pensionsbesitzerin. Seiffen war offensichtlich nicht im Geringsten der Arsch der Welt. Adina hatte sich diese Ecke ganz bewusst für Anfang Advent aufgespart. Es war unmöglich, einen ernstgemeinten Ratgeber über das Erzgebirge zu verfassen, ohne die landestypischen Gepflogenheiten in den letzten Wochen des Jahres zu erwähnen. Weihnachten war hier praktisch erfunden worden.

Das Hinaustreten auf die Straße glich dem Sprung in einen reißenden Fluss. Was die Busse weiter oben freigelassen hatten, schwappte als menschliche Woge durch die engen Straßen, im Ganzen kontrolliert zwar, jedoch von einer leicht gewalttätigen Neugier getrieben. Adina stieß sich sanft von der Hauswand ab und ließ sich in Richtung der Kirche mitreißen. Sie war ein bisschen gespannt. Ihrem Besuch in Seiffen war ein intensiver Schriftwechsel vorausgegangen, in dessen Verlauf sich das Tourismusbüro dafür stark gemacht hatte, ihr einen ortskundigen Begleiter angedeihen zu lassen. Adina hatte diese Option zwar nicht gänzlich ausgeschlossen, arbeitete aber im Grunde lieber allein, was sie vielleicht nicht eindrücklich genug entgegnet hatte. Jedenfalls hatte man mit stoischem Gleichmut die Vorzüge der sachkundigen Begleitung wieder und wieder angepriesen, bis sie in einem Nebensatz vom Nebensatz eines Nebensatzes zu erkennen gegeben hatte, sich die Sache eventuell vorstellen zu können. Das wurde von den zweieinhalb hauptamtlichen Mitarbeitern des Tourismusbüros umgehend als Zustimmung gewertet und mit den konkreten Daten des geplanten Aufeinandertreffens beantwortet.

Fritz Schlierbach wartete seit siebzehn Minuten neben dem Portal der Seiffener Kirche. In der linken Hand fand sich eine nicht wegzudenkende schwarze Aktentasche, in der rechten eine Spanschachtel mit einer leicht adipösen Räucherfrau in Schwesterntracht. Adina begrüßte ihn in fragendem Ton mit seinem Namen. In Ermangelung einer freien Hand seinerseits umarmte sie Schlierbach nach dessen bejahendem Nicken flüchtig und versah ihn mit einigen Wangenküssen nach Hauptstadtart, worauf er für einige Sekunden die Konsistenz eines Nussknackers annahm. Sie machten sich nur kurz miteinander bekannt, Adina war durch die Anpreisungen des Tourismusbüros ohnehin ausreichend vorinformiert. Fritz Schlierbach, eine hagere, fast schon aristokratisch wirkende Erscheinung, entstammte einer Schnitzerfamilie, deren erzgebirgische Wurzeln bis tief in die vergangenen Jahrhunderte reichten. Er hatte sein Handwerk in der ortsansässigen Spielwarenfachschule erlernt, später in Leipzig die Handelsfakultät besucht und sich bis zum Erreichen der Rente vor einigen Jahren auch in der Genossenschaft der Spielwarenhersteller nach oben geschnitzt. Fritz Schlierbach, eine Gallionsfigur der einheimischen Volksholzkünstler, drückte ihr das feist lächelnde Räucherfrauchen in die Hand und wartete auf ein glückliches Gesicht. Dann zogen sie los.

Unter seinen sachlich erklärenden Worten umrundeten sie zuerst das Areal der schnuckeligen Rundkirche **102**. Die Besichtigung des Gotteshauses war erst um die Mittagszeit möglich, weshalb sich Adina vornahm, später oder am nächsten Tag noch einmal hierher zurückzukehren. Schlierbach verließ ohne innezuhalten die Umlaufbahn der Kirche, versicherte sich mit einem kurzen Blick, ob

Adina ihm zu folgen vermochte, und steuerte den Startpunkt des historischen Bergbausteiges **103** an. Als sie eines der Wohnhäuser nahe der Kirche passierten, schritt er mit wehendem Mantel auf dessen Eingang zu, klingelte und übergab einer kurz darauf öffnenden Mutter, die an beiden Beinen von verschüchterten Kindern umklammert wurde, einen Umschlag, den er zuvor mit einer sehr diskreten Bewegung aus einer der Innentaschen seines Mantels gezaubert hatte. Er machte auf dem Absatz kehrt, nachdem er versucht hatte, wenigstens einem der beiden Kinder den Kopf zu streicheln. Zu Adina murmelte er etwas von »das Angenehme mit dem Nützlichen verbinden« und anhand der Art, mit der er diese Floskel verwendete, war für sie nicht ohne Restrisiko auszuschließen, in diesem Fall höchstens das Nützliche zu sein.

Schlierbach absolvierte den Bergbausteig mit Adina in der Manier eines Querfeldein-Rennens. Dabei hätte sie nicht einmal behaupten können, dass er dies lustlos oder in einer anderen Weise halbherzig getan hätte. Routiniert handelte er die wichtigsten Stationen mit ihr ab, zuvorkommend, ihre Fragen ahnend, nicht ungalant, eloquenter, als sie sich einen Schnitzer außerhalb des Plauderns über Schnitzereien vorgestellt hätte. Trafen sie auf Touristen, lüftete er zuweilen seinen etwas breitkrempigen Hut, Einheimische ließ er hingegen zuerst grüßen, was kein einziger von ihnen, vom Greis bis zum Kleinkind, zu versäumen wagte. Als sie etwa die Hälfte der Strecke bewältigt hatten, sahen sie ein Stück hinter sich die Mutter, der Schlierbach kurz zuvor den Umschlag übergeben hatte. Sie hielt mit der einen Hand ein notdürftig übergeworfenes Tuch fest und versuchte verbissen, die beiden einzuholen. Schlierbach drehte sich ohne ein Wort von Adina weg und ging der Frau mit schnellen Schritten entgegen. Adina beobachtete aus einiger Entfernung, wie die Frau kurz vor Schlierbach auf die Knie fiel und hätte schwören können, dass sie ihm die Hand zu küssen versuchte. Schlierbach war das offensichtlich peinlich, er warf einen kurzen Seitenblick in Adinas Richtung und redete beschwichtigend auf die noch immer kniende Mutter ein, bis diese sich schließlich unter mehrfachem demütigem Verneigen auf den Rückweg begab. Adina gegenüber erklärte Schlierbach, dass der Ehemann der Dame schwer erkrankt sei. Dann sprach er weiter vom allgegenwärtigen Bergbau. An der Hauptstraße angekommen verließen sie den Lehrpfad und nahmen, Schlierbachs Vorschlag folgend, Kurs auf das Spielwarenmuseum 104 .

Auch hier wurde Schlierbach ehrfürchtig begrüßt, man trug sogar extra einen Urgroßvater aus der ersten Etage herunter, damit er sich vom Schnitzer berühren lassen konnte. Adina beobachtete, wie abseits dieser Begrüßungszeremonie eine Mitarbeiterin des Museums mit schneidend scharf geflüsterten Anweisungen instruiert wurde, die Exponate schnell noch einer notdürftigen Kontrolle zu unterwerfen. Schlierbach gab in dieser bunten und programmgemäß verspielt wirkenden Kulisse sowohl den kühlen Techniker als auch das Kind im Mann. Er dozierte über die Herausforderungen des Reifendrehens, die filigrane Kunst der Bemalung und die Wahl des richtigen Holzes. Besonders lange hielt er sich beim Herumspielen mit einer Miniatur-Guillotine auf.

Am zeitigen Nachmittag wechselten sie in das zugehörige Freilichtmuseum 105 , dass trotz der eher rauen Witterung auf einen kurzen Anruf von Schlierbach hin exklusiv für Adinas Besuch öffnete. Hier schien die Aufmerksamkeit des ihr etwas fremden Führers sein Optimum überschritten zu haben. Er wirkte oberflächlicher, immer wieder schrieb er kurze Texte in sein Smartphone. Zwei der irgendwo mühsam abgetragenen und hier wieder aufgebauten Gebäude ließ er einfach aus und einen Mitarbeiter des Museums, dem bei der Vorführung einer Drehmaschine eine winzige Ungeschicklichkeit unterlief, herrschte er selbstvergessen an. Am Ausgang des Geländes erkundigte er sich nach Adinas weiteren Plänen und erklärte dann, selbst schon halb im Gehen, er werde sie genau 9.30 Uhr vor ihrer Pension abholen. Irritiert und belustigt zugleich folgte sie seiner im zaghaften Schneien verschwindenden Person mit den Blicken. Weshalb setzte dieser Schlierbach einfach voraus, dass er weiterhin vonnöten war und, viel wichtiger: Woher, zum Rupperich nochmal, wusste er eigentlich, in welcher Pension sie übernachtete?

Auf dem Zimmer angekommen, gab sie einen Zwischenbericht per Mail:

Liebe Mia, hier auf dem Weihnachtsmarkt in Seiffen könnte ich Oli echt gut gebrauchen, und das nicht nur zum Festhalten. Du glaubst gar nicht, was hier selbst in der Woche so los ist. Außerdem habe ich eine Räucherfrau geschenkt bekommen, die Dir ein bisschen ähnlich sieht ;-) Ich hänge Dir ein Bild an. Viele liebe Grüße: Deine Adina

Am folgenden Morgen hatte man im Frühstücksraum der Pension zur Feier des Tages ein bewusstseinserweiterndes Räucherkerzchen gezündet und dessen anhänglicher Geruch begleitete Adina bis auf die Straße. Dort kam sie gerade recht, um Zeuge eines kleinen Hupkonzertes zu werden, welches entstand, weil zwei Bürger in der Art von Hilfspolizisten den Bus- und Güterverkehr anhielten, um einem schwarzen Geländewagen die ungehinderte Durchfahrt zu ertrotzen. Für Adina selbst verdoppelte sich der Unterhaltungswert dieser Szene, als eben jener Wagen direkt vor ihren Füßen anhielt und Schlierbach in aller Seelenruhe ausstieg um ihr die Tür zu öffnen, während der Verkehr dieses Gebirgsabschnittes praktisch zum Erliegen kam.

Schlierbach startete in Richtung Süden und hielt nach fünf Minuten unterhalb der Wanderkapelle Deutschneudorf **106** . Er begleitete Adina zum Holzbau, ließ aber durch seine ständigen Anpreisungen der herausragenden Landschaft und des Ausblickes keinen Hauch derjenigen Stille und Einkehr zu, für die diese Sehenswürdigkeit an sich errichtet worden war. Nachdem Adina noch ein paar Fotos mit ihrer Spiegelreflex geschossen hatte, ging es weiter zum Fortuna-Stollen **107** .

Schlierbach war die kurze Fahrt zum Besucherbergwerk über sichtlich bemüht, Adina mit allen Mythen über das Bernsteinzimmers einzudecken. Selbst während der Besichtigung sprach er unablässig davon und korrigierte den um Fassung bemühten Führer mehrmals mit strenger Stimme. Am Schluss der Veranstaltung bedankte er sich mit verkniffenem Mund bei Schlierbach, der diese Ehrbezeugung willfährig entgegennahm.

Als sie kurz nach Mittag auf dem Gelände der Saigerhütte **108** neben dem Stockhausen Spielzeugland **109** ankamen, hatte man dort noch alle Hände voll zu tun, um die Reste des nostalgischen Hüttenadvents aufzuräumen. Adina schüttelte ihren Begleiter beim Übergang zwischen zwei Gebäuden des Komplexes geschickt ab und so gelang ihr sogar ein kurzer Abstecher in die Kinderspielwelt, bis Schlierbach sie beim Würfeln mit einem wildfremden Ehepaar erwischte.

Ihr kleiner Ungehorsam führte dazu, dass sich die weitere Reise in Richtung Neuhausen sehr wortkarg gestaltete. Erst bei den grimmigen Exponaten des dortigen Nussknackermuseums **110** taute Schlierbach ein bisschen auf. Während des Rundganges summte er vor sich hin und prüfte hin und wieder den Kopfdurchmesser eines Ausstellungsstückes mit einer Schiebelehre, die er scheinbar permanent bei sich trug. In Anbetracht der fortgeschrittenen Zeit warfen sie nur einen kurzen Blick in das unter der gleichen Adresse zu findende Museum der alten Stuhlfabrik **111**. Schlierbach bestand darauf, den Weg zum Schloss Purschenstein **112** zu Fuß zurückzulegen, weil man dabei nach seinen Worten den Anblick am besten genießen konnte. Tatsächlich brach sich Adina auf dem Hinweg aber in der inzwischen eingetretenen Dunkelheit zweimal fast die Knochen.

Es dauerte einen Augenblick, bis Adina bewusst wurde, weshalb sie schon mit dem Eintritt in die Remise des Schlosses die Ahnung beschlich, dass hier alles andere als ein Kaffeekränzchen geplant war. Nicht nur, dass sich in diesem imposanten Saal so kurz nach der Rushhour für Streuselkuchenliebhaber kein einziger Gast befand, machte sie ein ganz klein wenig nervös, sondern eher noch der Umstand, dass sämtliche Tische und Stühle bis auf ein einziges Ensemble für zwei Personen entfernt worden waren. Hinter einer der mächtigen Säulen des Kreuzgewölbes ahnte sie den Schatten einer Servicekraft. Zu hören war einzig die Kühlung der Zapfanlage. Schlierbach führte Adina am Ellenbogen sanft aber bestimmt an den Tisch. Er half ihr aus dem Mantel, und ließ ihn zusammen mit seinem eigenen von einem aus dem Nichts auftauchenden Kellner zur Garderobe bringen. Ganz langsam nahm Adina auf die einladende Geste des Oberschnitzers hin Platz. Er setzte sich ebenfalls und legte die gefalteten Hände auf den Tisch, bevor er anfing zu sprechen.

»Frau Pfefferkorn, ich habe Sie als intelligente und tüchtige Journalistin kennengelernt – dürfte ich Sie als erstes darum bitten, Ihr Telefon so auf den Tisch zu legen, dass ich es sehen kann?«

Er legte den Kopf leicht schief und sah Adina mit einem schwer einschätzbaren Blick an. Er presste die Finger der gefalteten Hände kurz und kräftig aufeinander, so dass ein lautes Knacken zu hören war. Mit einer Art unbehaglichem Staunen fischte Adina den geforderten Gegenstand aus der Handtasche und legte ihn vorsichtig auf der Tischplatte ab.

»Danke, eine reine Vorsichtsmaßnahme, Sie werden den Zweck durchaus noch einsehen.« Schlierbach nestelte an seiner Krawatte. »Ich hoffe, dass Sie in diesen zwei Tagen viele Eindrücke für Ihre Arbeit gesammelt haben und dass ich Sie hierbei nennenswert unterstützen konnte.« Ohne eine Antwort von Adina abzuwarten, fuhr Schlierbach fort. »Denn nun, am Endpunkt Ihrer Reise, können Sie auch etwas für mich tun, oder besser: für uns, Frau Pfefferkorn.« Er hatte das Wort Endpunkt ganz eigenartig betont, so als sei er mitten im Stimmbruch. Adina hörte ihm ohne jegliche Regung zu.

»Üblicherweise erwarten wir für Printmedien zehn Prozent vom Gewinn, bei diesen windigen Online-Portalen aber neuerdings 15 Prozent. Da wird einfach zu viel kopiert und die Lebenszyklen solcher Angebote sind kürzer. Sie werden das als Provision für meine Zuarbeit deklarieren lassen und monatlich auf dieses Konto überweisen.« Während er sprach, schob er Adina eine Visitenkarte aus Holz hinüber. Darauf war in hohen und klaren Buchstaben Schlierbachs Name eingefräst, des Weiteren europaweit gültige Kontodaten und ein stilisierter Spanbaum mit je drei Locken auf jeder Seite. Mit ruhiger Stimme fuhr er fort. »Bitte versuchen Sie erst gar nicht, uns bezüglich Ihrer Einnahmen aus der hier durchgeführten Recherche zu täuschen, Frau Pfefferkorn. Wir haben jederzeit Zugriff auf die wichtigen und unwichtigen Eckdaten Ihres Lebens. Wir wissen, wo Sie Ihre Unterwäsche bestellen, dass Ihre Blutplättchen eine erblich bedingte Anomalie aufweisen, und«, fügte er süffisant hinzu, »Sie färben bereits seit einiger Zeit Ihre Haare …« »Es ist eine Tönung!«, unterbrach ihn Adina empört, wurde aber angesichts der restlichen Neuigkeiten rasch wieder still.

»Ihnen wird sicher nicht entgangen sein, dass sich für uns beide viele Türen geöffnet und Wege geebnet haben und dass ich eben im Plural sprach. Vielleicht sollte ich dazu etwas erklären, Frau Pfefferkorn …«

Schlierbach verstummte bedeutungsvoll und hob mit zwei Fingern das Revers seines Sakkos an. Darunter war ein silbern schimmerndes Abzeichen zu sehen. Adina musste sich vorbeugen, um zu erkennen, dass es einen Spanbaum darstellte, einen Spanbaum mit drei aufgerollten Spänen auf jeder Seite, genau wie auf der Visitenkarte, die vor ihr auf der Tischplatte lag. Etwas leiser fuhr Schlierbach fort.

»Wir tragen keinen Namen. Wer Teil unseres Bundes ist, der spürt das in jedem Augenblick seines Lebens und kennt jeden, dessen Herz genauso schlägt. In diesen Bergen überlebte nur, wer hart und stark war, so wie das Gebirge selbst, Frau Pfefferkorn. Das ist heute eine mindestens ebenso bittere Wahrheit wie vor dreihundert Jahren. Einst, als die Segnungen des zweiten, des großen Berggeschreys verebbten und unsere Väter nicht mehr wussten, wie sie ihre Frauen und Kinder über den bevorstehenden Winter bringen konnten, während diejenigen weiterzogen, die sich mit dem Handel alle Reichtümer längst gesichert hatten, in dieser Zeit formte die Not unsere Gemeinschaft. Von außen mag man denken, dass die idyllische Tradition, die wir zu Weihnachten pflegen, die Miniaturen aus Phantasie und Sehnsucht und die tausend Lichter in den trauten Stuben von jeher nur der Erbauung dienten. Aber all das half unseren Vätern lediglich, im Dunkel und der Rauheit der Berge nicht auch noch den Verstand zu verlieren. Der Gedanke an die Wärme und das Licht dieser heiligen Zeit entschädigte sie für die Einsamkeit und die Gefahren ihres Tagwerks in den Stollen. Und als der Erzabbau die Familien nicht mehr zu ernähren vermochte, schnitzte man mit dem erworbenen Geschick nicht mehr nur für sich selbst. Erst in Europa und später in der ganzen christlichen Welt, wurden die holzgewordenen Träume der Bergleute zu einer begehrten Ware. Und obwohl die Holzkunst unser Volk länger und verlässlicher ernährte, als dies der Bergbau je vollbracht hat, vergaß unsere Gemeinschaft niemals, wie schnell das Schicksal alle Zukunft zu nehmen imstande ist. Vorsicht und allgegenwärtige Wachsamkeit sind für uns von höchstem Stellenwert, Frau Pfefferkorn. Die Erkennungszeichen des Bundes finden Sie tausendfach. Es ist erstaunlich, dass man diese Symbolik außerhalb unserer Heimat nie wirklich wahrgenommen hat, obwohl wir sie seit über hundert Jahren in alle Teile der Welt exportieren. Die Figur des Sternträgers der Kurrende zum Beispiel, wird im Gegensatz zu seinen Sänger-Kollegen stets mit offenen Augen dargestellt, als Symbol dafür, dass uns nichts verborgen bleibt. Die acht Zähne des Nussknackers stehen für die acht Mitglieder des inneren Kreises, der alle vier Jahre tagt. Und die stilisierten Fenster der Seiffener Kirche zeigen den gezehntelten Mann, einer der ersten Fälscher und Spione, die beseitigt werden mussten, um die Originalität unserer Volkskunst zu schützen. Über die Jahrhunderte hat jeder Clan solche Zeichen in den klassischen Figuren und Motiven hinterlassen, ironischerweise übernehmen sie auch die Kopisten der neuen Zeit.«

Adina fühlte, wie sich ihr Rücken vor Unbehagen verspannte. Ihr Gegenüber hatte während der letzten Sätze wieder damit begonnen, gefährlich mit den Fingern zu knacken. Sie war sich nicht mehr sicher, ob an Schlierbachs Händen wirklich nur Holzleim klebte.

»Wir nehmen einen gerechten Anteil von jedem, der an der Kultur und den Schätzen unseres Landes verdienen kann, wir schützen die Werke, die es hervorbringt und bekämpfen unerbittlich, was ihm schadet. Und wir geben jenen davon, deren Not am größten ist.«

Adina musste an die Szene mit dem Briefumschlag an der Seiffener Kirche denken.

»Sie glauben vielleicht, dass wir nur beim Schwächsten ansetzen, bei Ihnen zum Beispiel, aber da täuschen Sie sich gewaltig. Es geht lediglich ums Prinzip. Notwendig wäre es nicht. Seit über drei Jahrzehnten speisen wir uns aus dem Fund einer sehr berühmten Wandvertäfelung. Was glauben Sie, wie viele tüchtige Mädchen und Buben davon schon haben studieren können. Wir lassen es den Rest der Welt natürlich weitersuchen, dieses besagte Zimmer. Was glauben Sie, was dieser Mythos im Jahr für Übernachtungsgelder in unsere Region spült.« Schlierbach sah kurz mit glasigen Augen zur Decke der Remise. »Gerade testen wir die ersten Störprogramme für die Fräsmaschinen, unter deren Einsatz die Asiaten glauben, uns Konkurrenz machen zu müssen. Auch da müssen wir natürlich investieren. Also bitte ich Sie, Ihre Aufgabe ernst zu nehmen. Wir geben Ihnen mit der ersten Tranche Zeit bis zum Herbst. Und versuchen Sie bitte nicht, mit dieser hanebüchenen Geschichte zur Polizei zu gehen. Sie ahnen ja gar nicht, was sich unter so manchem Revers für ein Zeichen verbirgt ...« Schlierbach erhob sich und zog seine Handschuhe über.

»In zehn Minuten holt sie ein Taxi ab. Es hat mich gefreut, Frau Pfefferkorn.«

Seine Schritte hallten auf dem Steinfußboden, dann fiel die schwere Tür ins Schloss. Ein besonders kräftiger Kellner glitt aus dem Schatten der Säule hervor und half Ihr in den Mantel. Als sie vor die Remise trat, war Schlierbachs Wagen schon längst über alle Berge. Das Taxi kam nach drei Minuten.

Es wurde ein langer letzter Abend in dem kleinen Zimmer ihrer Pension. Zwar hatte sie auf Schlierbachs Bitte das Handy herausgerückt, nicht ohne jedoch die praktische kleine Spy-App zu starten, die neben dem ganzen Gespräch einschließlich Schlierbachs Fingerknacken auch noch eine Bildaufnahme zu bieten hatte, die allerdings vor-

rangig die stark behaarten Nasenlöcher ihres Gesprächs-
partners zeigte. Sie würde so natürlich keinen Cent zahlen,
andererseits bot das Material nahezu nichts Brauchbares
für eine Anzeige, bis auf die bedrohlich langen Nasen-
haare und das bisschen Nötigung vielleicht. Sie hätte es
Oli zuspielen können, aber das hier war nicht sein Revier
und ein wenig Angst hatte ihr Schlierbachs Vorstellung
schon eingejagt. Wahrscheinlich sollte sie erst einmal Oli
selbst nach dem Spanbaum-Zeichen abtasten. Vielleicht
war es besser zu warten. Vielleicht war es besser, später
noch einmal abzuklopfen, ob an Schlierbachs Bernstein-
zimmerversion wirklich etwas Wahres sein könnte. Und
auf jeden Fall war es besser, jetzt erst einmal dieses Projekt hier abzuschließen. Berühmt werden konnte sie auch
danach noch.

Der Blogeintrag ging ihr diesmal nicht so leicht von der
Hand: Liebe Leute, hier steckt buchstäblich in jedem Stollen eine Überraschung. Mitten in der Schnitzerecke habe
ich eine Art »Robin Wood« getroffen, der mir ein Fenster
in die Vergangenheit aufgestoßen hat. Es ist faszinierend,
zu erleben, welche innovative Kraft das raue Land in den
Menschen geweckt hat. Aber wenn alles stimmen sollte,
was ich hier erfahren habe, dann fahre ich auch mit einer
klitzekleinen Gänsehaut zurück nach Berlin. Die Überraschung: Vermisse ich momentan selbst.
  Eure Adina

102 Bergkirche Seiffen
Die Bekanntheit der von 1776 bis 1779 errichteten
Rundkirche beruht vor allem auf ihrer Verwendung
als Vorlage für die auf der ganzen Welt anzutreffen-
den Erzeugnisse der erzgebirgischen Schnitzkunst.
Das Wahrzeichen des Ortes ist der Dresdner Frauen-
kirche nachempfunden und erinnert in vielen Details
an die enge Beziehung der Bergleute zur evangelisch-
lutherischen Kirche. Das Gotteshaus kann von Montag bis Samstag jeweils zwischen 11 und 12.30 Uhr
besichtigt werden. Weitere Informationen zu Got-
tesdiensten und individuellen Führungen unter
www.bergkirche-seiffen.de

103 Historischer Bergbausteig Seiffen
Beginnend am Eingang der Binge »Geyerin« oberhalb
der Rundkirche, führt der Lehrpfad auf 1,3 kurzwei-
ligen Kilometern durch die interessante und wechselvolle Geschichte des Seiffener Bergbaues. 20 Schautafeln an den jeweiligen Stationen erklären die Spuren
und Strukturen, die der Mensch auf der Jagd nach
den Schätzen im Berg hinterließ. Die Tourist-Information hält einen speziellen Wanderführer zum Bergbausteig bereit.

104 Spielzeugmuseum Seiffen
Das 1953 als Nachfolger der Spielzeug-Werbeschau
Seiffen gegründete Museum gestattet einen umfang-
reichen Blick auf das kunstgestalterische Schaffen der

ganzen Region. Moderne Konzepte lassen die Entstehung und die Errungenschaften der erzgebirgischen Spielzeugherstellung unter den Händen der Besucher lebendig werden und vermitteln eine Ahnung des Willens und der innovativen Kraft, die diesen Erfolg über die Jahrhunderte hinweg möglich machte. Geöffnet täglich von 10 bis 17 Uhr. Weiterführende Informationen unter www.spielzeugmuseum-seiffen. de

105 Freilichtmuseum Seiffen
Das aus 14 Gebäudekomplexen in Form einer Streusiedlung kombinierte Freilichtmuseum wurde 1973 als Abteilung des Spielzeugmuseums gegründet. Die Exponate in den einzelnen Gebäuden spiegeln den Einfallsreichtum und das hohe Niveau der Holzgestaltungskunst im Erzgebirgsraum wider und ermöglichen einen unverklärten Einblick in die einstige Alltagskultur. Öffnungszeiten: täglich von 10 Uhr bis 17 Uhr, in den Wintermonaten bei günstiger Witterung 10 Uhr bis 16 Uhr.

106 Wanderkapelle Deutschneudorf
Die erste Wanderkapelle im sächsischen Erzgebirge entstand 2010 auf dem Klötzerhübel oberhalb der Gemeinde Deutschneudorf. Ein kurzer Abstecher von einem der zahlreichen Wanderwege, welche diesen Berg kreuzen, lohnt sich allemal, um in der eindrucksvollen Atmosphäre aus Holz und Schiefer Momente der Stille und Einkehr zu suchen. www.kapelle-am-weg.de

107 Besucherbergwerk Fortuna-Stollen
Bekannt ist der Fortuna-Stollen vor allem durch das, was man in ihm zu finden glaubt. Den Abstecher nach Deutschneudorf ist er auch ohne Bernsteinzimmer allemal wert. Eine Mineralienausstellung und die Kolbendampfmaschine neben dem Huthaus runden diesen Besuch ab.
Öffnungszeiten: Dienstag bis Sonntag 10.30 bis 16.00 Uhr
www.fortuna-bernstein.de

108 Museum Saigerhütte
Die Schaustätte des 1537 gegründeten Hüttenbetriebes dokumentiert das zu seiner Zeit wegweisende Saigerverfahren zur Trennung von Silber und Kupfer aus dem sogenannten Schwarzkupfer. In dem mehrere Gebäude umfassenden Komplex bieten sich dem Besucher faszinierende Einblicke in die Welt der historischen Erzverarbeitung und die Mythen, die sich in den Jahrhunderten gleichermaßen um Handwerk und Landstrich gebildet haben. Die Ausstellung ist ab Februar bis Dezember jeweils von Dienstag bis Sonntag in der Zeit von 9.30 bis 16.30 Uhr geöffnet. Der Kupferhammer kann von März bis Dezember zu den gleichen Zeiten besichtigt werden. Unter www.saigerhütte.de finden sich weitere Informationen über aktuelle Veranstaltungen und die Öffnung an Feiertagen.

109 Kinderspielwelt Olbernhau (Stockhausen)
Mit einer Fläche von über 1000 Quadratmetern ist auf dem Gelände der historischen Saigerhütte ein Spiel-

paradies für die ganze Familie entstanden. In der liebevoll und komplett aus Holz gestalteten Spielewelt können sich kleine, große und erwachsene Kinder in verschiedenen Erlebnis-Landschaften und Themenabschnitten ausleben oder die gemeinsame Zeit mit Brettspielen auf dem Elternspielplatz genießen. Öffnungszeiten: Montag/Donnerstag/Freitag 12 bis 18 Uhr, Samstag und Sonntag 10 bis 18 Uhr. Erweiterte Öffnungszeiten während der Ferien und die aktuellen Eintrittspreise sind unter www.stockhausen-spielzeugland.de einzusehen.

110 Nussknackermuseum Neuhausen
Über 5.000 Mitglieder zählt die Sammlung der Familie Löschner in Neuhausen. Auf zwei Etagen tummeln sich bärbeißige Großmäuler aus aller Herren Länder und überdies erfährt der Besucher Wissenswertes über Geschichte und Herstellung des klassischen Nussknackers. Öffnungszeiten: Montag bis Freitag 9 bis 18 Uhr, Samstag, Sonntag und an Feiertagen 9 bis 17 Uhr www.nussknackermuseum-neuhausen.de

111 Alte Stuhlfabrik Neuhausen
Das Museum dokumentiert die Entwicklung der Stuhlindustrie in Neuhausen, die zu Hochzeiten allein im Ort selbst fast 1.000 Menschen beschäftigte. Technologie und Vielseitigkeit der Herstellung erhalten ebenso Raum wie eine Schau historischer Wohnkultur. Öffnungszeiten: Montag bis Freitag 9 bis 18 Uhr, Samstag, Sonntag und an Feiertagen 9 bis 17 Uhr

112 Schloss Purschenstein

Der imposante Bau an der Salzstraße »alter böhmischer Steig« kann auf eine wechselvolle Geschichte zurückblicken. Um 1200 errichtet, mehrfach fast gänzlich abgebrannt und vor allem in der jüngsten Geschichte vielfältig genutzt, befindet es sich seit 2005 in privater Hand und beherbergt ein 4-Sterne-Hotel. Montags, mittwochs, freitags und samstags werden jeweils um 16.30 Uhr Schlossführungen – wahlweise auch mit Kaffee und Kuchen im hauseigenen Restaurant – angeboten. www.purschenstein.de

PETRA STEPS: HIMMLISCHE WEIHNACHT

Adina Pfefferkorn trat auf das Gaspedal und musste kurz darauf wieder bremsen. Vor ihr tauchte das Ortseingangsschild von Annaberg-Buchholz auf. Gleichzeitig erfasste sie eine Flut von Gefühlen, die sie nicht zu beschreiben wusste. Sie mochte Annaberg, diesen Ort an der Sächsisch-Böhmischen Silberstraße **113**, liebte die majestätisch über der Stadt thronende St. Annenkirche und den Ausblick vom Turm **114**, die verträumten Gassen mit den alten Häusern, die Berge in der Umgebung. Zwar war sie schon mehrfach hier gewesen, hatte sich die tiefere Stadterkundung jedoch für die Weihnachtszeit aufgehoben, und das aus gutem Grund: Der Kreisstadt des Erzgebirgskreises eilte der Ruf der schönsten Weihnachtsstadt Deutschlands voraus. Um dieses Flair in ihrem Reiseportal so realitätsnah wie möglich zu beschreiben, musste sie den Annaberger Weihnachtsmarkt **115** kennenlernen, musste den Duft von Glühwein und erzgebirgischen Spezialitäten einatmen, die Bergparade live erleben und vor allem die tausenden Lichter sehen, die der Stadt am Abend ein unverwechselbares Strahlen verschafften. »Was habe ich doch für ein wunderbares Projekt an Land gezogen«, dachte sich Adina. Für sie kam es einer Befreiung der Arbeit gleich. Dass dieser Umstand gleichzeitig die Selbstausbeutung ungemein erleichterte, störte sie nicht. Sie war quasi immer auf der Suche nach Storys und erlebte dabei wunderbare Dinge, wie sie andere nicht einmal in ihrer Freizeit serviert bekamen. Außerdem war da noch Oli, eigentlich Kriminalhauptkommissar Lars-Oliver Uhlig, den sie bei ihrem Leichenfund im Greifenstein-Gebiet kennengelernt hatte und der seitdem in wachsendem Maße durch ihre Gefühls- und Gedankenwelt geisterte. Und der sich keine Mühe gab, sein Interesse an ihr zu verbergen. Weihnachten würde sich entscheiden, was aus ihrer Beziehung werden würde. Oli hatte ihr angeboten, eine echte Erzgebirgsweihnacht mit ihr zu feiern. Ihre Eltern waren zwar enttäuscht gewesen, weil sie an den Feiertagen nicht zu ihnen kommen würde. Sie verstanden aber, dass ihre Tochter mit Mitte 30 die Prioritäten anders setzte.

»Noch gut eine Woche arbeiten und dann frei!«, freute sich Adina, obwohl sie genau wusste, dass sie in ihrem Job nie frei hatte und dass Oli überraschend zum Dienst gerufen werden konnte. In Annaberg angekommen, stellte sie ihr Auto in der Nähe der Annenkirche ab und ging in die Pension »Zum Türmer«. Sie war froh, dass sie dort noch ein Zimmer bekommen hatte, denn vor Weihnachten waren viele Häuser ausgebucht. In der Gaststätte hatte sie schon einmal gegessen, mit Blick zur Kirche. Adina erinnerte sich noch genau. Am Nebentisch unterhielt sich ein Pärchen über die gelungene »Jedermann«-Aufführung des Eduard-von-Winterstein-Theaters auf den Kirchentreppen, während die Zuschauer zwischen der Gaststätte und der Kirche auf dem Unteren Kirchplatz saßen, einige sogar auf dem Sockel des Martin-Luther-Denkmals. Adina hatte bedauert, dass die Freilufttheatersaison längst vorbei war. Zwar würde Annaberg die Salzburger Inszenierung, die sie vor ein paar Jahren erlebt hatte, nicht toppen können, aber reizvoll wäre das Theater-Open-Air dennoch gewesen. Der Türmer hatte an dem Tag gerade Wäsche aufgehängt, die im Wind flatterte. In 32 Metern Höhe verfügte er wohl über den ungewöhnlichsten Wäscheplatz überhaupt. Und über die höchste Terrasse in der Stadt. Adina stellte sich den sterbenden reichen Mann unter flatternden Dessous vor und musste grinsen. Sie hatte sich vorgenommen, am Samstag noch einmal auf den Turm zu gehen und ein Schwätzchen mit der netten Türmerin zu halten. An den Adventswochenenden war nachmittags geöffnet. Marit Melzer hatte ihr damals den Schreckenberg empfohlen, wegen des Blicks auf Annaberg. Sonst wäre sie wohl nie zu der künstlichen Ruine gegangen. Und hätte Oli nicht einen Mörder geliefert. Ob sich ihre Beziehung trotzdem so weiterentwickelt hätte? »Jetzt aber keine Kaffeesatzleserei, sondern rasch alles hintereinander weg abarbeiten«, befahl sich Adina. »Und nicht wieder so ein Fiasko wie in Seiffen«, fügte sie hinzu. Der aufgezwungene Begleiter dort hatte ihr den Rest gegeben und sie wusste noch nicht, wie sie mit ihrer Videoaufzeichnung umgehen sollte. »Dann lieber inkognito«, nahm sie sich für ihre weiteren Recherchen vor. Eine Kirchenführung wollte sie sich an einem Wochentag gönnen, wenn nicht so viele Besucher die Bergstadt stürmten. Gerade stand der dritte Advent mit der traditionellen Bergparade bevor. 50.000 Gäste wurden in Annaberg erwartet. Dafür wurde der Platz der Annaberger Kät **116**, auf dem sich im Juni Tausende beim größten Volksfest Sachsens tummelten, als Park & Ride-Fläche eingerichtet. Die Hinweisschilder hatte Adina bemerkt, als sie in die Stadt fuhr. Sie meldete sich in der Pension an und bezog ihr Zimmer. Dann griff sie zum Telefon. »Ich hole dich in einer halben Stunde ab, dann können wir zum Weihnachtsmarkt gehen, ja?«, antwortete Oli, nachdem sie ihm ihre Ankunft mitgeteilt hatte.

Oli war pünktlich. Sie bummelten die paar Meter zum Markt hinunter, vorbei an mehreren Geschäften mit erzgebirgischen Weihnachtsartikeln. Adina konnte sich nicht satt sehen an den Räuchermännchen, Nussknackern, Engeln oder Schwibbögen. »Da schau, hier ist sogar einer mit der Annenkirche«, machte sie Oli aufmerksam. »Es gibt mehrere Annaberger Motive, auch eins mit unseren bekanntesten Persönlichkeiten, Barbara Uthmann und Adam Ries«, verriet Oli ihr. »Ach, ihr seid also schuld an der Mathe-Quälerei«, zog sie ihn auf. »Schau dir das Adam-Ries-Museum 117 an und entscheide selbst«, bekam sie als gutgemeinten Rat zurück.

Auf dem Markt angekommen, übermannte Adina der Übermut. Sie begrüßte den überdimensionalen Holzweihnachtsmann per Handschlag, steckte ihr Gesicht durch die Öffnung der Wichtelfigur, die neben einem anderen Weihnachtsmann abgebildet war und stieß jede Menge erstaunte Ah- und Oh-Rufe aus. »Komm, wir trinken einen Glühwein«, schlug Oli vor. »Ja, am liebsten Himbeerglühwein. Aber ich brauche etwas zu essen, denn ich habe seit dem Frühstück nichts mehr bekommen«, ließ sie ihn wissen. Adina entschied sich für Kartoffelklitscher mit Apfelmus. Oli bestellte sich erzgebirgische Flecke, eine süßsaure Suppe mit Innereien und Kartoffelstücken. Beim Schlendern über den Markt faszinierten die Berlinerin die vielen Weihnachtsfiguren und die 24 Schaukästen des Wichtelkalenders. Am Stand mit Wollprodukten blieb sie stehen. »Warte, ich kaufe mir ein paar Handschuhe, die werden hier notwendig sein«, sagte sie zu Oli, der sie nicht so recht verstand. Für einen Erzgebirger waren Mützen, Handschuhe, Schals, Winterschuhe und andere wärmende Dinge so normal wie Brot oder Milch. Nachdem Adina gefühlte 20 Paar probiert hatte, entschied sie sich für weiße Fingerhandschuhe aus Alpaka-Wolle. Während sie den Stand verließen, zeigte ihr Oli das Barbara-Uthmann-Denkmal. Die Skulptur überragte die dekorativ gestalteten Weihnachtsmarktbuden in ihrer Umgebung. »Sie war im 16. Jahrhundert eine erfolgreiche Unternehmerin im Erzgebirge. Erst führte sie die Hütte ihres verstorbenen Mannes weiter, dann machte sie sich um das Klöppeln und im Spitzenhandel verdient. Ja, es gab schon früher beherzte Frauen, die etwas bewegen konnten«, fügte Oli hinzu, als er Adinas fragenden Blick wahrnahm. »Tja, Frauen an die Macht. Komm, lass uns noch etwas trinken. Und den erzgebirgischen Stollen probieren«, bat Adina. Sie orderte eine heiße Schokolade und ein Stück des köstlichen Weihnachtsgebäcks. Oli begnügte sich mit einem Kaffee. »Lass uns noch in die Bergkirche 118 gehen, ich will dir etwas zeigen«, bat er. Sie passierten die mit historischen Gegenständen geschmückte Bühne und den großen Oldtimerschlitten und gelangten zu dem Kirchlein am unteren Rand des Marktes. Lediglich ein »Wow«, brachte Adina heraus, als sie die 32 Figuren der überdimensionalen Krippe sah. »Vier Schnitzer haben 15 Jahre an dem Projekt gearbeitet. Eigentlich sollte damit ein Krippenweg im Freien gestaltet werden. Ich glaube, hier im Inneren der Kirche sind die Figuren besser aufgehoben. Es soll aber bald weitere an verschiedenen Orten geben. Ein Arzt steht schon in der Tourist-Information«, erzählte Oli ihr. Adina ging entgegen dem Uhrzeigersinn und blieb zuerst bei »Rufer und Hörer« stehen, zwei Männern, die das Stadtgespräch darstellen. »Du musst dir das so vorstellen. Viele Menschen haben im Bergbau gearbeitet, manchmal zwölf Stunden am Tag. Unter Tage bekamen sie wenig von dem mit, was über Tage geschah. Der Rufer teilt dem Hörer hier gerade mit, dass Jesus geboren ist.« »Schau mal den Bergmann hier an. Der sieht aus wie einer, den ich letztens im Fernsehen gesehen habe«, stellte Adina fest. »Das hast du ganz richtig erkannt. Für einige der Gesichter gibt es lebende Vorbilder, andere beruhen auf historischen Überlieferungen«, klärte Oli sie auf. Adina hatte sich derweil in die Details verliebt, in die Warenkiste des Hausierers, in den Bierkrug des Kneipenwirts, in die Würste des Fleischers und die Kartoffeln des Bauern. »Sieh, die Bettlerin hat sogar eine Katze dabei. Und der Ratsherr trägt ein goldenes Uhrkettchen.« Adina beschloss, sich die Krippe in den nächsten Tagen noch einmal anzuschauen, allein und ganz in Ruhe, was angesichts der vielen Marktbesucher schwierig sein würde. »Komm, ein Glühwein geht noch, dann muss ich dich leider allein lassen. Ich habe heute noch einen Termin, den ich nicht verschieben kann«, sagte Oli. Sie holten sich einen Orangen-Ingwer-Punsch, der wunderbar von innen wärmte, dann brachte Oli Adina den kurzen Weg zur Pension zurück. Am Berg hatte er ihr den Arm angeboten, denn an einigen Stellen lag überfrorener Schnee auf dem Fußweg. Ein bisschen »old school«, aber sehr angenehm, dachte sich die leicht beschwipste Berlinerin, als er ihr die Tür öffnete. Dann drückte er ihr flink einen Kuss auf den Mund. »Wir telefonieren«, hauchte er ihr ins Ohr und verschwand. In ihrem Zimmer angekommen stellte sich Adina ans Fenster und genoss den Anblick der angeleuchteten Annenkirche.

Am Vormittag betrat sie die Kirche durch das Hauptportal und kaufte eine Karte für die Kirchenführung. Die Gruppe, die sich vor dem abgesperrten Altarraum versammelte und auf den Beginn der Erläuterungen wartete, wurde immer größer. Adina hatte in einer Kirchenbank Platz genommen, während ein älterer Herr lautstark sein Halbwissen zum Kirchenbau von sich gab. Er war mit einer Seniorengruppe gekommen, zu der ausschließlich Männer gehörten. Ein paar Pärchen hatten sich dazugesellt. Drei junge Mädchen packten Notizbücher und Kulis aus, um sich Zahlen und Fakten zu notieren. Zum Schluss trafen zwei finster dreinblickende Männer ein, die so gar nicht zu den anderen passen wollten. Die Führerin begrüßte alle und begann mit Zahlen zum Bau und zu den Stadtbränden von Annaberg. Dann erläuterte sie das Emporenrelief und sorgte mit ihren Ausführungen zu den allegorischen Darstellungen der Lebensalter von Mann und Frau für Heiterkeit, wobei die Männer hauptsächlich bei den Frauen lachten und die Frauen bei beiden. Dann begab sich die Gruppe hinter die Absperrung. Endlich stand Adina vor dem Bild von Hans Hesse, das die Hinterseite des Bergaltars schmückt. Die Bildtafeln des Altars zeigen die Zeit des zweiten Berggeschreys und damit ein Stück Alltag des ausgehenden 15. Jahrhunderts. Die Geschichte von Daniel Knappe und seinem Silberfund am Schreckenberg hatte sie schon im Markus-Röhling-Stolln gehört.

Nach der Besichtigung der Kirche überquerte Adina die Straße und schloss einen Besuch des Erzgebirgsmuseum mit dem Silberbergwerk »Im Gößner« **119** an. »Wahnsinn, mitten in der Stadt ein Bergwerk«, sagte sie zu der Frau an der Kasse. »Hier gibt es fast überall Stollen. Die Region ist durchlöchert, da kann kein Schweizer Käse mithalten«, antwortete die Kassiererin. In der Pension aß Adina anschließend eine Kleinigkeit. Sie überlegte, ob sie Oli anrufen sollte, verwarf den Gedanken aber. Er meldete sich kurze Zeit später. »Ich muss noch ein paar Stunden anhängen, Adina. Wir können uns heute leider nicht sehen«, teilte er ihr mit. Ihre Mundwinkel fielen vor lauter Enttäuschung in Bodennähe, während sie ein fast stummes »ok« hauchte. »Bist du sauer?« »Nein, wirklich nicht. Ich habe genug zu tun«, setzte sie dem Gespräch ein Ende.

Adina hatte noch lange am Computer gesessen und versucht, die Figuren der Bergmannskrippe für ihre Geschichte zum Sprechen zu bringen. Kurz vor Mitternacht erhob sie sich vom etwas unbequemen Stuhl. Es knirschte, als sie sich streckte und mit ein paar gymnastischen Übungen zum Fenster hin bewegte. Der Anblick der angestrahlten Annenkirche faszinierte sie immer wieder. Adina schaute zuerst zum Turm und dann nach unten. Plötzlich stutzte sie. Vor dem Seiteneingang stand ein mittelgroßer weißer Transporter, die hintere Tür geöffnet. Sie stellte sich so, dass sie nicht gesehen werden konnte, ohne den Blick vom Fahrzeug zu lassen. Dann sah sie einen in Arbeitskluft gekleideten Mann, der Werkzeug aus dem Auto holte. »Oli, ich weiß nicht, aber ich glaube, da bricht gerade jemand in die Annenkirche ein«, sagte sie zu ihrem Kommissar, nachdem sie die Kurzwahl ihres Telefons gedrückt hatte. »Adina, es ist gleich Mitternacht. Ich glaube, du siehst Gespenster. Leg dich hin und schlafe. Wir frühstücken morgen zusammen, ja?« Adina legte auf. Sie bewegte sich in Richtung Bad und bereitete sich auf die Nacht vor. Als sie zurückkam, klingelte ihr Telefon. »Rühr dich bitte nicht aus dem Zimmer und geh nicht ans Fenster! Es scheint tatsächlich etwas faul zu sein. Die Türmerin hat angerufen. Adina, bitte!«

Sie musste nicht lange warten. Der Kerl mit dem Werkzeug hatte das Fahrzeug gestartet, während die Beamten um die Kirche herumgefahren waren. Als Oli den Dienstwagen abstellte, sah er den Transporter noch in Richtung Markt abbiegen. Dann ging alles ganz schnell. Ein Mann stürmte aus der Kirche, überquerte die Straße und wollte an der Fassade des Gebäudes hochklettern. Oli rannte hinterher und bekam ihn gerade noch am Fuß zu fassen. In dem Moment öffnete Adina die Tür. Zu spät. »Mach die Tür zu«, schrie er, da peitschte eine Kugel an ihm vorbei und schlug unterhalb vom Erzgebirgsmuseum an der Tür zum Silberbergwerk »Im Gößner« ein. Oli fluchte, weil er wegen Adina keine Hundertstel-, ja keine Tausendstelsekunde an Personenschutz gedacht hatte. Solche dummen Fehler unterliefen ihm sonst nicht. Er suchte Deckung in einem Hauseingang und lugte vorsichtig nach rechts. Der Mann war verschwunden. Mehrere Streifenwagen fuhren auf dem Kirchplatz vor. Oli war immer noch verärgert, als Adina ihn ansprach. »Hier, meine Kamerakarte. Darauf sind Fotos vom Transporter und von dem Kerl mit dem Werkzeug. Und schau dir die Bilder von der Kirchenführung heute Vormittag an. Ich glaube, die Kerle waren in der Gruppe.« Oli staunte über die Geistesgegenwart, die Adina in dieser brenzligen Situation an den Tag legte. Seine Kollegen hatten inzwischen die Ermittlungen aufgenommen und einen Rettungswagen für den Organisten geordert, der bei dem Einbruch verletzt worden war. Einer der Beamten kam aus der Kirche. »Das glaubt Ihr nicht, die waren am Allerheiligsten. Dort liegt Werkzeug, wie man es eigentlich nur für grobe Arbeiten benutzt. Annaberg ohne den Bergaltar, das wäre eine Katastrophe geworden, noch dazu in der Weihnachtszeit«, rief er über den Platz. Oli zeigte den Mitarbeitern der Spurensicherung die Einschussstelle beim Bergwerk und sprach mit der Türmerin über deren Beobachtungen. Adina hatte ihn in die Kirche begleitet. Oli erntete dafür einen missbilligenden Blick seines Kollegen. »Sie hat die Verdächtigen gesehen und sogar Fotos«, rechtfertigte er ihre Anwesenheit.

»Der Organist hat bis spät am Abend geübt. Irgendwann hörte ich ihn nicht mehr spielen, allerdings war die Alarmanlage der Kirche noch nicht auf scharf geschaltet. Zuerst glaubte ich, dass der Künstler nur eine Pause macht. Als sich nach einer Weile immer noch nichts tat, war mir sofort klar, dass da etwas nicht stimmt«, berichtete die Türmerin. Oli unterhielt sich noch eine Weile mit Frau Melzer, dann verließen sie die Kirche in Richtung Unterer Kirchplatz. »Hörst du das?«, fragte Adina den Kommissar. Ein Martinshorn-Geräusch kam näher, aber nicht zur Annenkirche. Der Kommissar zog sein Handy aus der Jackentasche und rief die Leitstelle an. »Die Sicherheitsanlage in der Bergkirche am Markt. Bestimmt ein Fehlalarm. Haben wir öfter«, sagte der Einsatzleiter. »Schick sofort mindestens zwei Teams runter. Ich schaue nach, wer hier noch verfügbar ist. Das könnte ein weiterer Einbruch sein. Vorsicht!

Die Gangster sind bewaffnet«, machte Oli dem Mann am anderen Ende der Leitung klar. Zu Adina sagte er: »Eigentlich sollten wir heute nicht allein schlafen. Die Gauner wissen, dass du sie gesehen hast. Du bist alles andere als sicher hier. Ich brauche noch etwa 30 Minuten. Kommst du mit zu mir? Bitte. Ich habe Angst um dich.« »Du hättest tot sein können, wenn er getroffen hätte«, ergänzte Adina. Erst langsam wurde ihr der Ernst der Situation bewusst. Während sie ein paar Dinge für die Nacht und eine Katzenwäsche am Morgen einpackte, tobte in ihrem Inneren ein Kampf der Gefühle. »Wenn das heute Nacht schief geht, wird es ein ganz einsames Weihnachten für mich«, fasste sie ihre Befürchtung in Worte für sich selbst. Wenige Minuten später stand sie an der Tür.

Oli brachte Adina zu seinem Auto und fuhr mit ihr in seine Wohnung in der Klosterstraße, nicht weit vom Polizeirevier entfernt. Dass die beiden Herren gefesselt vor dem Altar der Bergkirche saßen und auf ihren Abtransport warteten, verschwieg er ihr. Er wollte in den nächsten Stunden nicht allein sein. Um keinen Preis der Welt. Zumal er sein Glück fast mit Händen greifen konnte. Doch damit wollte er noch warten. Als Adina etwas hilflos im Flur stand, versuchte er die Situation zu entspannen. »Das Badezimmer ist links. Ich richte dir inzwischen die Couch im Arbeitszimmer her.« Adina lächelte das liebenswürdigste Lächeln der Welt.

Kurz nach 8 Uhr klopfte Oli vorsichtig an die Arbeitszimmertür. »Guten Morgen. Hast du gut geschlafen? Ich muss in etwa 40 Minuten zum Dienst. Wenn du mit mir frühstücken möchtest – der Kaffee ist fertig.« Adina sog den Kaffeeduft ein, der durch die geöffnete Tür in den

Raum drang. »Gern. Ich gehe nur rasch ins Bad«, antwortete sie und schaute Oli an. Der verstand sofort und schloss die Tür. »Old school eben«, dachte sie. Kurze Zeit später saß sie mit Oli am Frühstückstisch. Im Radio wurden gerade die Nachrichten gesendet. »In der Bergkirche wurden heute Nacht zwei Einbrecher festgenommen, die zuvor in der Annenkirche waren. Dort hatten sie sich am Bergaltar zu schaffen gemacht. Der Organist David Murstrach, der das Weihnachtskonzert am vierten Advent spielen soll und dafür an der Orgel probte, wurde von den Eindringlingen niedergeschlagen und leicht verletzt. Er konnte nach ambulanter Behandlung das Krankenhaus wieder verlassen. Das Konzert soll wie geplant stattfinden.« Adina schaute Oli lange an und verzog dabei keine Miene. »Als ich es erfahren habe, hast du schon geschlafen. Ich wollte dich nicht wecken. Du lagst da wie ein Engel. In dem Moment wurde mir erst richtig bewusst, wie die Sache hätte ausgehen können.« Adina holte tief Luft. »Du bist einer von den Guten.« Die Tonlage, in der sie das sagte, kündete von höchstem Lob. »Danke«, hauchte Oli. »Du kannst die Tür ins Schloss ziehen. Oder möchtest du einen Schlüssel?« Oli erschrak bei seinem etwas forsch geratenen Vorstoß und fügte hinzu: »Wer weiß, was in den kommenden Tagen noch so alles passiert.« Adina zögerte kurz. »Ja, gib mir bitte einen Schlüssel. Nicht nur deshalb.« Sie umarmten sich und verabredeten ein Treffen für den späten Nachmittag auf dem Weihnachtsmarkt. Auf dem Weg zur Pension bewunderte Adina das spätgotische Spitzbogenportal der Stadtbibliothek in der Klosterstraße und warf einen Blick in das Gebäude. Gleich nebenan in der Stadtboutique erwarb sie einen sündhaft teuren

Schal und hatte nicht einmal ein schlechtes Gewissen dabei. Die Flasche Rotwein mit den ausgefallenen Gläsern machte das Kraut nicht mehr fett. »Wenn ich bei Oli übernachte, bleibt mehr von den Spesen«, dachte sie und legte diesen Gedanken vorsorglich auf den fiktiven Stapel mit den Vorzügen einer intimen Beziehung. Ihr Entschluss »Nie mehr stationär, nur noch ambulant«, den sie nach dem Scheitern ihrer Affäre mit Julian für das Thema Zusammenleben mit einem Mann gefasst hatte, begann zu wackeln.

Zurück in der Pension fragte sie vorsorglich, ob sie eher abreisen dürfe, ohne für die reservierten Nächte bezahlen zu müssen. »Sagen Sie uns nur so schnell wie möglich Bescheid. Wir haben täglich Anfragen«, teilte ihr die Mitarbeiterin mit. »Morgen oder übermorgen weiß ich mehr«, versprach Adina. Am Nachmittag zog es sie in die Bergkirche. Mindestens eine Stunde saß sie in der Kirchenbank und betrachtete das Kircheninnere. Dann kaufte sie sich die Abbildungen der einzelnen Figuren der Bergmannskrippe und schritt den Krippenweg durch die Kirche mehrfach ab. Was ihr dabei spontan einfiel, notierte sie, um es für ihre Story zu verwenden, die unfertig auf dem Laptop wartete. Als Oli am Markt eintraf, spielte gerade das Bläserquartett des Bergmusikkorps Frohnau weihnachtliche Weisen. »Zum Weinen schön«, sagte Adina angesichts der anheimelnden Atmosphäre auf dem Weihnachtsmarkt. Oli hatte ihr die Karte für den Fotoapparat wiedergegeben. »Gute Arbeit, mein Mädchen. Aber jetzt lass uns erst einmal etwas trinken«, schlug er vor. Er küsste ihr eine dicke Schneeflocke von der Stirn und nahm sie am Arm. Dann reihten sie sich in die Schlange der Durstigen ein.

»Morgen besuche ich das Adam-Ries-Museum und die Ausstellung im Erzhammer 120 . Am Silberbergwerk haben sie übrigens vorhin die Tür repariert«, erinnerte Adina an den schießwütigen Gangster vom Vorabend und die Kugel, die Oli hätte zerfetzen können. »In die Manufaktur der Träume 121 würde ich gern mit dir gemeinsam gehen«, schlug Adina vor. Oli zögerte kurz. »Das machen wir am besten nach Weihnachten. Ich habe dann bis Silvester frei, aber die paar Tage vorher werden noch anstrengend.« Adina bemerkte ein wärmendes Gefühl in ihrem Inneren, das nicht nur vom Vogelbeer-Punsch verursacht wurde. Ganz langsam schmolz dort etwas und machte Platz für eine unbändige Lust. »Ich muss noch einmal zurück in die Dienststelle. Am Wochenende werde ich leider wenig Zeit für dich haben. Manchmal hasse ich diesen Job. Morgen um neun zum Frühstück bei mir?« Adina nickte. Sie traute sich noch nicht zu fragen, wann er sie bei sich zuhause aufnehmen wollte.

In der Pension angekommen, klappte Adina ihren Laptop auf. Die Mail von Mia öffnete sie als erstes. *Liebe Adina, was ist wieder los da oben im Erzgebirge? Man hört ja Fürchterliches in den Nachrichten. Bist Du da etwa wieder mittendrin? Mia*

Adina antwortete: *Liebe Mia, an mir zieht gerade alles vorbei wie in einem Film. Oli und seine Kollegen haben die Einbrecher geschnappt. Dabei ging es ganz schön heiß her, aber lange nicht so heiß wie in meinem Herzen. Ich glaube, ich bin verliebt. Adina*

Am Samstagnachmittag schaute Adina noch einmal auf dem Turm der Annenkirche vorbei und blickte auf die Lichter von Annaberg-Buchholz. Dabei tauschte sie sich mit Marit Melzer über den turbulenten Abend aus. Weil Oli Dienst hatte, musste Adina die Große Bergparade am vierten Advent allein besuchen. Abends trafen sie sich noch zu einem Absacker auf dem Weihnachtsmarkt. Da viele die gleiche Idee hatten und die Schlangen lang waren, entschieden sie sich für ein nahe gelegenes Café. Mit fast schon feierlicher Miene verkündete Oli dort seine Einladung an Adina. »Übermorgen kannst du bei mir einziehen. Morgen brauche ich noch zur Vorbereitung. Um 11 Uhr hole ich dich ab, ja?« Adina musste nichts erwidern. Ihr Honigkuchengesicht strahlte zweihundertprozentige Zustimmung aus.

Einen Tag vor Heiligabend trug Oli Adinas Koffer die wenigen Stufen zu seiner Wohnung empor. Adina staunte über die Verwandlung, die sich seit dem gemeinsamen Frühstück hier vollzogen hatte. Im Wohnzimmer stand ein festlich geschmückter Tannenbaum. Überall entdeckte sie Leuchter mit Kerzen, Räuchermänner, einen großen Bergmann mit Engel und viele kleine Details. Weihrauchduft erfüllte den Raum. Auf dem Küchentisch lag ein Zettel. »Hier sind meine Vorschläge für die nächsten Tage aufgelistet. Du kannst auswählen, was du machen möchtest.« Adina begann zu lesen:

Konzert mit David Murstrach in der Annenkirche

Heiligabendessen mit Neinerlei bei meinen Eltern oder im Ratskeller

Wanderung zum Pöhlberg mit Blick auf die Butterfässer 122 , Turmbesteigung. Ausflug zum Scheibenberg mit den Orgelpfeifen 123 , Turmbesteigung. Wahlweise Bärenstein, Spiegelwaldturm, Fichtelberg …

Rundgang mit dem Nachtwächter inklusive Umtrunk im Gewölbekeller des Lazarus-Ercker-Hauses

Besichtigung der Manufaktur der Träume und Einladung zur Heißen Schokolade im Schokogusch'l

Besuch der Gottfried-Reichel-Ausstellung in der »Hütte« Pobershau **124**, Relaxen im Aqua Marien in Marienberg …

Beginn der Exkursion zu allen Plätzen der Montanen Kulturlandschaft Erzgebirge/Krušnohoří **125**.

Oli hatte noch mehr Ideen aufgeschrieben und Platz für Adinas Ergänzungen gelassen. Der Zettel überforderte Adina leicht. »Bleibt denn da genug Zeit für uns?«, fragte sie. »Natürlich, wir haben jede Nacht für uns. Und ein Besuch bei meiner Familie ist nur einmal vorgesehen, entweder an Heiligabend oder an einem der Feiertage. Meine Mutter kocht gut. Wenn du mich fragst, ihr Neinerlei ist Spitze.« Das war ein Wink mit dem Zaunpfahl, doch Adina hatte längst entschieden, mit Oli am Heiligabend dessen Eltern zu besuchen. »Was ist eigentlich ein Neinerlei?«, fragte sie nach. »Das traditionelle Heiligabendessen der Erzgebirger und Vogtländer.« Bevor Oli die Speisen des »Neinerlei« und ihre Bedeutung erklären konnte, fiel Adina ihm um den Hals und küsste ihn tief und innig. »Die Frage nach deinem Schlafplatz erübrigt sich damit wohl«, stellte er erfreut fest. »Das Arbeitszimmer bleibt dir, falls ich zu laut schnarche – wenn ich überhaupt zum Schlafen komme.« »Du bist ja an Nachtschichten gewöhnt«, konterte sie lächelnd.

Am Vormittag des Heiligabends schrieb Adina in ihren Blog: Liebe Leute, lasst Euch sagen: Weihnachten im Erzgebirge ist himmlisch. Ich fühle mich total geborgen und gut beschützt. Ob es auch besinnlich wird, weiß ich noch nicht. ☺ Euch wünsche ich, dass Ihr ebenfalls ein so schönes Weihnachtsfest verbringen könnt. Ich melde mich wieder, spätestens im neuen Jahr.

113 Sächsisch-Böhmische Silberstraße
Die Sächsisch-Böhmische Silberstraße ist ein grenz-
überschreitendes Projekt, das Zeugnisse der Bergbau-
tradition und der Kulturgeschichte des Erzgebirges
verbindet. Auf dem Weg liegen Besucherbergwerke,
Kirchen, Schauplätze historischer Ereignisse und
andere Sehenswürdigkeiten. Die Straße beginnt in
Zwickau und führt von dort über Schneeberg, Aue,
Schwarzenberg in die Gegend um Annaberg, Marienberg nach Freiberg, Tharandt und Freital. Von Annaberg aus zweigt ein Teil ins Tschechische ab. Seit 2012
wird die Ferienstraße vom Tourismusverein Erzgebirge vermarktet. Viele der im Buch aufgeführten
Orte und der Freizeittipps befinden sich direkt an
der Silberstraße.

114 St. Annenkirche mit Turmbesteigung
Als ich das erste Mal bewusst vor dem Portal der
St. Annenkirche stand, hat es mich fast erschlagen.
Nach und nach haben sich meine Augen an den Steinen vorgetastet und von dort ins Innere der spätgo-
tischen Hallenkirche, die als größte in Sachsen gilt.
Sie spiegelt heute noch den Reichtum wieder, den der
Silberbergbau nach der Entdeckung der Silbererz-
gänge am Schreckenberg in die Region gespült hat.
Die Kirche wurde zwischen 1499 und 1525 erbaut,
was bei einer (unbedingt empfehlenswerten) Führung
als »kurze Bauzeit« bezeichnet wird (und Diskussio-
nen um die Elb-Philharmonie oder den Flughafen

BER relativiert). Zuerst war die Kirche katholisches Gotteshaus, ab 1539 begann die evangelisch-lutherische Zeit. Bemerkenswert ist die Ausstattung. Bergaltar mit Hans-Hesse-Gemälde auf der Rückseite, das Emporenrelief inklusive der allegorischen Darstellungen der Lebensalter von Mann und Frau, der Taufstein in Form eines Kelches, die »schöne Tür«, die vom ehemaligen Franziskanerkloster stammt, der Hauptaltar, die Nebenaltäre, die Kanzel, der Markus-Röhling-Epitaph und vieles mehr gehören dazu. Unbedingtes Muss ist der Gang auf Annabergs schönste Terrasse, die sich in einer Höhe von 32 Metern auf dem Kirchturm befindet. Beim Überwinden der Treppenstufen ist auf jeder Etage etwas zu sehen oder man kann auf Bänken, Stühlen und in der Bücherstube rasten. Bei schönem Wetter eröffnet sich dem Besucher ein wunderbarer Blick auf die Umgebung rund um Annaberg. Bei weniger schönem Wetter lohnt sich der Aufstieg trotzdem, schon wegen des netten Gesprächs mit Türmerin Marit Melzer oder mit dem Türmer Matthias Melzer höchstpersönlich.

115 Annaberger Weihnachtsmarkt
Nicht umsonst erhielt Annaberg 2015 den Titel »Schönste Weihnachtsstadt«. Der Weihnachtsmarkt auf dem Marktplatz hat daran einen gewichtigen Anteil. Der Besucher erlebt hier die heimelige Erzgebirgsweihnacht von ihrer schönsten Seite. Für Kinder steht alles im Zeichen der Wichtel, die sogar eine eigene Werkstatt aufgebaut haben. Im Wichtel-Postamt werden Wunschzettel beantwortet, in der Wichtelbackstube können leckere Plätzchen geba-

cken werden. Einen Verkaufsstand mit Kitsch suchen Sie vergebens. Und zwischendurch laden erzgebirgische Spezialitäten zum Probieren ein, egal ob Stollen und Kaffee, Erzgebirgspfanne und Bier oder süßsaure Flecke mit Glühwein. Höhepunkt des Weihnachtsmarktes ist die Große Bergparade, zu der schon mal 50.000 Gäste nach Annaberg kommen. Am schönsten ist es nach Einbruch der Dämmerung, wenn alles in Lichterglanz erstrahlt. Dann lohnt sich eine Lichterfahrt durch das Erzgebirge.

116 Annaberger Kät

Alljährlich zwei Wochen nach Pfingsten öffnet das größte Volksfest im Erzgebirge. 2020 steht die 500. Auflage an. Höhepunkt ist das traditionelle Kät-Feuerwerk. Vom Turm der Annenkirche hat man einen wunderbaren Blick zum Pöhlberg und zum Festplatz der Annaberger Kät.

117 Adam-Ries-Museum

Im Erzgebirge heißt es »Das macht nach Adam Ries…«, in seinem Geburtsort Staffelstein wird in der Redewendung um mathematische Ergebnisse von Adam Riese gesprochen. Das Museum in Annaberg bietet Aufklärung. Unter den drei zwischen 1518 und 1550 in Druck gegangenen Rechenbüchern, die hier im Original vorliegen (weltweit einmalig!), ist »Adam Riesens Coß«. Damals wurden Familiennamen dekliniert, dabei haben Ries und Riese die gleiche Form. In Annaberg begegnet Ihnen der deutsche Rechenmeister Adam Ries nicht nur im Museum, sondern an vielen Orten in der Stadt. Das Berggeschrey hatte ihn

1522 in die Erzgebirgsstadt gelockt, wo er neben der Arbeit in seiner privaten Rechenschule verantwortliche Tätigkeiten in der Bergverwaltung ausführte. Das Haus der Rechenschule beherbergt heute das Adam-Ries-Museum. Die Ausstellung lädt zu einer mathematisch dominierten Zeitreise ein, die in Beziehung zur Menschheitsgeschichte gesetzt ist. Ein Besuch lohnt sich auch für Mathe-Muffel. Manchmal ist der Rechenmeister sogar persönlich da.

118 Bergkirche St. Marien mit Bergmannskrippe
Die Bergkirche St. Marien ist die einzige knappschaftliche Bergmannskirche in Sachsen. 1502 wurde sie im Auftrag der Knappschaft und der Bergleute des Annaberger Reviers errichtet, war also noch vor der Annenkirche fertig. Besonderer Anziehungspunkt ist die Bergmannskrippe mit 32 Figuren, die insgesamt 35 Personen umfassen. Diese Zahl stammt aus der Tourist-Information, deren Mitarbeiter übrigens sehr kompetent und freundlich sind. In Publikationen werden verschiedene Zahlen genannt. Beispielsweise zählen die beiden Mädchen als eine Figur. Den Schlusspunkt setzte ein Fleischermeister, der 2015 präsentiert wurde. Die Gestalten sind etwa 1,20 Meter groß. Teilweise haben die beteiligten vier Schnitzer lebende Personen in Holz verewigt. Die Figuren sollten jedes Jahr zu Weihnachten an einem Krippenweg in der Stadt aufgestellt werden, fanden dann aber in der Bergkirche einen sicheren Platz und werten die Kirche auf.

119 Erzgebirgsmuseum mit Silberbergwerk »Im Gößner«

Einst war es »Museum erzgebirgischer Alterthümer«,
seit 1905 ist es das Erzgebirgsmuseum. Wer etwas
zur Geschichte von Annaberg und dem Leben im
oberen Erzgebirge wissen will, sollte es unbedingt
besuchen. Themen wie Bergbau, Sakralkunst, traditionelles Handwerk vermitteln einen Einblick. Relativ neu gestaltet ist der Teil zu Annabergs bedeu-
tender Unternehmerin Barbara Uthmann (1514 bis
1575). Das Besucherbergwerk »Im Gößner« wurde
1995 eröffnet, nachdem der Schacht durch Zufall im
Hof des Museums entdeckt wurde. Es zeigt Spuren
des Silberbergbaus aus der Zeit des zweiten Berggeschreys. Beides befindet sich gleich gegenüber vom
markanten Portal der Annenkirche.

120 Erzhammer

Der Erzhammer ist das Haus des Gastes Annaberg.
Er bietet ein vielfältiges Veranstaltungsprogramm,
darunter auch wechselnde Ausstellungen oder Tra-
ditionstreffen wie die Erzgebirgischen Schnitzer-
tage oder die Annaberger Klöppeltage. Außerdem
sind hier die Schnitzschule »Paul Schneider« und die
Klöppelschule »Barbara Uthmann« beheimatet. Der
Zugang befindet sich in der Tourist-Info, genau wie
der von Nr. 121.

121 Manufaktur der Träume

Mitten in der Altstadt von Annaberg befindet sich
eine Ausstellung erzgebirgischer Volkskunst, die aus
der Sammlung der Wella-Erbin Erika Pohl-Ströher

stammt. Unter den rund 1000 Objekten sind auf drei Etagen Weihnachtsberge, Krippen, Spielzeug und verschiedene Figuren in liebevoll gestalteten Inszenierungen zu sehen. Sie werden erinnert an Ihr Kinderzimmer von früher oder tauchen in die Arbeit von Bergleuten ein. Unter dem Dach erwartet Sie ein Raum, an dessen Decke eine Schar von Holzengeln hängt. Wenn das Licht ausgeht, schweben sie singend hernieder und laden zum Träumen ein. Lassen Sie die Besichtigung der Ausstellung bei einem Besuch im liebevoll gestalteten Café Schokogusch'l ausklingen. Nach dem Zuschauen bei der Schokoladenproduktion ist eine heiße Schokolade mit einem Stück Kuchen aus hauseigener Produktion folgerichtig.

122 Pöhlberg mit Butterfässern und Aussichtsturm
In der Gegend um Annaberg ist der Pöhlberg mit 831 Metern Höhe und dem weißen Aussichtsturm omnipräsent. Der Zugang zum Aussichtsturm befindet sich im Berghotel. Bei meinen Recherchen habe ich den Pöhlberg von allen Seiten kennengelernt. Erst spät wurde mir klar, dass die Erhebung, die ich von meinem Schreibplatz im Hermergut Mildenau aus stets im Blick hatte, der Pöhlberg ist. Interessant sind die als »Butterfässer« bezeichneten Basaltsäulen, die durch erkaltete Lava entstanden. Die östliche Bergseite ist als Zeugnis des Bergbaus Bestandteil der Montanen Kulturlandschaft Erzgebirge/Krušnohoří. Der Verein Gewerkschaft St. Briccius bietet Führungen in der Grube St. Briccius an. www.bergbau-im-erzgebirge.de

123 Scheibenberg mit Orgelpfeifen

Einst stritten sich Neptunisten und Plutonisten um die Entstehungsgeschichte der Erde. Die Anhänger des Meeresgottes sahen den Ursprung im Wasser, ihre Gegner, deren Lehre auch Vulkanismus genannt wird, fanden in vulkanischen Vorgängen im Erdinneren das treibende Moment. Bei der Suche nach Wahrheit mischte sogar der Universalgelehrte Johann Wolfgang von Goethe mit. 1787/88 geriet der Scheibenberg in der gleichnamigen Erzgebirgsgemeinde wegen seiner »Orgelpfeifen«, den bis zu 40 Meter hohen Basaltsäulen, in den Mittelpunkt des so genannten Basaltstreites der beiden Strömungen. Damit erlangte der Berg Bedeutung in geologischer und wissenschaftlicher Hinsicht. Heute ist er beliebtes Ausflugsziel und mit der Jugendschanze auch Wintersportort. Der 1994 gebaute neue Turm erlaubt bei guter Sicht Ausblicke bis zum Schloss Augustusburg, zum bunten Schornstein des Chemnitzer Heizwerkes, zum Totenstein im Rabensteiner Wald, in die Fichtelbergsregion oder nach Böhmen. Er ist einer der wenigen Türme mit offener Plattform. Der dritte Basalttafelberg des Erzgebirgstrios ist der Bärenstein (siehe Nr. 98).

124 Gottfried-Reichel-Ausstellung in der »Hütte« Pobershau

330 Figuren des Pobershauer Schnitzers Gottfried Reichel (1925 bis 2015) werden in der Galerie »Die Hütte« als ständige Ausstellung gezeigt. Die Figuren lassen Geschichten aus der Bibel wie den Tanz um das goldene Kalb oder den Turmbau zu Babel lebendig werden. Mittelpunkt der Ausstellung sind beeindru-

ckende Szenen aus dem Warschauer Ghetto, die der Künstler nach Fotos geschnitzt hat. Seine Botschaft dazu lautet: »Gott meint uns heute.« Die gesamte Lebensphilosophie wird in einem Film über Leben und Werk von Gottfried Reichel deutlich, den Ihnen die freundliche Galeriemitarbeiterin gern einlegt. Ein weiterer Raum ist wechselnden Sonderausstellungen vorbehalten.

Wer noch nicht übervoll mit Eindrücken ist, kann die Ausstellungen in der Böttcherfabrik mit der Gemäldegalerie Max Christoph oder einer historischen Werkstatt besuchen.

125 Montanregion Erzgebirge/Krušnohoří

Mit dem grenzübergreifenden Projekt Montanregion Erzgebirge/Krušnohoří hat sich das sächsisch-böhmische Erzgebirge um den Titel UNESCO-Welterbe beworben. Egal, wie die Entscheidung ausgeht: Für das Erzgebirge ist die Besinnung auf Traditionen und die Erarbeitung eines Konzeptes zur Erhaltung, Bekanntmachung und Vermarktung ein Schritt nach vorn. Wenn Adina und Oli alle Objekte des Welterbekonzeptes besichtigen wollen, ist ihnen eine dauerhafte Beziehung sicher. Und auch Orte, die keinen Eingang in die überarbeitete Bewerbung gefunden haben, lohnen einen Besuch.

www.montanregion-erzgebirge.de

VITAE

MANFRED KÖHLER, geboren 1964 in Hof, arbeitet seit 1994 als freiberuflicher Redakteur und Autor. Mit dem Thriller »Schreckensgletscher« war er für den Glauser-Krimipreis 2008 nominiert. Aktuell erhältlich sind derzeit rund 40 E-books, Printveröffentlichungen und Hörbücher. In mehreren Kurzkrimi-Anthologien über das Vogtland hat er seine Spuren hinterlassen.
www.manfred-koehler.de

CHRISTOPH KRUMBIEGEL wurde 1972 im Vogtland geboren, wo er heute eine kleine Land-Apotheke betreibt. Seine skurrilen Kurzgeschichten sind Bestandteil von Anthologien wie »Mords-Sachen« 2 bis 5, »Gauner, Geigen, Griegeniffte« oder »Wer mordet schon im Vogtland?«. Bei Lesungen in der Region ist er gern gesehen. Er konnte bereits mehrmals den Vogtländischen Literaturpreis gewinnen.
www.krumbiegel.de

GUNNAR SCHUBERTH wurde in Münchberg/Oberfranken geboren. Seine erste Veröffentlichung war ein Gedichtband, danach schrieb er Satiren für Zeitungen, Drehbücher und Krimis. Er lebt seit seinem Germanistikstudium in Nürnberg. Heute arbeitet er als Softwareentwickler und Autor. Sein erster Kriminalroman »Der Schlaf des Schmetterlings« wurde im Bastei-Lübbe Verlag veröffentlicht. Zuletzt erschienen von ihm der Nürnberg-Krimi »Der Kreuzweg« im Sutton-Verlag sowie das E-Book »Das Buch der Verdammnis«. Gunnar Schuberth ist Mitglied im Syndikat und anderen Autorenvereinigungen und liest regelmäßig aus seinen Büchern bei Veranstaltungen in Nürnberg und im Raum Hof.

ROLAND SPRANGER, Jahrgang 1963, arbeitet als Betreuer in Wohneinrichtungen für geistig Behinderte. Außerdem betätigt er sich in verschiedenen Live-Literatur-Projekten, als Moderator einer Talkshow ohne Kameras (»Nachtgebiete – Gwaaf zer Nacht«) und als Theaterautor (seine Stücke wurden auf zahlreichen Bühnen in Deutschland aufgeführt). 2002 wurde sein Debütroman »ThRAX« veröffentlicht. Für seinen Thriller »Kriegsgebiete« erhielt der Autor mit dem Friedrich-Glauser-Preis 2013 den höchstdotierten Preis für deutschsprachige Kriminalliteratur (in der Sparte »Bester Kriminalroman«). Danach erschienen sein Roman »Elementarschaden« und eine Reihe von Short-Stories in Krimi-Anthologien. Roland Spranger lebt und arbeitet in Hof.
www.roland-spranger.de

PETRA STEPS, Jahrgang 1959, hat einen Uni-Abschluss als Diplomphilosophin und als Lehrerin, sich aber nach dem Abitur nie mehr schulischen Zwängen unterworfen. Sie arbeitet als Journalistin, Autorin und Herausgeberin, hat an verschiedenen Regionalia und Anthologien mitgewirkt und mehrere Kurz-Krimi-Anthologien herausgegeben. In Anthologien anderer Herausgeber ist sie ebenfalls mit Kurzkrimis vertreten. Als letztes erschien »Das Vogtland hoch vier« mit 66 Lieblingsplätzen und elf sagenhaften Orten im Vogtland. Sie ist Intendantin der Krimiliteraturtage Vogtland und Mitglied im Syndikat.
www.bienebissig.de

Weitere Titel finden Sie auf den
folgenden Seiten und im Internet:

WWW.GMEINER-SPANNUNG.DE

PETRA STEPS (HRSG.)
Wer mordet schon
im Vogtland?
. . . .
978-3-8392-1657-6 (Paperback)
978-3-8392-4591-0 (pdf)
978-3-8392-4590-3 (epub)

KRIMINELLES VOGTLAND Das Vogtland scheint nur auf den ersten Blick idyllisch. In Wahrheit ist die Region im Vierländereck von Sachsen, Bayern, Thüringen und Böhmen ein Schnittpunkt krimineller Machenschaften. Während im östlichen Vogtland Geocacher ihre Sache zu ernst nehmen, geht es in Hof einem Würstchenverkäufer an den Kragen. In Plauen erhält das Original Vogtlandecho seltsame Briefe. Lernen Sie in den elf spannenden Kurzkrimis mit ihren 125 Freizeittipps das Vogtland neu kennen und fürchten.

GMEINER SPANNUNG

WWW.GMEINER-VERLAG.DE
Wir machen's spannend

PUHLFÜRST / STEPS (HRSG.)
Mords-Sachsen 2
. . . .
978-3-89977-753-6 (Paperback)

20 MAL HOCHSPANNUNG AUS SACHSEN

Sachsens literarisch-düstere Seiten zeigten sich bereits in der Krimianthologie »Mords-Sachsen«. Und auch in der vorliegenden Fortsetzung geht es nicht weniger spannend zu.

20 Autoren faszinieren den Leser mit heimtückischen Verbrechen, geheimnisvollen Orten, raffinierten Tätern und unvorstellbaren Abgründen der sächsischen Seele. Dabei führen die literarischen Reisen sowohl in die Metropolen des Freistaates, als auch in seine beschaulichen ländlichen Gegenden.

PUHLFÜRST / STEPS (HRSG.)
Mords-Sachsen 1
. . . .
978-3-89977-718-5 (Paperback)

KEIN ORT OHNE MORD Wer an Sachsen denkt,

der denkt an faszinierende Geschichte, reizvolle Land-
schaften und einen zupackenden Menschenschlag, dessen Ideen und Erfindungen seit Jahrhunderten die Welt
bewegen. Kaum vorstellbar, dass dieses schöne Land
auch seine »dunklen Seiten« haben soll. Und doch sieht
es ganz danach aus!

20 ebenso spannende wie furchterregende Kriminal-
geschichten aus dem Südosten Deutschlands – erzählt
von namhaften »Wiederholungstätern« und vielver-
sprechenden Nachwuchstalenten der deutschen Krimi-
szene!

SPANNUNG

GMEINER

WWW.GMEINER-VERLAG.DE
Wir machen's spannend

KNUT DIERS
Mörderisches Emsland

978-3-8392-2060-3 (Paperback)
978-3-8392-5359-5 (pdf)
978-3-8392-5358-8 (epub)

ENGELSTROMPETEN UND HORNISSENGIFT

Jana Kuhlmann, die 39-jährige Chefermittlerin in Lingen, ist unerschrocken und zielstrebig. Zu dumm nur, dass ihr älterer Kollege Jan-Hinnerk Eilers aus Haselünne immer noch nicht akzeptieren kann, dass die junge Frau seine Vorgesetzte ist. Doch ein toter Avantgarde-Künstler im Aschendorfer Gut Altenkamp, eine erschossene Betreiberin eines Bauerncafés im Hasetal oder ein an der Wippinger Mühle aufgeknüpfter Zugereister verlangen vereinte Polizeikräfte. Werden die beiden doch noch zueinander finden und die Vielzahl an Fällen lösen können?

Von **Grenzen** und **Ziegelbrücken**

© seeyou design –
carsten steps

Steps / Steps
Vogtland hoch vier
Lieblingsplätze
192 Seiten, 14 x 21 cm
Paperback
ISBN 978-3-8392-1872-3
€ 14,99 [D] / € 15,50 [A]

Woher stammen die ersten beiden Deutschen im All?
Wo steht die größte Ziegelsteinbrücke? Im Vogtland will man hoch hinaus. Doch auch für die Tiefen,
etwa in den Geraer Höhlern oder in der Drachen-
höhle Syrau, ist das Vogtland berühmt – oder für
die Tiefen der deutschen Sprache, die Erika Fuchs
aus Schwarzenbach auslotete. Folgen Sie Petra und
Carsten Steps an ihre 66 persönlichen Lieblingsplätze.
Moment, Drachen? Ja, die gab es Legenden zufolge
hier – ebenso wie Menschen, die in Spatzen verwandelt
wurden: 11 sagenhafte Orte runden den Band ab.

GMEINER KULTUR

WWW.GMEINER-VERLAG.DE
Mensch, Kultur, Region